贰阅 ERYUE | 阅爱·阅美好

让阅读走心
让阅历丰盛

COLLECTIVE
INTELLIGENCE

集体智慧

创造生生不息的合作

罗伯特·迪尔茨◎著
伍立恒◎译

廣東旅游出版社
GUANGDONG TRAVEL & TOURISM PRESS
悦读书·悦旅行·悦享人生

中国·广州

图书在版编目（CIP）数据

集体智慧：创造生生不息的合作 /（美）罗伯特·迪尔茨著；伍立恒译．—广州：广东旅游出版社，2019.12

ISBN 978-7-5570-1873-3

Ⅰ．①集… Ⅱ．①罗… ②伍… Ⅲ．①组织管理学 Ⅳ．①C936

中国版本图书馆 CIP 数据核字（2019）第 121128 号

广东省版权局著作权合同：图字 19-2019-045 号

集体智慧：创造生生不息的合作

Jiti Zhihui: Chuangzao Shengshengbuxi De Hezuo

广东旅游出版社出版发行

（广州市环市东路 338 号银政大厦西楼 12 楼　邮编：510180）

印刷：天津市祥丰印务有限公司

（地址：天津市武清区石各庄镇南丰路 6 号）

邮购地址：广州市环市东路 338 号银政大厦西楼 12 楼

联系电话：020-87347732　　邮编：510180

787 毫米 ×1092 毫米　16 开　23.75 印张　380 千字

2019 年 12 月第 1 版　2019 年 12 月第 1 次印刷

定价：118.00 元

怀着深深的爱与感激，谨将此书献给我的太太犹波拉·贝肯·迪尔茨。在我探索生生不息合作的欢乐、挑战和力量的过程中，她一直是我最重要的伙伴和老师。

——罗伯特·迪尔茨

怀着爱与感恩，我将此书献给我的太太苏珊娜·奇希尼克。在创作这些插画的过程中她一直在我身边。插画是我的手画出来的，而令这些插画栩栩如生的则是我们之间生生不息合作的精神。

——安东尼奥·梅萨

GENERATIVE COLLABORATION
Releasing the Creative Power of Collective Intelligence

目录

第一章
把蛋糕做大：将集体智慧带入你的卓越圈

第三章

生生不息的合作与颠覆式创新

第四章

从一无所有中创造：构建一个生生不息的企业社区

第五章
动态合作

结语

致谢 ACKNOWLEDGMENTS

首先我要特别感谢安东尼奥·梅萨，他为本书设计了布局并且画了许多才华横溢又技法娴熟的插画。在我们一起撰写这本书的过程中，安东尼奥的直觉力、创造力和技艺也在持续提升。在将此书付诸出版的整个过程中，安东尼奥也一直是一个重要的顾问和搭档。将原本可能非常长的一本书分成三卷正是安东尼奥的主意。本书为第二卷。

我想要满怀感激地向格林·贝肯、迈克尔·迪尔茨和贝诺伊特·撒拉辛表示谢意，他们在通读本书初稿时付出了时间和精力，并且给了许多反馈和建议。还要多谢阿曼达·福洛斯特，她对本书和第一卷进行了专业校对。

当然，对本书的一个主要贡献来自构成书中一系列成功案例的个人、团体和组织。感谢 CrossKnowledge 的创始人斯蒂夫·菲尔、麦克尔·奥哈那、帕斯卡尔·伊尔·格拉布里和荷夫·古德霍克斯；EDHEC 的斯特凡·克里森；Keiretsu 论坛的创始人兰迪·威廉姆斯；Comau Pico 定制产品团队的查克·杜德克、戴夫·雷迪斯、约翰·万斯和麦克·墨瑟；德鲁·迪尔茨和他与美国和平集团的合作；以及茱莉娅·迪尔茨和 Expedia 网的亚历杭德罗·摩克西。特别感谢多萝西·欧格为本书在结论末尾所写的《集体智慧》一诗。

我还想感谢其他贯穿全书作为启示和案例的个人、领导人与企业家，如史蒂夫·乔布斯、巴尔尼·佩尔、辛达娜·特尔卡特、马克·菲茨帕特里克、塞缪尔·帕尔米萨诺和华特·迪士尼。

亚当·格兰特和他在智慧与任务意义方面所做的工作，以及詹姆斯·索诺维尔基在“群众智慧”方面所做的工作，也对本书中几个核心理念的发展产生了重要的影响。

我还要感谢我的一些同事，他们与我合作所做出的重要贡献都体现在本卷中：米切尔·斯蒂维科和奥尔加·斯蒂维科，与我联合创立了“成功天才与觉知领导力智囊”小组；米科洛斯（米奇）·费赫与我一起做了卓越元素解码的“思维模式地图”；罗伯特·麦克唐纳和我一起研究了“团体心智”和“团队精神”；斯蒂芬·吉利根和我们共同开发的生生不息改变的原理和实践；安·迪尔琳和朱利安·罗素及我们合作的“阿尔法领导力”；贝诺伊特·撒拉辛和我们一起研究的颠覆式创新；还有伊恩·麦克德莫特和我们就“有目的而建立的社区”所做的工作。

最后，我想要深深感谢我的弟弟约翰·迪尔茨，他对生生不息合作的热爱和对创造一个有远见的企业家的世界的热情为“卓越元素解码”奠定基础并留下了精髓。

罗伯特·迪尔茨

前言

PREFACE

正如我在第一卷《卓越元素》(*Success Factor Modeling Volume I*)中提到过的，本系列图书始于一个 1999 年的梦想，那时我弟弟约翰（本书第四章有关于他的扼要介绍）和我成立了迪尔茨策略集团，并且开始了我们就“卓越元素解码”流程进行的最初探索。

我们挑选出来有待回答的问题有：

“是什么不同因素造成了或成功、或平凡、或糟糕的企业、团队和企业家之间的差异？”

“与创立或发展一项成功和可持续发展事业的相关关键卓越元素有哪些？”

我们的许多发现在第一卷《卓越元素》中描述过，并且在本卷的引言中有总结。这包括明确你的热情、愿景、使命、雄心和角色，以及建立我们称之为“卓越圈”的东西。第一卷突出描述了基于你的热情和愿景创办一家企业的相关精神与欣喜（还有投入与技巧）。

此外，我们还发现了一个主要的卓越元素，称之为“生生不息的合作”。我们在研究成功的个体时，很快就理解了这种说法——“没有人能独自创造出任何意义重大的东西”，这是 21 世纪对成功非常精确的一个描述。我们发现高度成功的人士能够有创意、有成果地与其他人一起工作来实现他们的梦想和愿景。

这当然也是我自己职业生涯的真实写照。我的每一项重大成就都是某种生生不息合作的结果。事实上，这本书，以及整个系列各卷，本身就是生生不息合作的产物，始于我自己和插画师安东尼奥·梅萨之间充满创造力的合作。

在致谢辞里，我还提到了其他人：米切尔·斯蒂维科和奥尔加·斯蒂维科，与我联合创立了“成功天才与觉知领导力智囊”小组；米科洛斯·费赫与我一起做了卓越元素解码的“思维模式地图”；罗伯特·麦克唐纳和我一起研究了“团体心智”和“团队精神”；斯蒂芬·吉利根，以及我们共同开发的生生不息改变的原理和实践；安·迪尔琳和朱利安·罗素，以及我们合作的“阿尔法领导力”；贝诺伊特·撒拉辛，以及我们一起研究的颠覆式创新；还有伊恩·麦克德尔莫特，以及我们就“有目的而建立的社区”所做的工作。

多年来还有在重大的开发、项目和出书等许许多多其他方面合作取得的成果。我自己的生生不息合作之路始于与神经语言程序学（NLP）创始人理查德·班德勒和约翰·格林德的合作。在世界范围内，这门学问的教学和研究成果正是大量集体智慧和生生不息合作的结果，它不仅仅涉及班德勒和格林德，还包括许多他们早期的学生小组里的其他人，如斯蒂芬·吉利根、茱迪芙·迪洛西亚、弗兰克·普策利克、莱斯利·勒博和大卫·戈登。

我和已故的托德·爱泼斯坦（他也与NLP开发者早期小组有关系）的工作随着合著*Dynamic Learning*一书及在加利福尼亚圣克鲁兹创立NLP大学达至巅峰。这项工作大部分通过我与托德的太太特蕾莎·爱泼斯坦，以及茱迪芙·迪洛西亚多年的合作得以延续和发展。茱迪芙和我还合著了两卷*Encyclopedia of Systemic NLP*和*NLP Ⅱ：The Next Generation*。

我与蒂姆·哈尔布姆和苏西·史密斯的合作带来了NLP在健康领域的许多重要发展与应用，这在我们合著的*Beliefs：Pathways to Health and Well-Being*一书中有总结，也体现在我们在世界各地所做的“健康证书培训”里。

我还与我的同事罗伯特·麦克唐纳合作，对个人与团体的精神维度进行研究。这项成果反映在我们合著的*Tools of the Spirit*一书中，以及我们举办的“团体心智”与“团队精神”研讨会上。

其他合作包括与理查德·摩斯在“深度教练”方面的发展；与米亚·西格尔一道将NLP与身体治疗的费登奎斯法相结合；与基诺·波尼松一起探索大型组织中的领导力和创新；与我太太狄波拉·贝肯·迪尔茨一起开发“身份教练”的流程，以及将“英雄之旅”与“五律”运动练习结合起来。

这些生生不息合作中的每一个项目都对他人的生活做出了一些重要贡献，同时也激发了我们这些身在合作中的人某种程度的成长和扩展。这种通过为比自己更大的某样东西做贡献来实现个人扩展的双重动力正是本书重点探索的内容之一。我会展示原理、模型、工具和实践，它们是专门为你通过与他人的互动带出并贡献你自己内在最好的部分而设计。

我希望你像我和约翰一样在卓越元素解码和生生不息合作的世界里感受到令人兴奋与有益的探索。希望这种探索在你释放集体智慧的创造力量，让世界变得更美好的过程中，为你带来更大的成功与满足。

罗伯特·迪尔茨

于加利福尼亚州圣克鲁兹

引言

卓越元素解码概览：为建立一家满足而成功的企业打下基础

我们必须问自己两个问题。第一个是："我要到哪里去？"第二个则是："谁会和我一起去？"

——

霍华德·瑟曼

在你前行时，一个清晰的目标会使你跟它产生联结，价值观将指引你的行为，而目标将会使你集中力量。

——

肯尼斯·H·布兰查德

在你的生活和工作中没有比听从你的热情更棒的事了——以一种服务于世界同时服务于你自己的方式。

——

理查德·布兰森

INTRODUCTION

卓越元素解码概览

卓越元素解码探索的是这个问题：“什么样的差异造就了不同之处？”，以便找出区分“差劲”“一般”和“非凡”表现的卓越元素。

一个有效的模型会提供关于“锁”（战略挑战和目标）及开这把“锁”的“钥匙”（技巧和行动）的说明。

我在本系列书第一卷中提到过，卓越元素解码（SFM）是由我本人和我弟弟约翰·迪尔茨开发的一套方法论，用于识别、理解及应用那些驱动和支持个人与组织获得成功的关键卓越元素。卓越元素解码基于一套特别适用于分析和识别成功个人、团队和公司所使用的至关重要的“商业惯例”和“行为技巧”类型的原理和特征而建立。

卓越元素解码流程用于识别成功企业家、团队和商业领袖们共有的特点与能力，然后界定出可以被其他人用于大幅提高他们影响力和成功机会的特定模型、工具和技巧。

通过仔细观察成功的商业、项目和企业，观察高绩效个人与团队的行为，卓越元素解码帮助个人和组织区分出那些创造出一种特定成功形态的因素，并且识别出将此传承延伸至未来所必需的趋势。然后通过提供恰当的策略、工具和支持，让这些因素可以融入人们的日常活动中。

卓越元素解码流程的长处之一便是将有效的商业惯例与关键行为技巧整合起来。为行为技巧建模涉及观察和标记产生某种成功或显著绩效的至关重要的个人行为和人际互动过程。行为建模程序的目标是识别出个人或团体为获得想要的反应或结果所必备的思想和行动的基本要素——即发现“造成差异的不同之处是什么”。这个过程中要取一个复杂的行为表现或互动场景，将其分解成足够小的模块，并以某种方式再现出来。行为建模的目的是创造一幅该行为的实用地图或者“模型”，该行为可以用于让任何被激励对象再现或激发出这种表现的某个方面。

我们可以将卓越元素解码比作识别打开通往成功和各种人生境况大门之锁所需的那把特别的钥匙。而开特定“锁”的“钥匙”则是有效解决某个情境呈现的问题和限制所必需的恰当行为组合和相关思维模式。

因此，卓越元素解码流程的目标是制作一张由各种各样的练习、格式和工具支持的工具化地图，该地图使得人们可以在他们所选择的情境里应用已经解码的元素来取得关键成果。要做到这一点，卓越元素解码运用了以下基础模板：

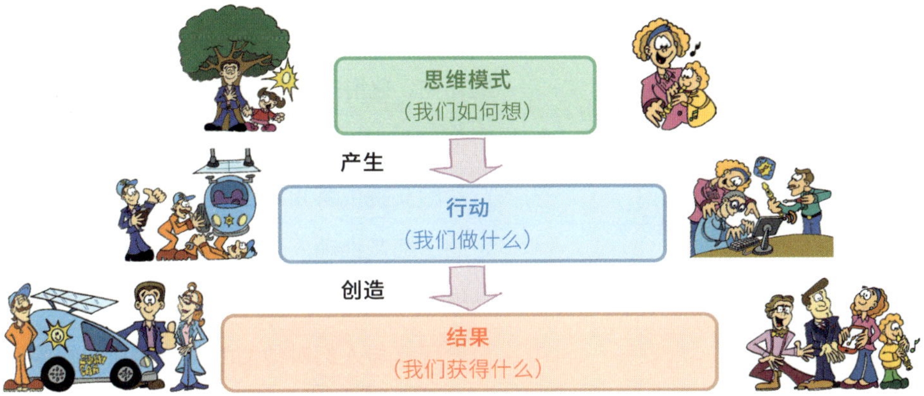

卓越元素解码基本模板

我们的思维模式——由我们的内在状态、态度和思考过程组成——产生出外在行为动作。我们的思维模式决定了我们做什么及我们在一个特定情形下所采取的行动类型。这些行动，环绕我们的外部世界依次创造出结果。要在我们所处的环境中达成想要的结果，需要恰当的思维模式以产生出必要和恰当的行为。

将我们导向我们想要的结果的步骤，即我们要设法打开的一道道“锁”。我们的思维模式和行为形成了打开一把特定“锁”的“钥匙”。卓越元素解码的目标是找到开“锁”的正确“钥匙”，这对取得真正和持续的成功是非常必要的。

卓越元素的关键层面

当我们试图识别那些构成与成功表现相关联的思维和行动的“钥匙”的特点时，

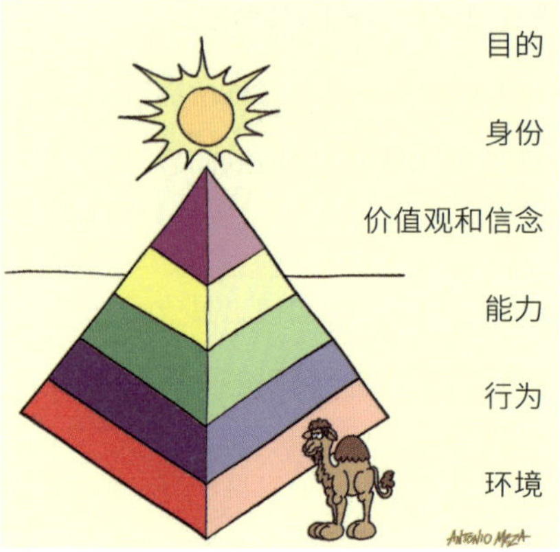

卓越元素解码流程考虑到了一些不同层面的因素：

- 环境因素决定了个人或组织必须认识到并相应做出反应的外部机遇或限制。这需要考虑成功机会存在于何时何地。
- 行为因素与为取得成功而采取的特定行动步骤有关。这涉及做什么，特别是为了获得成功必须去做或完成什么。
- 能力则是导向成功的心智地图、计划或策略的补充。这指向该如何选择和掌控行动。
- 价值观与信念则会加强对某些特定的能力和行动的支持或禁止。这与为什么走上这条特定的道路及推动人们去行动或坚持的更深层动机有关。
- 身份因素与人们对他们的角色和独特的差异性特征的感觉有关。这些因素起着让一个人或团体意识到他们自己是谁的作用。
- 愿景和目的与人们对他们所处的更大系统的看法有关。这些因素涉及所选取的一个特定行动步骤或途径是为了谁和为了什么。

这些层面在《卓越元素》及我写的其他书中已经进行了深入界定，见《从教练到唤醒者》(*From Coach to Awakener*）及*NLP Ⅱ：The Next Generation*。

小我和灵魂

在检视与成功表现相关联的结果、行动和思维

环境：我们的整体果园网络专注于分享可持续的水果种植技术，它强调果园健康的土壤种出健康的果树，因而结出健康的苹果，为人们带来健康。

行为：我们的活动覆盖将果汁从我们的农场送达消费者手中所必需的每一步，包括果汁的包装与配送。

能力：我们开发了创新系统调度我们的电动卡车车队，这样我们就可以用最快捷和清洁的方式配送不含防腐剂的果汁。

价值观与信念：你猜到了吗？我们的价值观是品质、口味、健康和生态。这是我们组织决策的指导方针。

身份：我们把自己看作是现代版的“苹果佬”，并因在环境保护方面友善、慷慨的方式和领导力，以及令苹果之于健康具有象征意义而闻名。

目的：我们想要通过我们的价值观和提供最好的苹果汁来鼓舞人心，让我们的社区因我们的工作而受益。

我们体验为个人整体的那部分存在称之为我们的“小我”。我们体验为一个子整体（更大整体的局部）那部分存在则指的是我们的“灵魂”。

模式时，卓越元素解码还考虑了一个事实，那就是每个人、每个团队或每个组织，都是亚瑟·库斯勒称作“合弄”的子整体。一方面，他们就其本身而言是完整而独立的系统；另一方面，他们也是依次递进的更大系统的一部分，这些更大的系统包含且超越了个人、团队和组织。

因此，卓越元素解码认为我们的生命和动机是由我们身份这两个互补的方面驱动的：一部分源自我们作为一个分开、独立的整体的存在，另一部分来自我们作为其中一部分的一个更大整体（如家庭、职场、社区等）里的存在。我们体验到的单独整体的存在称作我们的“小我”；我们体验为子整体（一个更大整体的组成部分）的存在则指我们的“灵魂”。

以卓越元素解码的观点，这两个方面，小我和灵魂，都是一个健康而成功的存在必要的组成部分。与我们的小我相关的基本问题是就我们的雄心和角色而言的，我们想要为我们自己获得什么：“我想要为我自己创造什么样的人生？”以及“为了创造我想要的人生我需要成为什么样的人？”这些是关于活出我们自己的梦想的。与我们的灵魂相关的基本问题则与我们对所处的更大系统的愿景和使命有关：“我想要通过比我更大的那个系统为这个世界创造什么？”以及“将那个愿景表达出来，我的独特贡献是什么？”

在卓越元素解码的方法中，这些小我（一个人作为独立整体的自我）和灵魂（我们作为更大系统的子整体）是由卓越元素的各个层面结合在一起的，如接下来的图表中所示。

小我和灵魂互补的各个维度，往往呈现出不同的卓越元素层面的不同侧重点。一方面，小我强调雄心、角色、许可和策略的重要性，以及对环境中的限制和潜在危险做出恰当反应；另一方面，灵魂则将重点放在愿景、使命、内在动机，以及激活主动利用环境机遇所需的能量和情绪智力上。

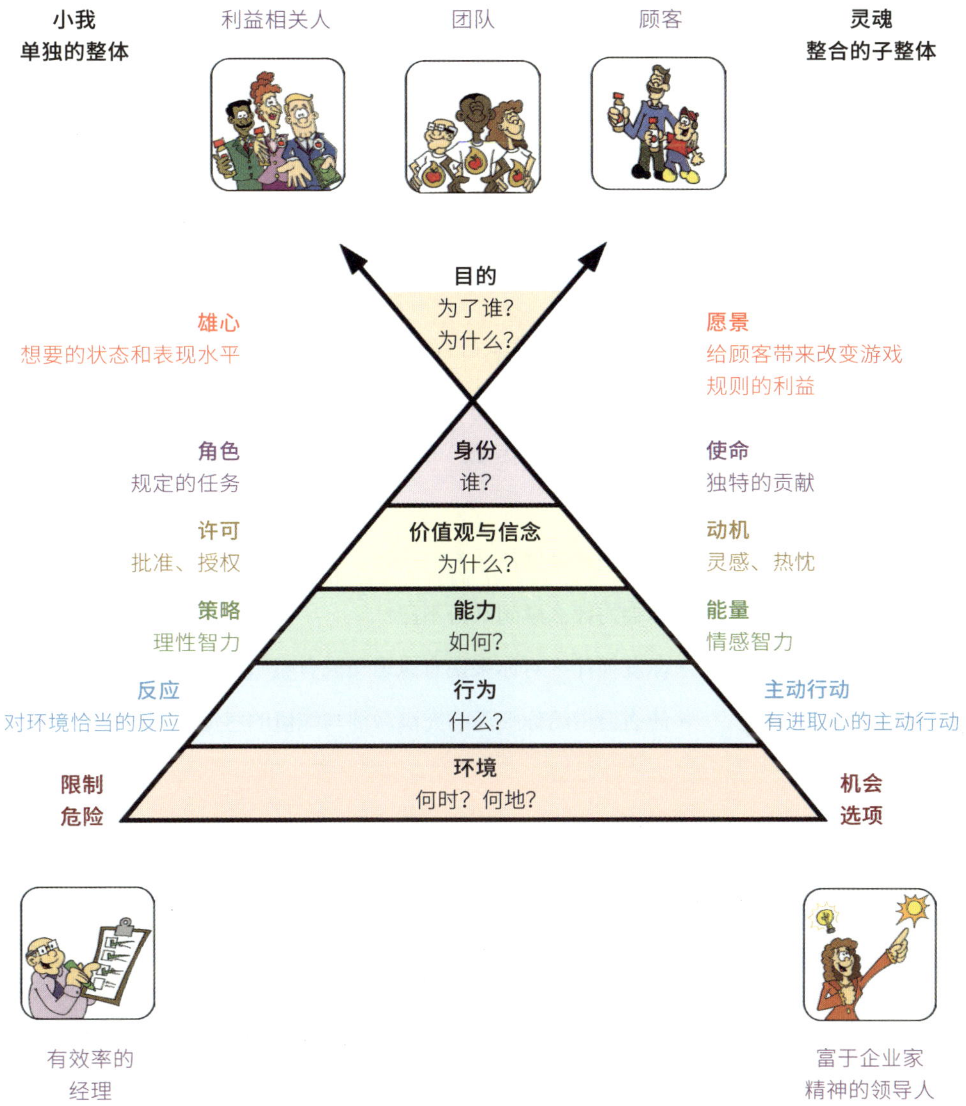

小我和灵魂相关的卓越元素各层面

卓越元素解码的主要目的，在于识别在项目、企业或事业中要取得成功所必需的关键技巧和其他元素，并且在这个过程中活出你的梦想，并让世界变得更美好。

对卓越元素解码的研究表明，当与小我和灵魂相关的卓越元素各层面达到平衡、一致和整合时，个体、团队或组织的表现就会达到最高水平。明晰并校准对齐一个人的愿景、使命、雄心和角色是达到平衡与整合的根本。这四个路标是一个成功的企业家心智模式的支柱，并且构成了作为企业家所担当的项目和企业的基础。

而在一个更深的层面，我们的愿景、使命、雄心和角色都是我们通过我们的身心带到这个世界的根本生命力量的表达。我们通过我们个人的热情了解并与这股根本的生命力量连接。

热情、愿景、使命、雄心和角色之间的动力

热情

企业家思维的基础是对从事的事业的个人热情。你的热情赋予你创立一家成功企业所需的激情、能量和决心。

个人热情是企业家心智模式的根基。从这个意义上讲，热情可以定义为对某事的强烈渴望和激情。如理查德·布兰森所说，这是一种“想要活得淋漓尽致”的表达。热情与以下问题相关：

- 你真正热爱做什么？
- 你会为什么感到兴奋不已？
- 你发现什么对你来说有意思和很有吸引力？
- 什么会带给你很深的充满激情与能量的感觉？

最成功的新一代企业家们都有一股热情和渴望去创造某种新的、不一样的东西，它对于他们所在的更大系统来说是以一种正向方式、具“革命性”和“改变游戏规则”的。这股热情起着统一他们的小我和灵魂的作用，并且成为他们个人和心灵成长的媒介。举一些我们采访的新一代企业家们的热情的例子，包括：

- 为普遍难题创造全球解决方案。

- 解决社会挑战。
- 让事物变得更好——改进世界。
- 创造力和“打破常规”的思考。
- 促进自己和他人的成长。
- 创造连接并发展丰富的关系。
- 做一些既有用又美好的东西。

正是企业家们对正在从事和创造的东西的深度个人热情驱使他们去冒险，并在直面他们遇到的许多挑战时保持专注。也正是这股热情推动他们超越他们曾经梦想的可能性，并且令他们把信心和技巧发展到新的高度。没有高度的渴望与激情绝对不可能创造出一家成功的企业。用苹果联合创始人史蒂夫·乔布斯的话说就是：“人们常说你必须对你正在做的事情充满激情，这是千真万确的。原因就在于，你在做的事情太难了，如果不是充满激情，凭理性分析你就会放弃。事情真的很难，而你不得不在持续很长的一段时间里坚持去做。因此，如果你不是真正热爱这件事，你在做的时候就感觉不到乐趣，你就会放弃。”

史蒂夫·乔布斯活出了他的热情，创造出了会给世界带来积极改变的创新科技产品。

愿景

愿景最好的定义为“一幅未来会是或者可能像什么样子的精神意象”。成功企业家们的创造性愿景与想象并专注于以某种方式改善我们生命的长远可能性的能力有关。这不仅需要有超越“此时此地”局限去看并且想象未来情形的能力，还需要有设定并专注于长远目标、采取长期计划的能力及全局观。

成功的新一代企业家和领导人的愿景的关键特征在于，它总是超越他们自己并指向外部的（即，是他们“灵魂”的产物）。也就是说，愿景是关于他们想要在这个世界看到的更多或者不同的东西，它是关于“创造一个人人想要归属的世界”的。因此，企业家的愿景涉及对以下这些问题的回答：

- 你想要通过比你更大的系统在这个世界创造什么？
- 你想要看到这个世界上什么更多、什么更少？
- 你想要归属的是什么样的世界？

使命

个体或组织的使命与他们为呈现一个特定愿景所做的贡献有关。实际上，使命在字典里的定义是“为政治、宗教或商业目的而完成的一项重要的任务”。该词来自拉丁文 missio，意思是“发出的行动”。

和一名企业家的愿景一样，其使命感来自身为一个“子整体”的视角。一项使命是个人或团体为实现对比之更大系统的贡献，为该更大系统达成某个目的而采取

Powerset 公司的巴尔尼 · 佩尔设想了一个人们可以在电脑上用“自然语言”进行交流的世界。（见《卓越元素》）

马克 · 菲茨帕特里克（潮汐科技公司）说他和他团队的使命就是为顾客“创造最好的解决方案”。（见《卓越元素》）

的行动。因此，组织内的个人的使命与他或她对该组织及其愿景的贡献有关。相似地，一个组织的使命会与它的顾客及其需求的更大的系统有关。

根据这个观点，使命与以下问题有关：

你的愿景和使命为你的企业提供了一种方向感和目的感。

- 你如何服务于更大的系统和愿景？
- 你对实现愿景的独特贡献是什么？
- 你为了帮助更大的系统达成愿景，为其带来的特别天赋、资源、能力和行动有哪些？

雄心

你的雄心为你成长、成就和成功的愿望加油。

雄心是对自己获得成功和认可的渴望与决心的结果。雄心被定义为为我们的个人利益“去从事或去获得什么的强烈渴望，特别需要决心和努力工作”。我们以梦想和对生活热望的形式呈现的雄心，源于一个健康的小我，且来自追求成长和征服的内驱力。

雄心源于我们的个人梦想、渴望和需要。例如，除了通过努力过上适当或良好的生活，我们可能还有对成长的渴望，对成就的追求或者对认可和准许的需要。

雄心与这些问题有关：

- 你想为自己创造什么样的生活？
- 你想成就什么？关于你自己和别人你想要达到什么样的状态和表现？
- 你想要因为什么而被认可或被记住？你想要在你的履历和传记里添加什么内容？

辛达娜 · 特尔卡特被聘请为 Xindium 科技公司的总裁和首席执行官，因为她对雄心有清晰的感觉，这激励她快速进入一个可生存发展的市场，并且展现了正向的投资回报。（见《卓越元素》）

你的角色决定了你达成愿景、使命和雄心所需的位置、状态、支持技巧与能力。

角色

角色被定义为“一个人在特定情况下被假定的职能或发挥的作用”。因此，角色既与基于能力的“职能”相关，也与由一个人所处的位置或状态相关。于是，一方面，角色反映了个人技巧、能力和努力。这与一个人做什么（或预期去做什么）有关。事实上，人们在担任“与他们个性特征和个人技巧相匹配”的角色时才是最成功的。另一方面，角色也反映了“状态”，即我们在与他人的关系中我们是谁。换句话说就是，角色是一个人相对他人所处的位置与预期从属于这个位置的能力和行为的交集。

和使命的概念相似，单独考虑一个人的角色是没有意义的。它与成为一个“子整体”相关，既是独特个体又是一个更大整体的一部分。除了服务于愿景，角色还专注于一个人在其个人雄心方面与别人互补、配合和竞争的方式。

因此，角色与以下问题相关：

- 为了创造你想要的生活并且为你的愿景做出独特的贡献，你需要成为哪种人？
- 哪种位置和状态会支持你在雄心、使命、愿景方面取得成功？
- 要成为某种人，或到达并留在必需的位置上或状态里，你需要具备的核心能力是什么？

当塞缪尔·帕尔米萨诺担任IBM的首席执行官时，他想要公司在当地环境中担当一个正面角色。他过去做决策时常常提的问题之一是：“为什么一个社会团体要允许你在他们的领地上运作？”（见《卓越元素》）

愿景、使命、雄心和角色都与整合我们既是独特、独立的个体同时又是比我们自己更大的某种东西的一部分这种双重现实有关。它们都是我们的个人热情由内而外向我们所处的更大系统的表达。

教练状态——将“小我”与“灵魂”整合成一个“子整体”

与作为个人整体的体验重新连接并保持这种连接，同时与超越我们自己的某种东西连接，这种能力赋予我们目的与能量。保持这种双重视角是成功心智模式的一个基本特征，并且是任何高效表现的基础。在个人层面做到这一点的基本步骤，可以用相关单词首字母构成的缩略词 COACH（教练）代表的内在状态来概括：

在教练状态中，你中正、开放、觉察、连接并以好奇心抱持着你的环境。

- Center，让你自己保持中正，特别是在腹部中心“丹田”处。
- Open，打开你的觉察场域。
- Attend，带着觉知去注意你内在和周围所发生的一切。
- Connect，与你自己及你身在其中的更大的系统连接。
- Hold，以一种机智和好奇（友好）的状态去抱持正在发生的一切。

与此相反的是，当我们陷入一种内在卡住的崩溃状态时，可以用缩略词 CRASH（崩溃）来总结：

在崩溃状态中，你紧缩、对环境做出反应、分析、隔离，并且感觉到受伤或敌意。

- Contraction，紧缩。
- Reactivity，反应。

- Analysis Paralysis，过度分析。
- Separation，分离。
- Hurting、hating、hostility，受伤、憎恨、敌意。

当我们崩溃时，我们不再感觉自己是一个子整体。我们失去了与灵魂的连接，一切变得更困难了。当我们处于崩溃状态，遇到一个外在阻碍时，我们就会觉得它是不可逾越的。

能够达到并且保持在 COACH 状态，特别是在充满困难与挑战的环境下，是卓越元素解码所定义的最重要的个人成功因素之一。

新一代企业家精神

凭借对卓越元素解码多年的应用，我认识到新一代的企业家正在涌现。这些新一代企业家，或称之为“禅商”，关注的东西远比获得财务收益要多得多。他们决心活出他们的梦想，同时通过他们的事业让这个世界更美好。成为一名成功的新一代企业家所必需的技巧是“卓越元素解码”系列书第一卷《卓越元素》的重点。

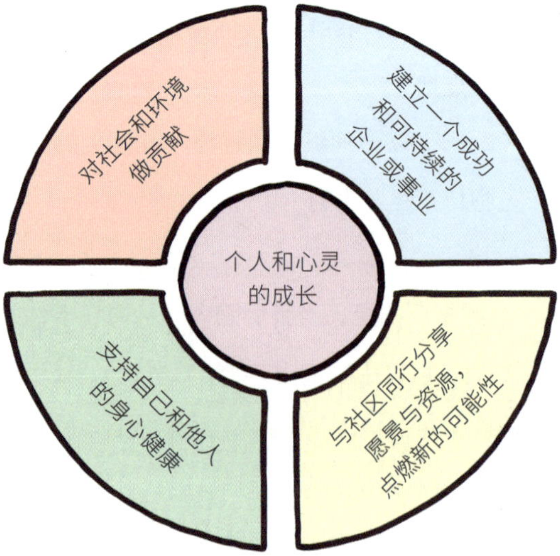

与真正的成功及创造一个人人想要归属的世界相关的关键元素

举例：

个人和心灵的成长
作为一名商务人士和父亲，我想要成长并且为创造一个更健康的世界做贡献

对社会和环境做贡献
通过我的事业，人们将会用上太阳能动力汽车，所需能源清洁又廉价

建立成功和可持续的企业或事业
由于我们是早期使用者，我们拥有一个巨大的市场和长期的创新机会

支持自己和他人的身心健康
作为领导者，我会为我的合作者提供成长的机会，并且鼓励他们做贡献

与社区同行分享愿景与资源，点燃新的可能性
通过与他人分享知识和想法，我们可以创造出不同，并且一起兴旺发达

新一代企业家想要创造成功且有目的企事业或事业；将雄心与贡献结合，与使命结合，与个人成长和成就的渴望结合。他们也想吸引那些与他们有着共同愿景、使命和雄心的人与他们合作。换句话说就是，新一代企业家潜心于创造一个人人想要归属的世界。

我们对卓越元素解码的研究表明，成功的新一代企业家是通过在以下五个关键方面投入来实现这一点的：

- 个人和心灵的成长。
- 为社会和环境做贡献。
- 建立成功和持续的企业或事业。
- 支持自己和他人的身心健康。
- 与社区同行分享愿景和资源，点燃新的可能性。

卓越元素解码之卓越圈明确了建立一家成功和可持续发展的企业所必需的成果、行动和思维模式。

这五大关键总结如 20 页图所示。

卓越元素解码之卓越圈

我们对卓越元素解码的研究表明，为了将这五大真正的成功关键转化为一个项目或企业，新一代企业家们创造了一种我们称之为卓越元素解码之卓越圈的东西。一个卓越圈通过把建立一家成功和可持续的企业所必需的结果、行动和心智模式汇集到一起构建而成。

为了建立成功和可持续发展的企业，新一代企业家必须取得以下五项基本成果：

- 个人满足。
- 有意义的贡献。
- 创新和复原力。
- 可扩展的成长。
- 财务稳健。

新一代企业家的五大核心成果

首先，我们发现以上确定的真正成功的五大关键元素自然转化为建立一家新一代企业所要取得的五大核心成果：

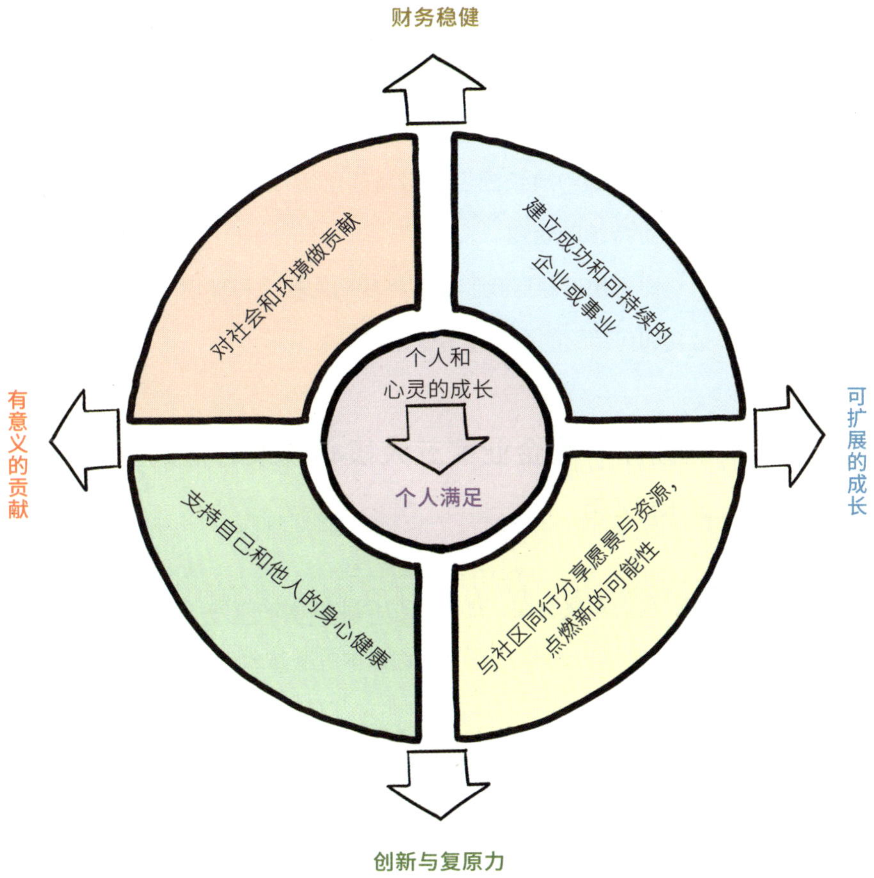

新一代成功企业家的五大核心成果

- 个人满足。
- 有意义的贡献。
- 创新和复原力。
- 可扩展的成长。
- 财务稳健。

个人满足是与一个人的热情连接并且实现个人和心灵成长的结果。

做出有意义的贡献来自我们既为社会和环境做贡献，又支持我们自己和他人的身心健康的能力。

创新和复原力是与他人分享愿景和资源来点燃新的可能性，并且将之应用于支持我们自己和他人的身心健康，以便利用机遇和从逆境中迅速恢复活力的结果。

可扩展的成长源于借力新的可能性和共同愿景去建立一家成功和可持续的企业。

财务稳健源自我们能够将我们为社会和环境所做的贡献与建立成功和可持续的企业或事业连接起来。

达成新一代企业家五大核心成果必需的重要行动和关键视角

我们观察发现，那些成功企业的创始人为了取得这些成果，将他们的注意力着重均衡分配在以下五个基本方面：

- 他们自己及他们所做事情的目的和动机。
- 顾客及产品或服务。
- 投资人及利益相关人。
- 团队成员或雇员。
- 战略伙伴及联盟。

换句话说就是，为了达成新一代企业家的五大核心成果，企业家们需要针对一些关键的人或团体采取一些重要行动。这些重要行动包括：

- 与他们自己及他们做企业的目的和动机连接。
- 为他们的顾客开发产品和服务，并且产生足够的利润和收益来支撑他们的企业——建立充分的品牌知名度和市场份额。
- 通过在企业使命方面创造一致性和随着业务成熟持续提升团

卓越元素解码之卓越圈明确了企业家建立一家可以让他们活出梦想，并让世界变得更美好的、成功和可持续发展的企业所必须的五大基本专注领域：

- 自我／身份。
- 顾客／市场。
- 团队成员／雇员。
- 利益相关人／投资人。
- 合作伙伴／联盟。

队成员的能力，培养一支拥有胜任能力的团队。

- 为支持企业达成其雄心筹集资金和确保所需的其他基本资源，然后持续拓展业务，并为利益相关人和投资人持续创造价值。
- 与战略合作伙伴建立联盟并建立双赢合作伙伴关系，以使各方能够以在市场中提高曝光度和扩展其角色的方式丰富和借力资源。

正如“卓越圈”这个名称所表明的，我们用一个圈来代表他们创造的这些重要行动和核心成果之间的关系，以一个人自己及其目的和动机为圆心，外围环绕着四个象限：顾客／市场、团队成员／雇员、利益相关人／投资人、合作伙伴／联盟。

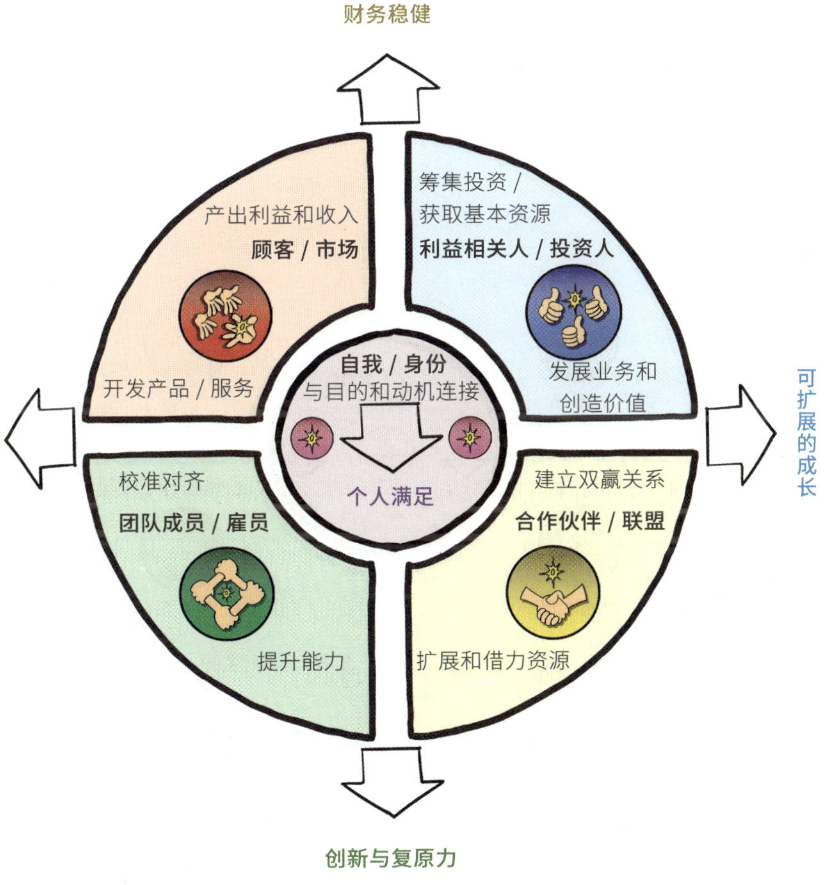

卓越元素解码之卓越圈

九大关键行动结合起来创造出新一代企业家的五大核心成果。

如前页卓越圈图所示，获得个人的满足来自与目的和动机的连接。

有意义的贡献这一成果首先是通过这些行动达成的：开发一种让顾客受益的产品或服务及在团队成员间校准对齐。（见卓越元素案例：CrossKnowledge 公司化危机为机遇）

取得创新和复原力的成果基本上要靠这些行动：提升团队成员的能力，通过合作伙伴关系和联盟来丰富和借力资源。（见卓越元素案例：斯特凡·克里森，法国北方高等商学院〔EDHEC〕管理学硕士）

可扩展的成长这一成果主要取决于与合作伙伴和联盟建立双

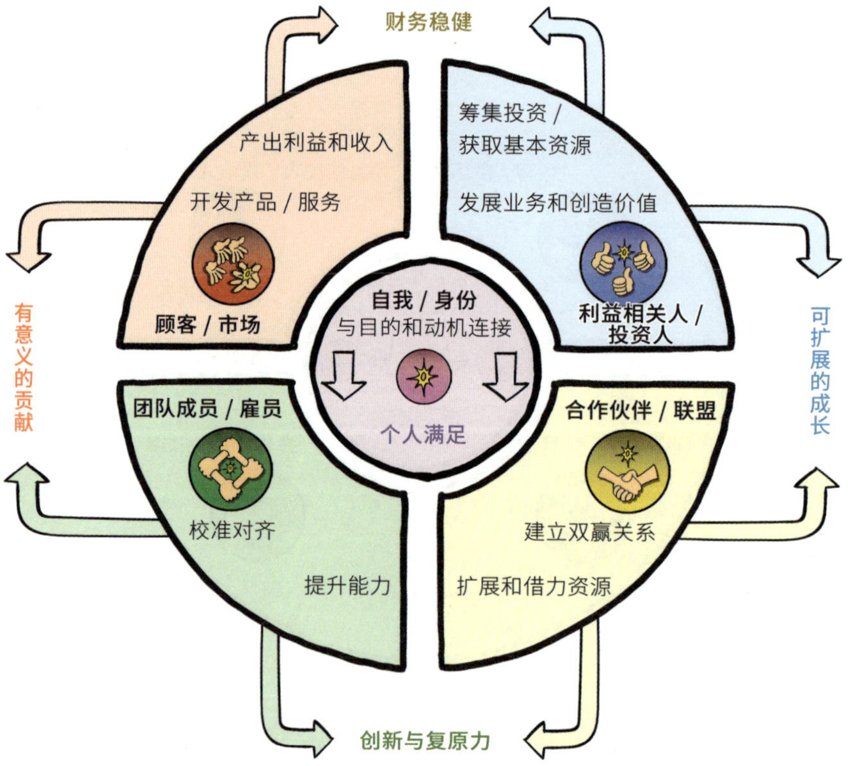

依照卓越元素解码之卓越圈，新一代企业家的核心成果是通过采取指向顾客、利益相关人、团队成员和合作伙伴的重要行动达成的

赢关系和拓展业务，并为利益相关人和投资人创造价值。（见卓越元素案例：兰迪·威廉姆斯，Keiretsu 论坛——一个生生不息的企业社区）

财务的稳健主要是源自向利益相关人和投资人筹集投资、获取基本资源及从顾客端获得利益和收入。（见卓越元素案例：Comau Pico 公司定制产品团队）

建立一套企业家思维模式——用卓越圈整合热情、愿景、使命、雄心与角色

我们的卓越元素解码研究表明，创造一家成功的企业最终是基于一种企业家思维模式，这种思维模式是产生和促进核心成果的达成所必需的。这种思维模式发挥出一名企业家以卓越圈所定义的关键视角，以愿景、使命、雄心和角色的形式分享其热情的能力。

- 个人热情来自与自我和最深层的身份完全连接，以及发现什么会带给我们激情与能量。这涉及探索这个问题：你真正热爱做的是什么？
- 企业家愿景起到将其个人热情向顾客和市场表达以做出贡献的作用。它是以下问题的答案：你想为这个世界创造什么？
- 团队成员和雇员协调一致，共同努力去达成愿景，是企业家以企业使命的形式沟通与分享其热情的结果。它是回答以下问题的答案：你对愿景的独特贡献是什么？
- 正是企业家自身建立一家成功且可持续发展的企业并创造价值的雄心展现出来的热情，激发了利益相关人和投资人提供资源并冒险加入公司。这涉及对以下问题清晰的回答：你想要为你自己实现什么？
- 正是企业家以角色形式应用其卓越领域，并且与同伴们建立

企业家思维的五个基本方面——热情、愿景、使命、雄心和角色——推动了建立一家成功和可持续发展的企业要求达到的核心成果所必需的九大行动。

扩展和借力资源的双赢关系的热情，构成了有效的合作伙伴关系与联盟的基础。这需要明确：为了实现你的使命和雄心，你需要成为谁？

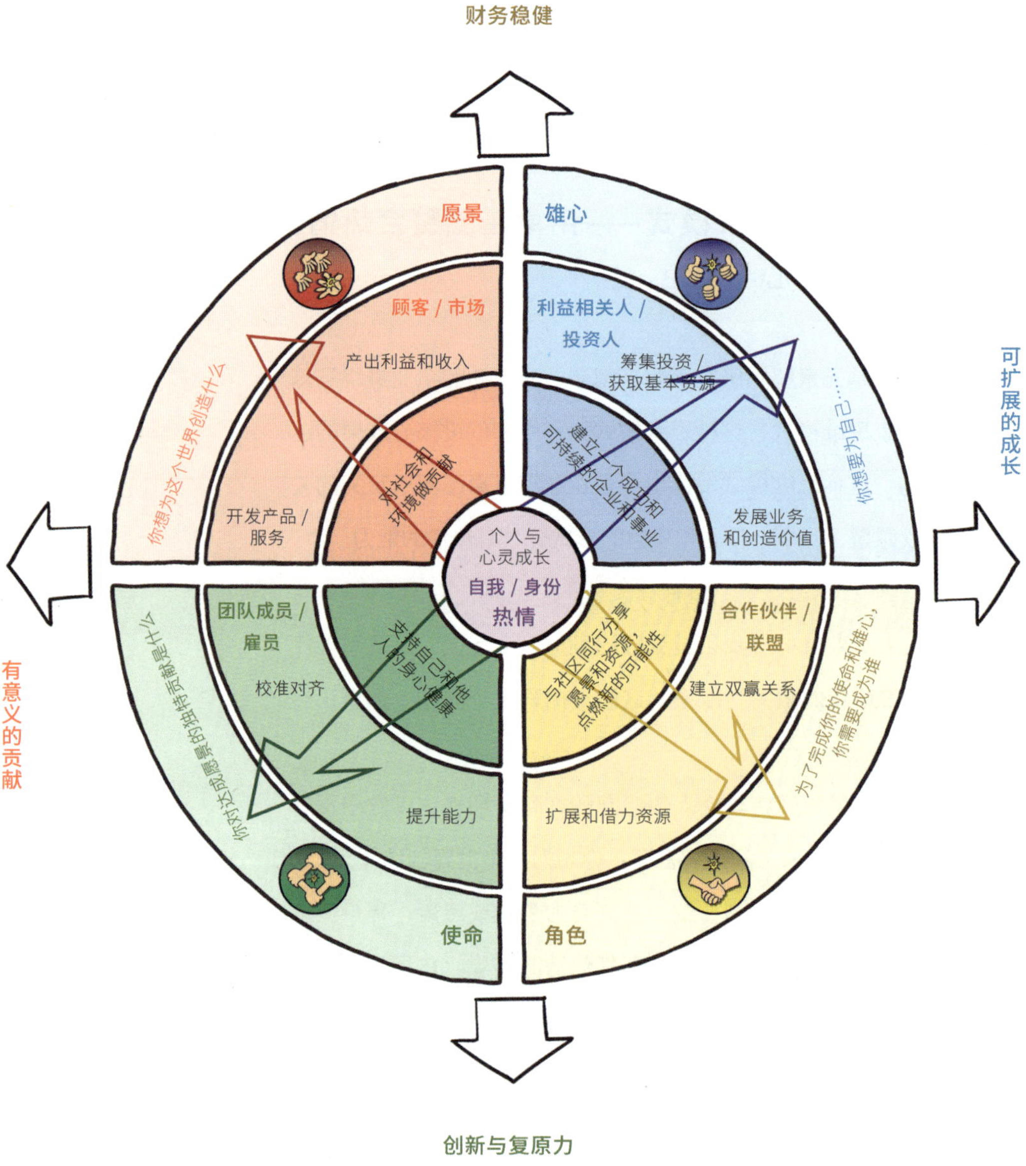

热情、愿景、使命、雄心和角色，以及卓越元素解码之卓越圈

做一个电梯演讲

一旦你确定了你的卓越圈——在你的身份与热情、愿景与顾客、使命与团队、雄心与利益相关人、角色与伙伴方面找到了感觉——你就有了建立一家成功企业的基本支柱。然后就是时候来将你的卓越圈综合及汇总成一个被称为“电梯演讲”的东西了。

如我在第一卷《卓越元素》结尾所指出的，电梯演讲的概念从快节奏的硅谷世界演变而来。在如此充满变数的环境下，一个企业家需要能够在和某人一起搭乘电梯上下几层的时间里将自己的愿景和企业的精华传达给这个人。有时候那是你抓住你计划中的潜在投资人、合作伙伴或团队成员的兴趣的唯一机会。因此，电梯演讲这个术语就演变成对你的项目、想法或企业的一个简短明了的描述。

一个电梯演讲必须是一个关于你、你的企业或者你的产品／服务的简明、仔细规划过并且很好练习过的描述，它可以让你的意向聆听者在电梯上下几层的时间里就听明白。无论你是一名试图寻找投资人的初创公司企业家，还是一个在找工作的毕业生，是一个有着如何改善教室的想法的家长，还是一个在寻求捐款的非营利组织，一个好的电梯演讲都能够帮助你激发别人对你的项目或企业的兴趣。

一个电梯演讲不是要在尽量短的时间内塞尽可能多的信息。一个精心设计的电梯演讲应该唤起同等的情绪和认知理解。一个成功的电梯演讲有以下三个基本特征：

电梯演讲是关于你的项目或企业的一个简明扼要的说明。

一份精心准备的电梯演讲唤起的情感体验应该达到和认知理解差不多的程度。

- 精准——你要能够在几分钟内做完你的演讲。
- 激情——顾客、投资人、团队成员和潜在合作伙伴想要看到企业家的活力和奉献精神。
- 一个请求——在你的演讲结束时，你必须请求某样东西。你想要他们的名片，预约一个完整介绍项目的时间，还是想要一个引荐？等等。

电梯演讲工作表

在我的卓越元素解码计划和教练过程中，我让企业家们用以下工作表来将他们的卓越圈整合进一个基本的电梯演讲中。通过回答以下问题来填空，你会得到一个有效而且引人入胜的电梯演讲的精华。

我的热情是____

你热爱做什么？你为什么被激发要去经营这个项目／企业？

我的愿景是看到一个世界，在那里______________________________

你的项目／企业会产生的正向效益是什么？

我的使命是____

你和你的项目／企业会提供什么行动／资源来帮助达成愿景？

____

____

你会为谁采取那些行动和提供那些资源，以及为了什么目的？

表达这一使命的特定项目／企业是______________________________

____

具体表达什么产品或服务是你的使命？

我的雄心是达成____

____

你想成为和实现什么？到什么时候？如果可能，使用具体数字。

为达成雄心我会采取的基本步骤（故事板）是：

1.____

2.____

3.____

4.____

你通向成功的重要途径上的关键步骤是什么？

我的角色是____

____

就他人而言，为了实现你的愿景、使命和雄心，你会承担什么角色？

我的卓越领域是____

____

你能够担当这个角色的独特天赋与能力是什么？

我需要的资源 / 支持的形式有________________________________

____

____

为了取得成功，你需要哪种类型的资源和支持（金钱、信息、引荐等等）？

我的请求是____

____

____

你想要从你的聆听者处收到什么？

我的热情

……把音乐创作的乐趣介绍给像我女儿这样的年轻人。

我的愿景

……是在这个世界上，一些家庭因为一起创作音乐这个魔力而强大和团结。

我的使命

……设计和制造以好玩和合作的方式教年轻人音乐和作曲的工具。

我的企业

“一起调音”为一些家庭提供一个实在的合作学习的平台，从音乐技巧开始。

我的雄心

……让使用我们的方法和工具的人遍布全球，并且将这些方法和工具的使用扩展到不同的乐器和音乐以外的其他技巧上。

为达成这个雄心我会采取的基本步骤是：

1. 在说英语的市场巩固业务；

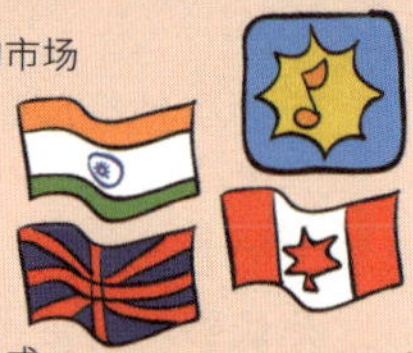

2. 将平台翻译成四种主要语言；

3. 开始开发用于其他技巧的工具，比如数学和语言；

4. 激励社区领导者推出一项全球社交媒体活动计划。

我的角色

……是协作创造者。我的卓越之处是连接大家，并帮助他们通过分享对音乐的热爱而成长与合作。

我需要的

……是可以在其他国家代表我们企业的合作伙伴，以及可以帮助我们把我们的方法介绍到学校去的人。

电梯演讲举例

卓越元素解码思维模式地图

除了组成你的卓越圈和电梯演讲的基本元素外，拥有具备一些不同且更加明确互补的思维模式以将你的卓越圈转化为一家切实可行的企业的能力也是必不可少的。我的同事米科洛斯（米奇）· 费赫和我已经识别出成功企业家们用于实施他们的项目或企业的八种基本思维模式：

- 产品创造者思维力求通过开发创新性和赋能型的解决方案（产品和服务）来预见并满足顾客的需求和渴望。
- 团队建立者思维是要通过培养协同、互补和校准对齐来吸引那些支持企业使命（其产品和服务）的人，并为他们指明方向。
- 能力塑造者思维首先关注的是为团队成员成长和提升技能提供所需机会和资源。
- 资源提供者思维首先关心的是识别、发现和落实其他互补企业（合作伙伴 / 联盟）在产品、服务、技能等方面有意义的协作，以丰富和借力资源。
- 匹配制造者思维意在寻找拥有共同愿景和价值观，并且在角色和强项上彼此互补的其他企业（合作伙伴 / 联盟），通过分享、联合或者交换以建立双赢关系。
- 企业建立者思维专注于为企业建立可持续的基础设施、成长及可扩展性的路径，以为利益相关人创造价值。
- 财务开源者思维优先考虑的是明确资金和其他基本资源（利益相关人和投资人）的来源，以及创造性地将他们与企业的雄心和优势连接。
- 市场制造者思维是要和多种顾客与顾客代表开展及保持对话，以带来利益和收入。

卓越元素解码之心智地图明确了企业家为了创立一家可生存发展下去的企业所要采取的八种特定思维模式。

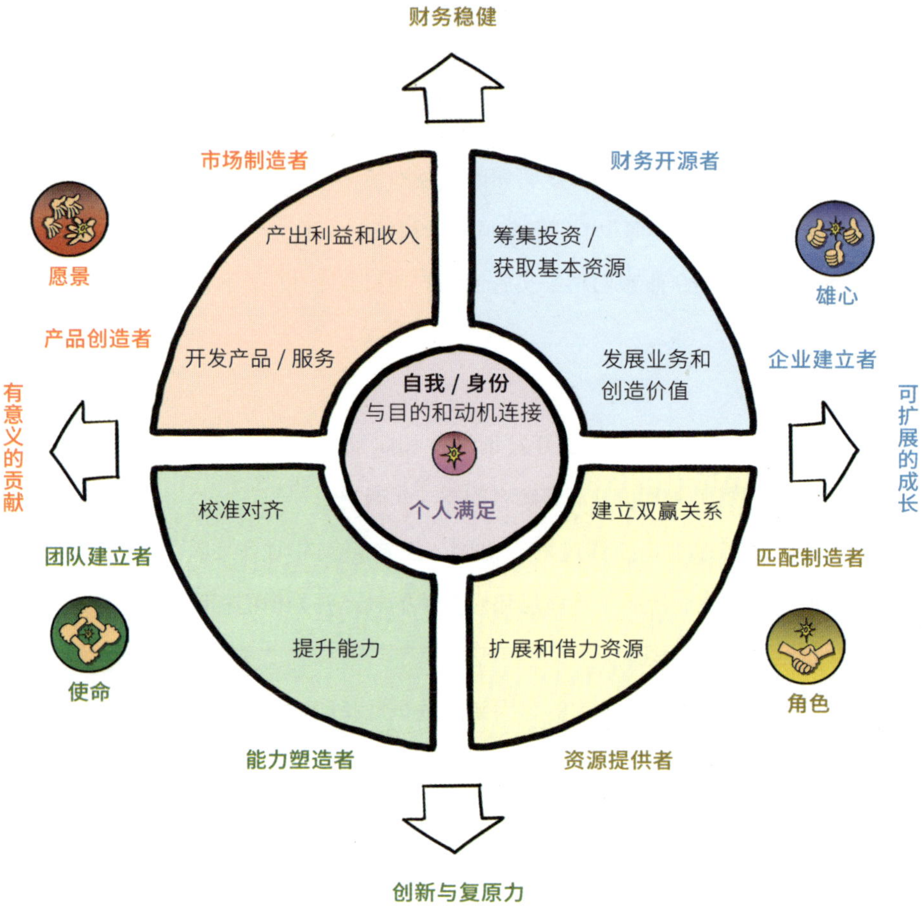

企业家创办一家能生存发展下去的企业必须具备的八种特别思维模式

产品制造者和市场制造者思维是做出有意义的贡献的根本。技能建造者思维和资源整合者思维对产生创新力和复原力非常必要。匹配制造者思维和企业建造者思维让达成可量化成长成为可能。市场制造者思维和财务开源者思维是维护财务稳健所必需的。

通常，我们会对这些思维模式中的某些比另外一些感到更胜任和游刃有余。因此，要建立我们的卓越圈，我们需要更充分地发展我们缺乏的思维模式，或者与天生拥有我们所缺乏思维模式的人搭档来弥补我们的短板。

在本书中我们会探索这两条途径。我会提供一些帮助你发展和强化各种思维模式的练习和实操。我还会为你示范如何运用集体智慧的原理和实践，通过借力你团队或网络中的其他人的技能来增强不同的思维模式。

米科洛斯·费赫和我还创造了一个帮助你评估与发展建立一家成功企业所需的方方面面的卓越元素解码思维地图 App。想要了解更多信息，请登录 http://www.mindsetmaps.com。

这八种卓越元素解码的思维模式是建立一家成功和可持续发展企业所必须达成的核心成果的根本。

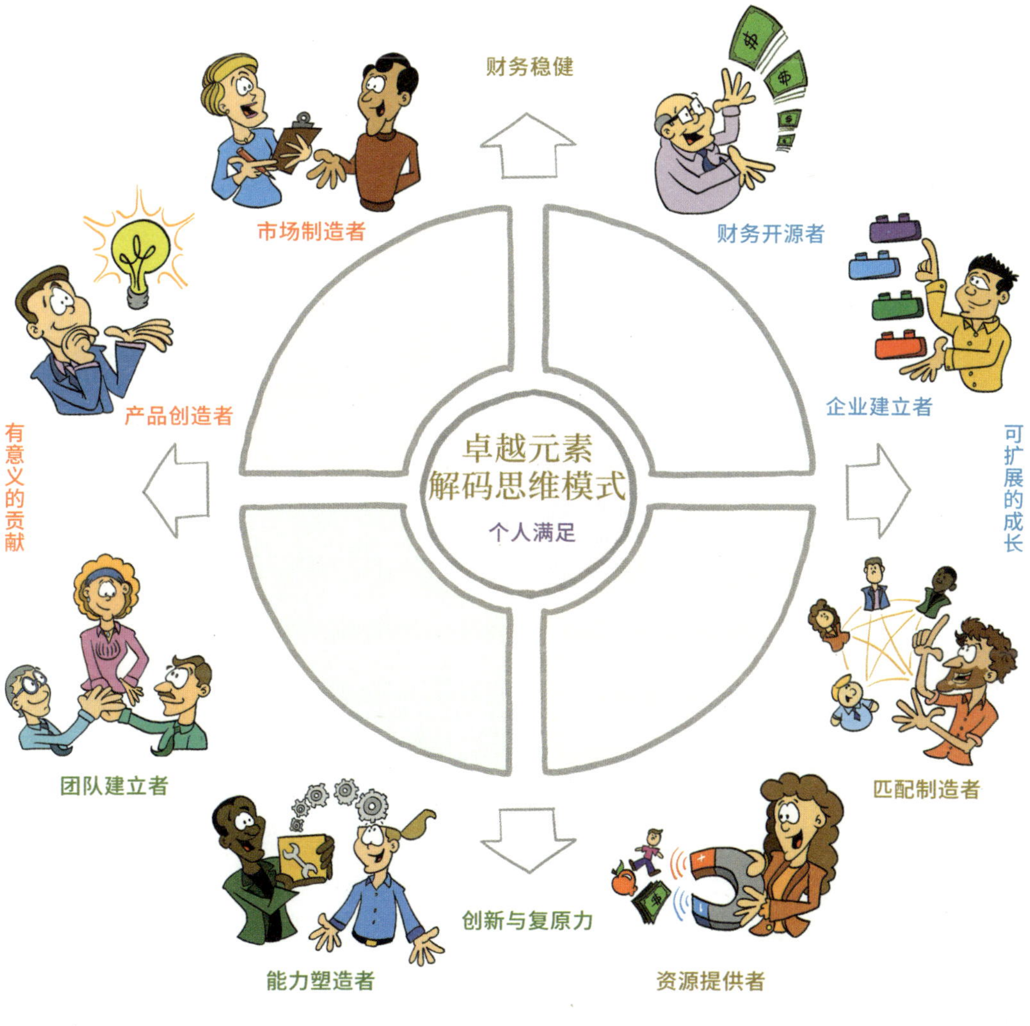

将多种思维模式整合进卓越圈

下面的练习会帮助你应用八种卓越元素解码思维模式来丰富你的卓越圈和将你的电梯演讲扩展成更完整的企业说明。在练习里，探索者 / 说明者站在卓越圈中心，另外四个人扮演外围四个象限及其相关思维模式的代表。练习从探索者 / 说明者做他的电梯演讲开始，确保回答了与其自我和身份相关的关键问题：我的热情是什么？我的目的和动机是什么？

练习不同的卓越元素解码思维模式有助于创造一个更牢固的卓越圈，并且有助于将电梯演讲提炼和扩展成一份更具深度的企业介绍。

然后代表们以他们所代表的卓越圈部分的视角向探索者 / 说明者提出有关连接他们象限的思维模式的问题。

顾客

产品制造者：你的产品和服务是什么？

市场制造者：你会如何从你的顾客那里获得利益和收入？

团队

团队制造者：谁是你的团队成员？什么是你的核心价值观？

技能建造者：你会如何从你的顾客那里带来利益和收入？

利益相关人

财务开源者：你需要什么基本资源？你如何获得这些资源？

企业建造者：你会如何扩展你的项目 / 事业，并且创造价值？

合作伙伴

匹配制造者：谁是你的核心合作伙伴？

资源整合者：你的合作伙伴关系会如何扩展和借力资源？

这是一个很好的方式，让代表们练习采取不同的思维模式，同

卓越圈每一部分的代表从他们的视角向说明者提出和项目或企业有关的问题

时让企业家排练如何回答不同领域的问题，以及与企业相关的不同类型的问题。

情境及“创新场域”对卓越圈的影响

和其他所有的事情一样，新企业的成功很大程度上取决于它们是否能够带入身为其中一部分的更大系统。这些更大系统的演变状态决定了企业家的热情与意图形成于卓越圈的不同部分表达的背景。这些更大系统的状态可以被看作一种场域，起到使社会经济动力和科技发展不断演进的作用。这样一个场域不仅由构成卓越圈的个人的现有需求、态度和意见组成，还包括他们潜在或发展中的需求和态度。

新企业服务于他们所处的更大的社会经济系统，以及被该系统接收到的程度决定了企业的成功。

不断演进的技术发展与人们需求与态度的变化，构成了一种决定新产品和新想法的可行性、吸引力和可接受性的“创新场域”。

为了获得成功，企业家需要能够感知和利用在动态“创新场域”内出现的趋势和机会。

正是这可能性的更大场域的状态决定了一个企业家的想法是否是可行和可取的。最成功的企业是那些生产出某种真正具有突破性的、“改变游戏规则”的东西的企业。这种情况唯有在他们能够抓住周遭场域中新兴趋势的“风口浪尖”时才会发生。

在利益和可能性的更大场域中，理解并紧盯关键发展的能力，无论对于成熟的商业领导还是有抱负的企业家来说，都是一个重要的卓越元素。这与理解形成该场域的力量及应用被称为“微弱信号侦测”的功能来将自己调频到顺应即将到来的趋势的能力有关。新的可能性和改变游戏规则的潜力持续出现。企业家的一个关键卓越元素就是具备一种方法去感知和预测这些改变游戏规则的发展接下来会在何时何地出现。这是借由促进“集体智慧”并从中受益的能力来实现的。“集体智慧”即本书首要的着眼点。

在卓越元素解码系列第一卷《卓越元素》中，我们展现了一系列模型、原理和练习帮助读者发展和运用必要的技巧来为一个项目和企业建立他们自己的卓越圈。在本卷中，我们会探索如何通过集体智慧、生生不息的合作及充满活力的团队工作来丰富、扩展你的愿景和企业，并为之带来更多细节。

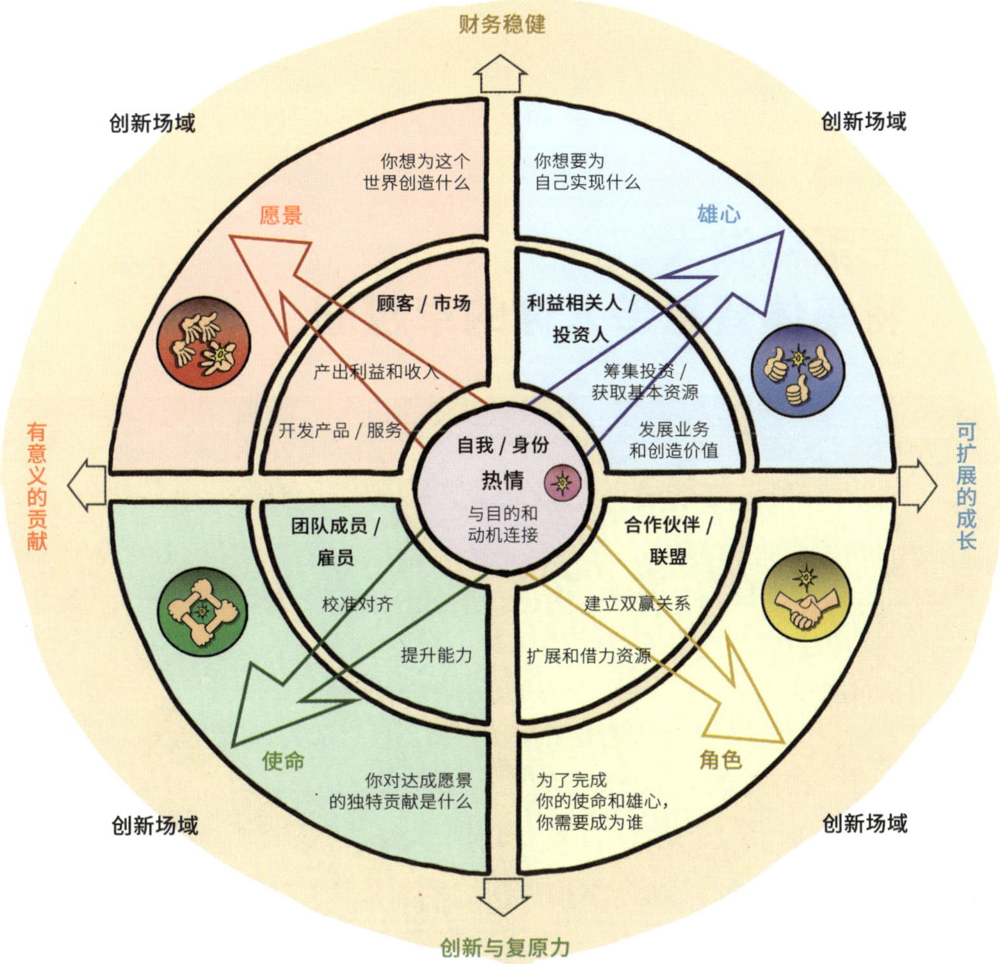

最成功的企业都是对其所在的更大的社会经济环境

或“创新场域”做出“改变游戏规则”的贡献的那些企业

第一章

把蛋糕做大：将集体智慧带入你的卓越圈

整体大于其组成部分之和。

——

亚里士多德

我们塑造自己以适应这个世界而又被世界再次塑造。有形无形的东西以共同目标一起努力创造出奇迹。

——

大卫·怀特

运用生命的最佳方式就是将生命投入到比其本身更长久的事物中去。

——

威廉·詹姆斯

01
CHAPTER ONE

将集体智慧带入你的卓越圈

“卓越元素解码”系列书籍第一卷《卓越元素》最后的内容是为你的企业撰写一份“电梯演讲”的步骤。正如我们在前面章节所指出的，电梯演讲是一个你可以在搭乘电梯上下几层的时间内向某人表达清楚关于你和你的公司、产品或服务的简明扼要的描述。做电梯演讲的目的是引起那些潜在的，有可能成为你的卓越圈中的顾客、利益相关人、团队成员或者合作伙伴的人注意，希望他们能够对你的项目或企业感兴趣，并且最终与你合作。

真正成功的企业家们能够与他们的卓越圈中的成员高效而富于创造力地工作，以丰富、扩展和实现他们的愿景，并且达成他们的雄心。这需要有对促进“集体智慧”和“生生不息合作”的务实理解和机制。如同其他所有成功的企业家活动，这始于双赢的思维模式。

把蛋糕做大

我们常常听人说起打败某某就会获得市场“最大的一块蛋糕”。这种说法的意思

要建立一个有效的卓越圈，需要具备促进与顾客、团队成员、利益相关人和合作伙伴之间的集体智慧和生生不息合作的能力。

创造一家成功和可持续的企业需要我们邀请他人进入我们的卓越圈，并且促进集体智慧和生生不息的合作。

是个人和组织必须不断与另一方搏斗和竞争来最大化地获取有限的市场或资源份额。

这本质上是一种输赢或“零和”思维。如我们在第一卷《卓越元素》中讨论过的，在零和互动中就是一个人或一方赢（+）而另一个人或另一方必须输（-），最终结果等于零（0）。“零和”互动通常存在于感觉和预设资源短缺的情形下，觉得资源只够支撑一方取得成功或生存下来。

另一方面，双赢互动则预设潜在有足够的资源分配，每个人都可以通过合作，以某种方式从中受益，甚至产生更多资源。双赢互动普遍存在于一种正向自我强化的反馈回路，这带来发展和成长——把蛋糕做得更大，这样不管他们原来的份额是多少，每个人都会获得更多。

零和思维：为谁拿到更大一块蛋糕而争斗。

双赢思维：把蛋糕做大。

想要把蛋糕做大的是所有真正的企业家活动的核心。企业家们想要通过做贡献创造更大的财富和新的资源。正如企业家辛达娜·特尔卡特指出的，当别人能够获得“他们自己都不知道可能获得的某种东西”成为你成功的一个结果时，企业家的满足感便油然而生。

比如，汽车、电话、航空、电台、个人电脑、互联网和 iPod 这些发明，就是制造了这类生生不息的双赢市场容量的新发展。这些发展以制造更新和“更大的蛋糕”的方式导向创造新的市场，并且扩展了现有的市场容量。

这些新发展背后的驱动者，以及双赢互动的动力，在卓越元素解码中称为“生生不息的合作”。生生不息的合作需要人们创造性地一起工作来“制

集合智慧的作用就像一个拼图游戏：团队每个成员把他的技巧或诀窍当作一块单一静态的物体贡献出来。

集体智慧的作用则更像一个分形网络或神经网络：团队每个成员的贡献给其他成员的知识和技能带来影响、补充和提高，从而创造出一种生生不息而且常常不可预见的结果。

造更好的东西”。相应地，生生不息的合作建立在集体智慧的现象之上。

集体智慧与集合智慧

我在《卓越元素》中指出，集体智慧是在团体里的个人之间的合作与沟通中产生的一种共享智慧。它与一个团队、群体或者组织中的人们以标准一致、协调配合的方式思想和行动的能力，以及将单个个体转化成一个有凝聚力的、真正整体大于其部分之和的团体的能力有关。

将“集合智慧”和“集体智慧”区别开来非常重要。如上所述，集体智慧产生出“整体大于其部分之和”的结果。而另一方面，集合智慧的结果则是个人贡献的简单集合。集合智慧就好比一个拼图游戏。不同的片块拼在一起最终产生一个简单静态的画面。这些片块只能以一种方式正确地拼在一起，并且每次总是产生一模一样的画面。这是一家公司或一项业务中许多任务编排的方式。团队成员贡献他们的个人技能或知识以达到一个清晰明确的目标。如果操作正确，每个人的贡献便提供了这个大拼图中的一部分或一块。一条传统的组装流水线就是集合智慧的一个很好范例。

尽管集合智慧在很多情形下非常重要而有效，它却不具备集体智慧所具有的一个新一代企业家在飞速变化的世界取得成功所必需的创造性或协同增效的力量。集体智慧的作用更像是一个不规则碎片化或神经系统的网络。它比仅仅靠每个人贡献影响、添加并增进群体或团队中其他个体的知识和能力的集合智慧要强有力得多。

例如，在一个神经系统网络中，“信息”和“知识”是由整个网络以互联互通的神经元中的活动形式集合储存起来的。系统知识作为一个整体无法与电路剥离。系统中固有的网络智慧如同元件之间连接的数量与质量。当网络处于不同的环境中时，通过学习，智慧行为便有机地出现在网络中。根据赫布规则，不同形式的体验改变着网络中各个部分之间连接的强度。该规则表示，如果在一个相似状态里的两个元件“共振”或同时反应，它们的连接得以加强，也就是说，神经元是缠绕在一起的。

与此类似，在创业企业里，集体智慧产生于人们之间的互联互通和关系质量。群体的智慧是人们通过持续交换信息和想法，补足与统合他人的技巧、经验和想象来协同工作以达成某些愿景和雄心的结果。与一个神经系统网络相似，系统的智慧是由围绕核心价值和议题的群体或团队内单个成员之间连接与“共振”的强度促成的。作为结果产生的个体诀窍、创造力和能力的积累与整合也起到一个平台作用，由此发展出新的洞察、想法和能力。结果，促进集体智慧的一个主要好处就是团体成员成长得更快，而且创造力和问题解决能力也通过更多地接触到知识、想法和经验得到提高。

集体智慧来源于交换信息和想法，并且补足与统合彼此的技巧、经验和想象力。

创造集体智慧

显然，并非所有的互动都会创造出集体智慧或生生不息的合作，一些团体并没有通过他们个体成员间的互动，展现或提高智慧与创造力，反而是一种“退化的合作”。聚众闹事者、功能失调的团队和家庭就是这种例子。到底是什么差异造成了不同？

对卓越元素解码的研究揭示出真正的集体智慧是三种基础系统动力的产物：共振、协同与涌现。

共振

共振本质上是两个彼此协调的乐器（或两个人）之间振动的加强。

人们之间的共振是产生集体智慧的基础。

共振是指系统的趋势以比其他频率更强的某些频率振动，在这些频率中，即使微小的重复力量也能产生大的改变。源于拉丁文 resonantia 一词的“共振”，意思是“回响”，或者按字面意义就是“再发声”，通常也指多系统之间的双向影响或者事物彼此间的特别感应。例如，如果一个人有两把调音相似的吉他，只要拨动其中一把吉他上的一根琴弦，另一把吉他上相应的琴弦就会在没有实质接触的情况下开始振动。同样的共振也会存在于钢琴上相应的琴键之间、音叉之间等等。它甚至存在于不同乐器之间。在长笛上吹出某个音符，也可能引起一把吉他上的琴弦以此频率振动。

在心理学上，共振这一术语通常指“存在于亲近或移情这类情绪状态中的内在身体进程情结”。在群体中，共振与成员们感受到的与群体其他成员的想法、价值观和目标之间的一致感和连接感有关。智力和情感上的共振是团体的动力、协同、生发和集体智慧的主要源泉。

实际上，在创造一家创业企业的情境下，共振与你能够和你的卓越圈中各个成员间产生出相互兴趣和理解的水平有关。这也是充满激情地去做电梯演讲如此重要的原因之一。

以相互兴趣和理解的形式产生的共振可能存在于我们所确定的卓越元素的任何层面之间：环境、行为、能力、信念和价值观、身份与目的。

- 环境共振来自单纯分享相同的物质情境。
- 行为层面的共振源于你与其他人投入相似或同类的活动。
- 更深层次的共振存在于你与其他人分享共同策略、技巧和思考方式时。
- 由共同价值观和信念带来的共振会对强化动机、忠诚度和设定共同的优先事项影响特别重大。
- 分享共同角色和使命在身份层面制造出很强的共振。
- 拥有共同愿景和雄心也许创造出的是所有形式中最为深刻的共振，并且能够给一个群体或团队带来史无前例的能量。

在接下来的章节中，我们会探索切实可行的方法，以创造和评估所有层面的共振，作为建立卓越圈的关键部分。

共振的层面

协同

协同超越了共振。它来自于创造超越个人贡献的某种东西的互补品质。

当两个或更多的事物共同起作用产生一个由任何事物单独都无法取得的结果，协同就发生了。协同一词来源于希腊语 synergia，字面意思是“一起努力”。举个简单的例子，如果两个人的个子都很矮，够不着一个高架子上的物体，一个人可以骑到另一个人的肩膀上去拿，而这是他们任何一个人都无法单独做到的结果。

在组织行为的情境下，协同是一个群体做得比其成员中最好的那个还要更好的能力，也就是说，整体上产生出比群体中每一个人单独朝着同一目标努力更好的结果。协同需要除信息交换之外的

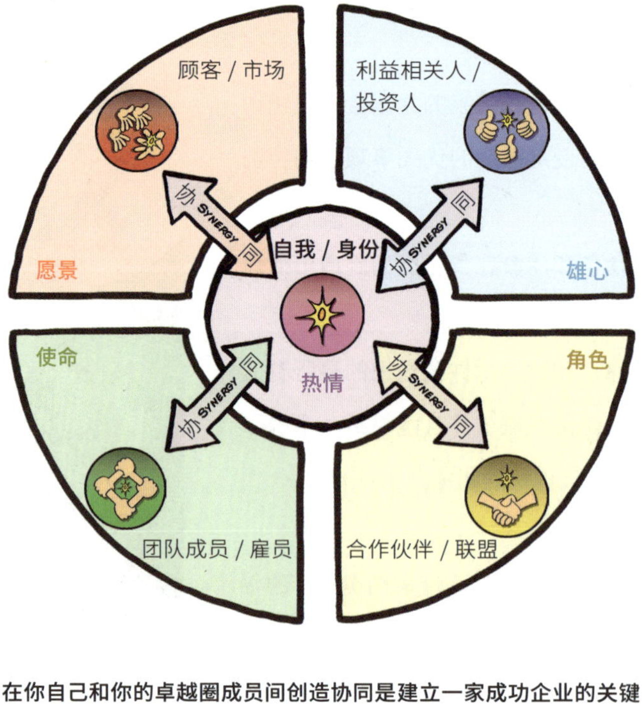

在你自己和你的卓越圈成员间创造协同是建立一家成功企业的关键

能量交换，以产生包含并超越一群起作用的个体的能力。

你与你的卓越圈每个部分的每个成员间的协同显然是创造成功的项目或企业的根本。

同样，你的卓越圈各个成员间协同的程度也对你的项目或企业的成功至关重要。

和共振一样，以品质互补形式出现并极大促进业绩表现的协同可能发生在卓越元素的任何一个层面。

一种协同关系产生的结果是个体参与者单独无法完成的。

- 不同的个体或公司可以联合或交换环境资源来共同借力或拓展他们的市场。
- 和一个人骑在另一个人肩上去拿高处物体的例子一样，个体、团队和组织可以合作，共

在自己和卓越圈各成员之间形成协同关系是建立一家成功企业的重要组成部分。

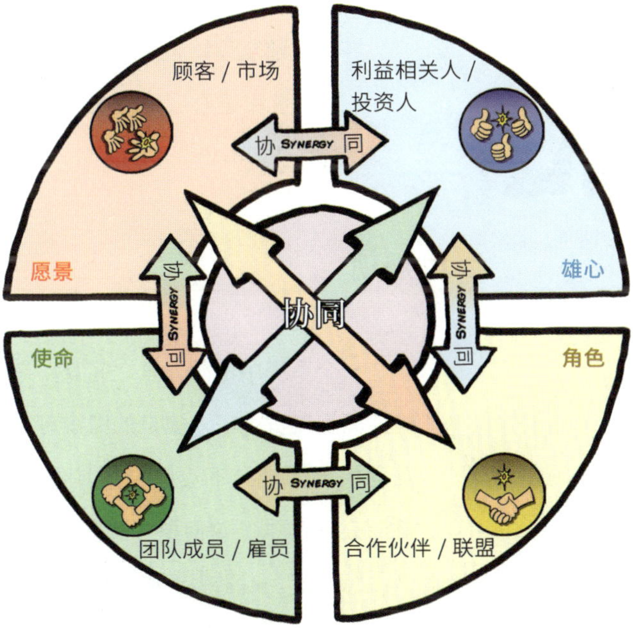

促进你的卓越圈各个成员间的协同也是一个主要的卓越元素

协同的角色

协同的价值观

协同的行动

协同的层面

同努力去联合和加强核心的活动与行为。

- 协同加强不同的能力显然是在产品和服务方面形成战略联盟和投入开放创新的基础。
- 互补的价值观和信念绝对是形成卓越圈各部分之间牢固和富有成效关系的根本。
- 不同的价值观如“创造力”和“注重细节”结合可以产生强有力的结果。这是与“灵魂”相关的价值观（比如“贡献”或者“服务”）和与“小我”相关的价值观（如“认可”和“投资回报”）之间常见的情形。
- 你和你的卓越圈各个成员的价值观以及对彼此的信任程度将决定你的企业最终的成功程度。
- 互补和协同加强的角色与使命，是个体和组织发展与扩充身份的源泉，而且显然是合并与收购的基本理由。
- 在愿景和雄心层面彼此协同与互补无疑是创造整个新市场背后的力量。

涌现

一个系统中不同元素之间互动产生出新的东西时，涌现就发生了。复杂的图案可能由相对简单的互动组合而成。下页图中由其他两个视觉形态重叠而来的莫尔条纹便是“涌现”的属性案例之一。

“涌现”一词来自拉丁语 emergere，字面意思是“不下沉”，表示某种东西从液体或其他媒介中“升起”。它与通过将某物沉入水里来淹没它相反。

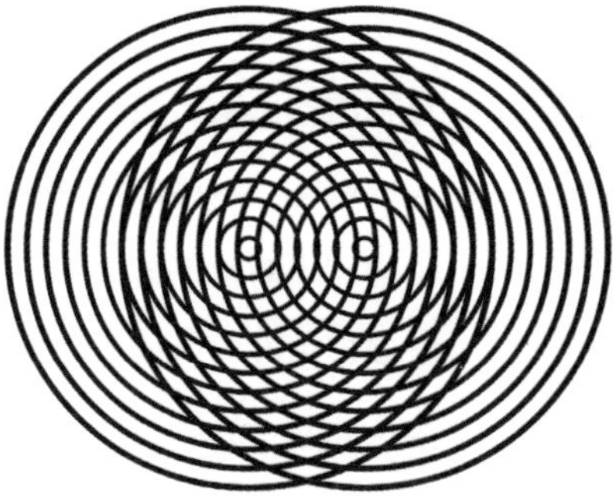

莫尔条纹本身变成了第三种存在。音符结合奏出和弦就与此类似。总而言之，正如系统理论家格雷戈里·贝特森指出的，“当两个重复的系统相结合，就必然产生第三者。”因此，涌现的基础原则是：1+1=3。

举个具体而形象的例子说明“涌现”的这种特性：我们可以将玉米淀粉与水混合，然后将它倒到一个振动的喇叭上。当振动着的喇叭把能量传递给这些混合物，不同的平面和立体形状就会开始从液体中涌现出来，如下页左上的图所示。

这个简单实验的结果产生了类似于一个人可能想象到的从数十亿年前的地球“原生汤”中涌现出来时的最初的生活形态。

几个简单的实体（媒介）在一个共享环境中以适当的能量水平互动，涌现的行为，或者类似的属性，就开始出现在一切互联系统中。单个实体之间彼此建立起初级互动而产生出一种集体的更复杂的行为。

当图案无法直接向系统组件追溯，而在于组件间的互动产生的集体行为造成的，“强涌现”就发生了。正是在这种情况下，整体真正比其各组成部分之和更棒。这种涌现的一个常见例子是雪花的构造及其他的自然“分形”结构。

下页下方的一套图像是强涌现的极好例证。这些图像来自一个被称为“声流学”

涌现：一个装满玉米淀粉水的振动扬声器上出现的不可预见的形状。

因一个相对简单的互动组合而出现复杂、不可预见的图案时，涌现就发生了。

的物理学领域所做的实验。声流学研究声音和振动对物质的影响。这些图像形象地证明了涌现的一些关键属性。这些图像是一个金属盘子上的同一堆沙子的。当对盘子施以逐渐升级的声音频率时，沙子就涌现出变换的图案。声音的振动造成了盘子和沙子之间及单颗沙粒之间复杂的互动。图像显示出随着声音频率的逐渐升高发生了什么。尽管声音频率以一种线性速率递增，盘子上沙子的图案却以一种出乎意料的方式变得越来越复杂。如果你不是事先知道接下来会发生什么，就不可能预测到下一幅图案会是什么样子。

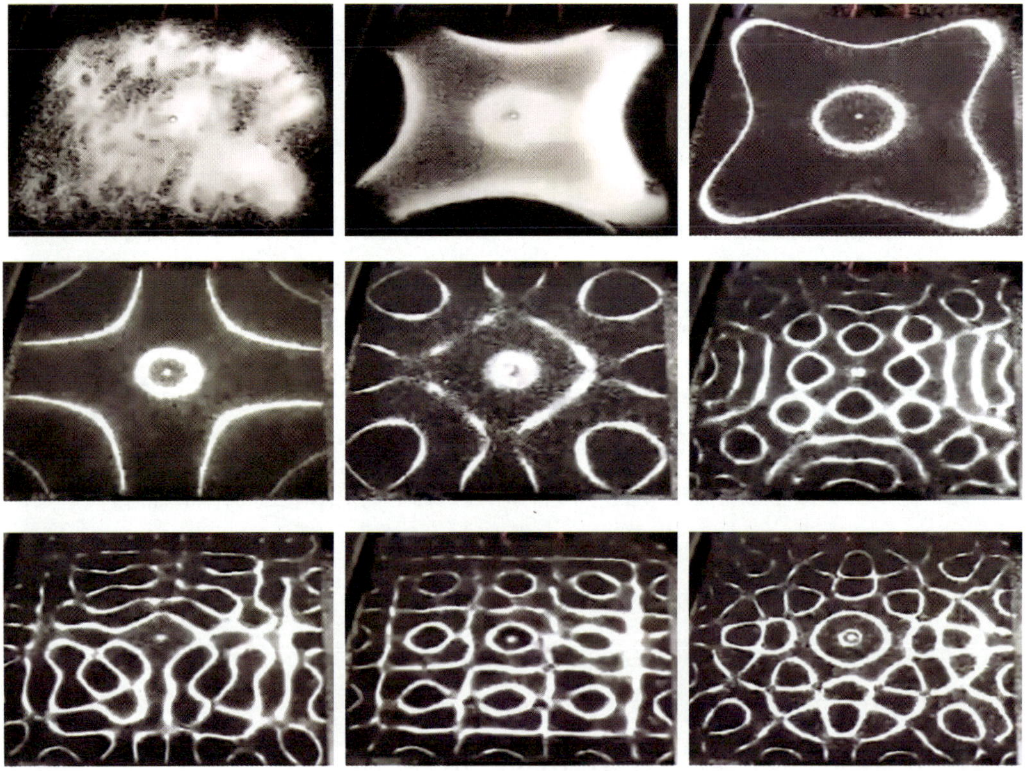

金属盘子上的沙子在简单增强的声音振动下涌现出复杂的图案。

我经常在卓越元素解码工作坊上给我的客户和学员们看这段视频，作为一种比喻，证明能量“场”的效果及不同程度的共振对潜力的涌现具有的意义。我们可以把沙子视作组织中的个体或者一个特定产品或问题中的内容。金属盘子就是场景，个体或内容汇聚其中。最终决定会涌现什么出来的是激活互动的能量场的品质（在这个案例中就是振动）。在一个人类群体或组织中这种能量场是由卓越元素各个层面在情感上与心理上共振的程度和水平创造的。

在卓越圈各个成员之间存在着一种恰当的、共振的创业努力，涌现会以出乎意料地突破创新的形式出现，而这些创新是一些看似互不相关的事物或者是互不相容的想法、信念和技术相结合的结果。

与共振和协同的品质类似，涌现也会在企业的几个不同层面发生。

在创业努力中，涌现以突破性创新的形式冒出来，这些意外出现的创新是一些看似不相关或不匹配的想法、信念和技术结合在一起产生的结果。

- 许多公司和企业的全球化趋势及日益增多的跨国公司正是涌现在环境层面出现的例子。
- 在行为层面，音乐家、舞蹈家和表演艺术家们很早就知道，一些新的表达形式会因为其他动作和活动交叠与融合自发地涌现。与此类似，新产品和服务也会在现有产品与服务整合、运用进入更为复杂和精细的变体时涌现。想想今时今日已经很常见的打印、扫描、复印、传真一体机，曾经，这些功能还是各自分开来的。
- 新的想法和能力也会在分享和协同其他想法

涌现的层面

和能力来创造令人惊讶的突破的过程中，出人意料地涌现。许多创新涌现自施乐帕克研究中心这样跨学科的“智库”。

- 当现有的旧信念、价值观，与新信念、价值观协同和整合时，新的组织文化便涌现出来。本书第一卷中描写的塞缪尔·帕尔米萨诺的“价值观混合”就是这一点的有力例证。21 世纪早期的 IBM 首席执行官帕尔米萨诺认识到当时 IBM 现行的“命令—控制”文化不再有效。他推出了一个让分布在 170 个国家的公司全体 440000 名员工参与的大规模的、线上的、互动式的“价值观混合”活动来决定 IBM 的价值观到底应该是什么。从集体协作中涌现出来的三大价值观——为每一位客户成功尽心尽力；为公司为世界进行重大创新；所有关系中的信任和个人责任——自此作用于整个组织内，指导决策及支持创造一个独特的协作型组织架构，挖掘出更大集体智慧的潜力。
- 当然，涌现也会在身份层面发生。角色和使命会交叠、组合和发展，以产生全新的公司和企业类型。像亚马逊、谷歌和脸书这样的组织在最近十几年涌现出来，而在 25 或 30 年前它们绝不可能存在。
- 新愿景和雄心的涌现创造了代表我们的社会及 / 或者科技中我们称之为“破坏性创新”的巨大突破。破坏性创新是那些创造了一个边界不在现有市场内的新市场的创新。破坏性创新是“将蛋糕做大”的一个经典例子。汽车、数字摄影、浓缩咖啡机、iPod、智能手机和社交媒体的大量产生都是破坏性创新的例子。它们每一个都创造出了从未存在过的全新的市场。

本书的一个重要焦点是探索如何在你的企业内和你与你的卓越圈各成员之间创造出涌现的条件。这种能力将是你个人和你的企业获得成功最重要的元素之一。

对集体智慧和生生不息合作的其他影响

除了共振、协同和涌现的系统动力以外，我们对卓越元素解码的研究还发现了对创造集体智慧和生生不息合作的其他重要影响。

子整体与全息图

第一卷《卓越元素》的一个重要主题就是我们每个人都是一个“子整体”这一概念。一方面，我们自成整体又是独立个体。另一方面，我们还是逐级扩大的包含又超越我们的更大系统的一部分。具体来说，我们是由整个原子组成，原子又组成分子，分子结合在一起创造出细胞，细胞结合在一起又形成整个器官和一个完整的互联互通的神经系

整体和子整体：我们每一个人都是独特、独立的个人，与此同时，我们又是更大系统的局部。

你不是大海里的一滴水。
你是一滴水中的整个大海。
——鲁米

全息图是一种三维影像，整体画面都包含在影像的每一个部分里。

一项事业是一个整体、子整体和全息图。

统，从而构成我们的整个身体。我们依次是逐级扩大的更大整体的一部分：家庭，职场，地球上整个生物系统及至整个宇宙。

我们身为子整体，持续、具体地参与，是创造集体智慧的另一个关键卓越元素。整体组合起来构成更大整体，这更大整体与组成它的单个神经细胞相比具有新的、不一样的属性和能力。水与组成它的氢原子和氧原子具有不同的属性。与此类似，群体也具有与组成它的个体不一样的属性。

创造集体智慧的另一个重要元素与全息图和全息系统有关。一幅全息图是一个三维影像，整个图画包含在影像的每一个部分中。如果你拿起记录全息图的玻璃板或胶片将它掰成两半，还是能看到整个图画。如果你再将那两个半块分别一分为二，整个影像还是在那儿，依此类推。全息图作为一种现象已经成为以下概念的一个比喻：在许多系统中，与系统相关的所有信息是通过系统的每一个部分以某种形式散布出去的。

我们自己的身体明显具有这种属性。我们身体内的每个细胞共享同样的DNA。因此，尽管每个细胞是独一无二的，并且我们的一个眼细胞与我们的一个脚趾细胞相当不一样，但它们都享有一个使它们可以作为一个更大的协调一致的整体发挥作用的共同密码。

我们可以在成功的公司或者文化中看到同样的程序在运转。有关卓越元素各个层面（特别是愿景、使命、价值观等这些更高的层面）的一种高层次的共振对企业而言就起着一种DNA的作用。如果你将公司划分为不同的部门、团队甚至个体，整个公司的愿景、使命、雄心、角色、价值观等等会在每一个部分呈现出来。如果没有，则可能公司陷入了无政府和混乱状态，而不是充满凝聚力的状态。如果一家公司的一个经理去参加一个会议只是简单地按照他或她自己的目标、利益和价值观行事，那么这个经理可能会危及更大的组织利益，而且某些情况下可能危及组织的生存。

我们因此可以得出结论，一家成功的企业是由子整体的互动创造出来的全息图，在这幅全息图里：

- 每个部分都包含整体。
- 每个部分可以再造整体。

任务意义与绩效表现

《沃顿商学院最受欢迎的成功课》(*Give and Take: Why Helping Others Drives Our Success*）一书的作者，著名的沃顿商学院教授亚当·格兰特做了一系列令人信服的实验，证明“任务意义”对动力和工作表现的重要性。“任务意义”定义为“一件可识别的工作对组织内部和外部的他人的重要程度”。任务意义是一个人对其行动后果对其组织内、外部其他人影响程度的觉察与理解。

在一个典型实验中，格兰特会把一个团队的成员（如筹款话务员）分成几个不同的组别。第一组通过文字、视频或者现身说法得知他们的工作表现如何给他人的生活带来了积极正面的影响。第二组

亚当·格兰特
《给予与索取：为什么帮助他人推动我们成功》作者

“任务重要性”与一个人感觉到自己的工作和行为以一种重要而有意义的方式影响他人有关。

> 生活中有许多东西会吸引你的目光，但只有很少一些会抓住你的心……去追求这些吧。
>
> ——迈克尔·诺兰

当人们知道自己的工作会给别人带来积极的影响时，他们的精力水平和努力程度都会提高。

对任务重要性的感知明显影响干劲和绩效。

则是由和他们做了相同工作的其他人告知他们的工作表现会给他们自己的生活带来什么好处，比如运用他们获得的知识和技巧来建立成功的职业生涯。第三组没有收到任何关于任务意义的信息，但被告知他们可能得到技能培训或者表现好的话会有奖金。

格兰特的实验结果对于经理和企业家来说都具有重要的提示作用。根据他的研究，第一组得知他们的工作表现令他人（特别是他们的顾客）的生活有所不同，几乎业绩表现翻倍。例如，一组筹款话务员在了解到他们的行动给他人带来的好处后的数月间，付出了比平时多 142% 的时间来打电话，并且筹得了比平时多 171% 的款项。

比较而言，被告知工作表现会给他们自己的生活带来好处的小组总体来说业绩仅有小幅提升。没有收到任何任务意义信息的第三组业绩表现也没有什么提升。

在另一个实验中，格兰特在一家医院洗手池上方贴了两张标语。第一张上面写着："手部卫生使你免得疾病"；而另一张上面写着："手部卫生使病人免得疾病"。他通过记录肥皂使用量来简单评估标语的效果。那张指出对病人有好处的标语下面的肥皂和洗手液比另一张陈述对自己有好处的标语下面的用量高出 45%，而洗手行为高出 10%。

格兰特的实验清楚地区分出我在第一卷《卓越元素》中提到的，在本书引言里所总结的与"小我"和"灵魂"相关的动机之间的差别。这些实验明显地揭示出我们的活动与为他人服务的更大使命与目的的连接感是一股巨大的动力。有意义的活动将我们、我们的服务感及我们的“灵魂”连接起来。

和共振、协同与涌现一样，对任务意义的感觉也会与卓越元素的不同层面有关，如环境、行为、能力、信念与价值观、身份和目标。

石匠的寓言

在第一卷《卓越元素》中讲了石匠的寓言，我经常以此来说明我们所处不同层次的程度或者与项目和企业的连接：

该寓言集中讨论了工作范围和自身满意度由差到优的六个人。

第一位石匠表现最差且满意度最低的，被问到“你在干什么？”时，他望向钟，嘟囔着：“我在等着把在这儿的时间打发过去，那样我就可以回家干点我在意的事了。”

第二位石匠表现稍微好点儿，而且也不是完全感到无聊。当他被问到“你在干什么？”时，他从工作中抬起头来。“我看起来像在干什么呢，我在敲石头啊。”他回答道，看起来有点恼火。

第三位石匠干得还可以，并且某种程度上对他的工作更投入一些。当他被问到“你在干什么？”时，“我在用我的技巧凿这块大石头。”他淡淡地答道。

第四位石匠，他相当有动力并且干得相当好。当他被问到“你在干什么？”时，他的回应透着坚定：“我在赚钱养家和供我的孩子们上学。这就是我在做的。”

第五个石匠，不仅自己工作出色，还在察看其

石匠的寓言说明了各石匠所感知到的程度逐级递增的任务重要性带来的影响。

前人种树，后人乘凉，社会才会大发展。

——希腊谚语

六个石匠的寓言

六个怀揣不同动机的石匠
被问到同一个问题：“你在做什么？”

他人，以确保他们的工作过关。当他被问到“你在干什么？”时，他的回应充满热情：“我是一名大师级石匠，我在建造一座大教堂。”

第六位，也是最有成就的石匠，每时每刻都很投入和临在。他时时审视着其他人的工作，并且尽力让这些人也专注和有兴趣。当他被问到“你在干什么？”时，他带着深深的敬畏说：“我在创造一个神圣的空间来帮助人们与他们的灵魂连接。”

很明显，第六个石匠表达了最大的目标意义感和更大的目的感。

集体智慧的好处与应用

集体智慧起于共同具有强烈的任务意义和目的感的群体。这些人拥有一种对服务于有利于他人的共同愿景的共同使命的觉悟。产生集体智慧的条件在于开放的沟通，彼此的信任与尊重，好奇及对某样比自己更大的事物的投入。集体智慧要变得生生不息，还需要一些时间让人们在现有项目开展工作的同时一起去梦想。这强调了协同与涌现中的创造性潜意识的重要性。所有这些元素一起大幅提升了动力、表现及满足感的水平。

集体智慧的其他好处包括：

- 支持团体与社区的健康运行。
- 支撑和振兴团队与组织。
- 为公司提高创新、生产力和利润。
- 化解冲突和社会环境问题。
- 为个人和团体带来突破、洞察与启发。
- 唤起重大的超个人体验，如凝聚力、信任和团队精神。
- 比个体专家更好地感知新兴未来和预测项目。
- 促进新的社会形式、职能和能力的涌现。

在团体中培养集体智慧有许多重要的好处，包括：提高绩效、更明智地做决策、想出新想法和找到更多创造性解决方案。

我们可以将这些好处归纳为集体智慧可能导向的四个基本成果：

- 增强的表现。
- 更明智的决策。
- 新的想法。
- 创造性的解决方案。

集体智慧要求个体都投入开放而有意义的对话和讨论，因而团体成员必须发展出投入清晰而透明的沟通的能力，以便发展出共享的含义和共同的理解。在组织互动中，集体智慧以几种不同的基本形式出现，包括：

- 分享——交换信息和想法并且找到共振。
- 云集——指挥并协同朝向一个特定问题或成果的知识和行动。

在组织互动中，集体智慧以几种不同的基本形式体现出来：分享、云集和凝聚。

集体智慧在企业里是通过标杆管理、分享最佳实践、头脑风暴和生生不息的合作培养出来的。

- 凝聚——齐心协力提供彼此间的支持并产生解决方案。

在第一卷《卓越元素》中我就这些不同形式的集体智慧举了一些实际的例子。

史蒂夫·乔布斯在苹果的百人团队中“让想法到处流动”“看看不同的人都怎么想”，以及“让大家都谈论这点”的描述就是关于“分享”过程的经典表达。

IBM 前 CEO 塞缪尔·帕尔米萨诺的“价值观混合”，让所有员工参与 72 小时来决定为了达到 IBM 新的愿景和使命，它的价值观应该是什么，这就是一个关于“云集”的示范。

在“哈德逊河上的奇迹”事件中，飞行员、机组成员和乘客在他们的飞机完全失去动力后，一起合作并彼此支持来处理他们的危险处境，就是关于“凝聚”的一个很好的例子。

“分享”鼓励和促进团体成员间共振的发现与发展。“云集”协同增强朝向共同目标或意图的互补技巧和行动。“凝聚”为独特和出乎意料的行为与想法创造了涌现的可能性。

在创业企业中，这些培养集体智慧的步骤常常应用于这些行动：

- 标杆管理——设定标准。
- 最佳实践——分享达到关键目标的成功策略。
- 头脑风暴——想象创新性选项。
- 生生不息的合作——联合创造某种独特的东西。

卓越元素解码之集体智慧模型

我们可以将这些促进集体智慧的基本元素用下面的卓越元素解码之集体智慧模型归纳起来。

根据该模型：

- “标杆管理”和交换“最佳实践”的行动创造出“增强的团体表现”的结果。
- “头脑风暴”和“生生不息的合作”触发“新的想法”。
- “标杆管理”和“头脑风暴”创造出做出“明智决策”的条件。
- “最佳实践”的交换与“生生不息的合作”结合引发“创造性的解决方案”。

标杆管理

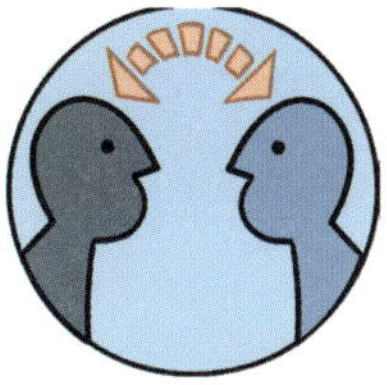

最佳实践

头脑风暴

生生不息的合作

所有这些行动和成果由以下基本流程支持：

- “分享”信息和想法，并且找到共振。
- “云集”，通过指挥朝向一个共同目标或问题的多重互补视角和知识，创造“协同”。
- “凝聚”，通过收集和校准服务于一个共同目的的多种技巧和资源，培养凝聚力，并且创造“涌现新事物”的可能性。

卓越元素解码的集体智慧模型总结了有关在企业中应用集体智慧的基本流程、行动和成果之间的关系。

共振、协同和涌现

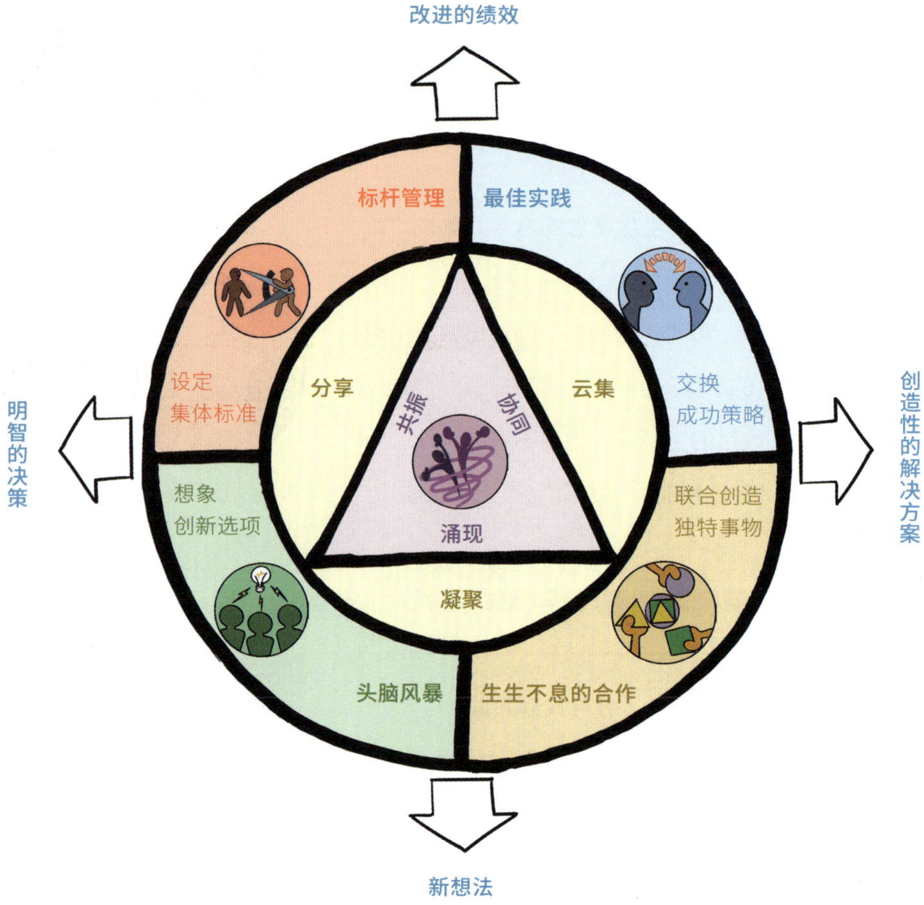

卓越元素解码之集体智慧模型

整合卓越元素解码之集体智慧模型与卓越圈

卓越元素解码的集体智慧模型描述的流程可以极大地增强你的卓越圈。虽然整个卓越元素解码的集体智慧模型可以应用于卓越圈的任何部分，但其中有些环节特别重要。如：

- “改进的绩效”对“财务稳健”带来实质性贡献。
- “创造性的解决方案”极大支持了“可扩展的成长”。

- “新的想法”是“创新和复原力”所必需的。
- “明智的决策”促进了更多“有意义的贡献”。

卓越元素解码之集体智慧模型所明确的流程、行动和成果可以用来增强你的卓越圈的效用。

与此类似，与促进集体智慧相关的行动也极大地强化了与卓越圈相关的行动。比如，通过最佳实践交换成功策略有助于扩张企业和创造价值。通过标杆管理设立集体标准对加速高品质产品或服务的开发非常重要。通过头脑风暴想象可能的选项是提升能力所必需的。通过生生不息的合作联合创造某样独特的东西是增加和借力资源的基础。

在接下来的章节中我们会摸索如何将这些集体智慧的流程和应用植入不断发展的实践中，以提升你的项目或企业成功的机会。

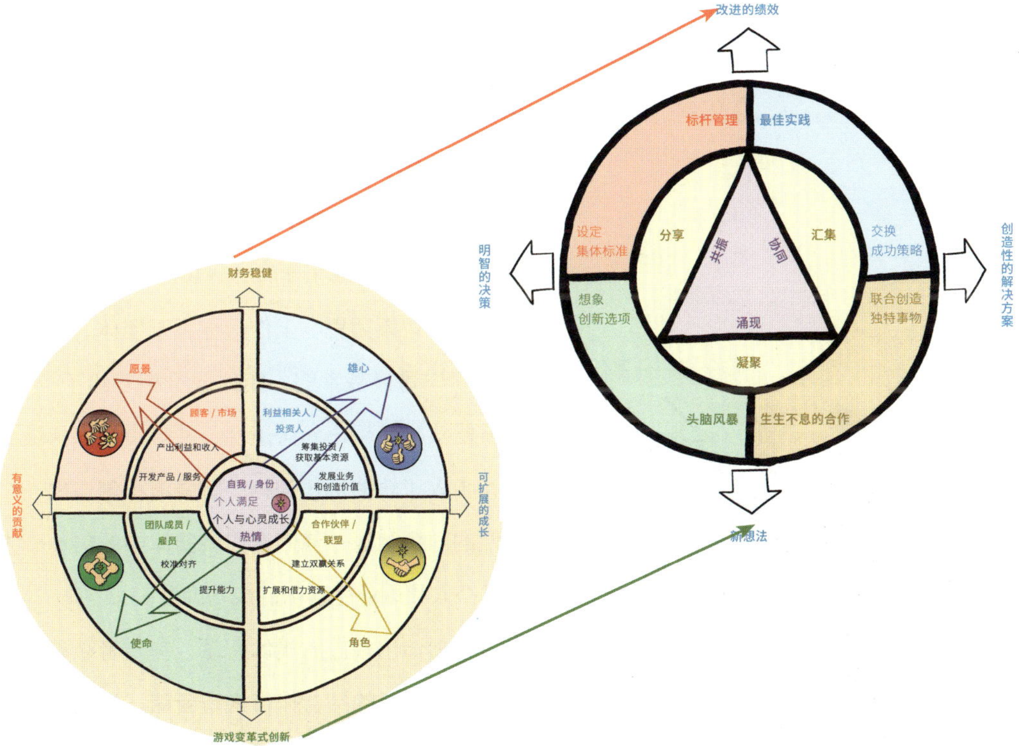

卓越元素解码之集体智慧模型可以用来改善卓越圈

智囊团——集体智慧应用案例

集体智慧如何应用于创业企业中的好例证便是智囊团。“智囊团”的概念最早由拿破仑·希尔在他所著的畅销书《思考致富》(*Think And Grow Rich*)中系统阐述出来。在这本书中，希尔将“智囊原理”定义为“两个或更多人之间知识和努力的协调，他们以一种和谐的精神朝一个明确的目标努力”。

智囊团是将集体智慧的原理应用于企业活动的绝佳例子。

根据希尔的原理，这个被称为“智囊”的并非任何特定的个人(如一个宗教领袖、大师或者犯罪天才)，而是整个团体的集体智慧。希尔凭直觉应用了我们在这一章里所介绍的“子整体”的概念和“涌现”的原理，他在他的书里指出“两个头脑汇集到一起总是会创造出第三种无形的难以捉摸的力量，好比第三个头脑。”这“第三个头脑”就是“智囊”。如我所说过的，当人们朝向一个更大的共同目标创造性地一起工作时，1+1=3。

智囊团在一个为增强每个成员的商业和个人技巧而组建的小组中，提供了一套头脑风暴、教育、同伴责任和支持的组合。

在一个智囊团里，工作日程属于团体，而每一个人的参与是最基本的。团体成员相互给予反馈，帮助彼此头脑风暴出新可能性，并且设定保持彼此专注和步入正轨的责任架构。智囊流程创造出一个支持性的同事社区，他们合作将团体中的每一个人推向其个人和职业生活新的成功高度。

“智囊”是整个小组的集体智慧。

为了创造出相应的集体智慧，参与者必须将热情、承诺和责任的结合体带入智囊团。智囊团的一个关键好处便是参与者通过互相挑战来设定和实施新的目标，头脑风暴产生更大的想法，以及以全然的诚实、尊重和同理心相互支持，彼此都更上一层楼。智囊参与者担当着成长催化剂、建设性批评和支持性同事的角色。因此，智囊团提供一种在一个为了强化每个成员的商业和个人技巧而成立的团体中头脑风暴、教育、共担责任和彼此支持的结合体。换句话说，这是一个“分享”（交换想法和头脑风暴）、“云集”（指挥团体的集合知识朝向达成目标或解决问题）和“凝聚”（联合起来提供相互支持）的实际应用。

智囊团是一种同僚之间互相指导的有效形式。

智囊团是建立强大伙伴关系的极佳例子——伙伴关系正是创造一个有效卓越圈的基本元素。

智囊团的参与者彼此支持，去设定并达成富有挑战性且有意义的目标。

智囊团是如何工作的

智囊团要成功运作，小组成员必须有承诺、有信心和有意愿给他人提出意见和想法，同时接受他人的意见和想法。

智囊团不是一个堂课、一个教练团体或者一个网络团体。它更像是一个同僚顾问委员会。一个智囊团的典型任期是一年。在这段时间里，一群雄心勃勃且充满智慧的人，每月、每周，如果合理的话甚至每天会碰头，以便一起应对挑战和处理问题。他们彼此支持，给出建议，分享人脉，而且在合适的时候可能互相做生意。其本质上是一种同僚间强有力的指导形式。目标是让每个成员看到他们自身、生活和事业的显著变化。

智囊团可以当面、打电话、通过网络会议，或者通过在线社交媒体工具，如谷歌的Hangout，脸书群等来碰头。通常，智囊团会组合运用这些形式。参与者支持彼此设定有挑战而且有意义的目标，更重要的是，去达成这些目标。为了取得成功，智囊团需要投入、保密和愿意给予、接受忠告和想法。智囊团对那些愿意请求并且给予帮助和支持的高度上进的人，以及有备而来完全参与到智囊会议中的人来说最为有效。因此，智囊团对以下几种人最为有效：

- 具有相似的兴趣（比如一群企业家、第一次写作的作家、CEO

们、房地产投资人、互联网业务或者一个来自某集团公司或行业的群体）。

- 拥有差不多水平的技能及／或者成功，尽管为了创造足够的想法与技能的多样性和互补性，参与者拥有不同的背景和技能会更好些。
- 具有在职业和个人生活中更上一层楼的渴望与动力，并且愿意提高自己去获得该成就。
- 想要一个伙伴支持团队。
- 全情投入去达到或超越他们的目标。

智囊团有效发挥作用的关键在于协调人或协调团队。智囊团的协调人的角色和指导员、教练或者团队领导不同。智囊团的协调工作有它自己的一套技巧和方法，与教成年人或与公司团队去实施一个简单、共同的目标不一样。智囊团协调人的工作是在团体中创造信任和密切关系，帮助成员们彼此教练和提建议，协助参与者创造强有力的目标，并且使成员们持续对他们的承诺负责。在智囊团会议过程中，协调人要提供讨论重点，指引团体进入更深层次的讨论，监控团体的能量水平及处理参与者之间发生的有碍团体和谐的问题。

组织恰当的话，智囊团会为他们的成员带来许多好处，包括：

智囊的好处

• 在团体头脑风暴中涌现的新答案和新想法。

• 获得成功人士的经验和技巧。

• 提升决策信心。

• 对在重要的职业和个人目标上取得进步有更大的责任心。

• 一个持续而有价值的支持网络。

• 来自共同目标感的增强动力。

• 更加专注、丰富和正向的思想态度。

成功天才与觉知领导力智囊团

“成功天才智囊团”是围绕卓越元素解码的应用组织的。

2013 年夏天，我与同事米切尔·斯蒂维科（一位帮助了超过 150 位企业家达成梦想，筹集资本达 50 亿美元的硅谷成长专家）和奥尔加·斯蒂维科博士（一位专门与高层次专业人士一起工作的俄罗斯总经理和信念之药专家）建立起“成功天才智囊”。“成功天才智囊”是围绕我对卓越元素解码的应用，特别是我对新一代企业家及其他著名的天才，如莫扎特、爱因斯坦、华特·迪士尼、列奥纳多·达·芬奇等人的研究组织起来的。以旧金山湾区为基地，这是一个长达一年的计划，包括三次现场智囊会议，月度网络实时研讨会，月度现场小组讨论，以及来自我们协调团队的或亲临现场、或网上虚拟的支持。

该智囊团由一些不同背景非常成功的人士组成，他们已经在各自的生活和职业领域取得成功，并且想要上到另一个层次或者建立一个新的事业平台。

我和两个搭档之间生生不息合作的产物“成功天才智囊”是面向已经取得成就的企业家和商业老板们的一个加速成长的独家计划。现有的成员包括来自各行各业已经积极正面地影响了千千万万人生命的有影响力的领袖们。这个小组由来自包括科技、心理学、医学、教育、营养、金融和管理等不同背景的非常成功的人士组成。例如，巴尔尼·佩尔，“会话计算”之父和 Powerset 公司创始人，就是小组成员之一，我们在本系列书的第一卷《卓越元素》中有介绍；还有约翰·格雷，国际畅销书《男人来自火星，女人来自

小组成员们彼此支持去应用卓越元素解码的原理和特质，建立一个可以加速成长和提升影响力的强健卓越圈。

金星》的作者。

所有这些在“成功天才智囊”里的人都是在他们人生和职业生涯的某个领域已经取得成功，想要进入另一个层次或者建立一个新的职业平台的人。他们对个人成长也很感兴趣。“成功天才智囊”所有成员的另一个共同特征就是他们都是“走心的”，情绪智慧和关系智慧都很高的、有觉知的领导人。他们都是我在第一卷《卓越元素》中定义为“新一代企业家”的绝佳典范。他们更加透彻地投入，活出他们的梦想，并且通过他们的商业企业让世界变得更美好。

“成功天才智囊”的一个特色在于导入我为世界上一些成功人士建模得出的特定思维程序和实践。除了经典的智囊方法，“成功天才智囊”小组成员还会接受辅导以应用这些程序建立一个会加速他们成长和提升他们影响力的强有力的卓越圈。这为参与者获得更高的效率和更大的成就潜力提供了一个清晰的路线图和巨大的竞争优势。

我的“成功天才智囊”联合创始人和我发现，有七大基本策略是有创意且成功的人士用来创造一个强有力的卓越圈的。这七大策略可以归纳如下：

- 掌握最佳心智模式。
- 创造一个清晰且引人入胜的未来。
- 建立一条通往这个未来的关键途径。
- 达到内在一致。
- 建立强有力的伙伴关系。
- 有效转化障碍。

动态航向修正

建立有力的合作伙伴关系

创造一个清晰且引人入胜的未来

“成功天才智囊”探索成功的基本策略

• 进行动态航向修正。

觉知领导智囊立足于成功天才的七大策略，加上觉知领导力的实践。

我们发现大多数人，包括那些已经达到某种程度成功的人，只是会定期使用“成功天才智囊”的七大策略中的一两个。为了登上成功的新层次及达到一个更高的满意度，人们需要持续、有效地应用所有策略。

觉知领导力涉及在一种中正的临在状态下建立你的企业，使用多重智慧并活出你的最高价值标准，服务于让所有利益相关人受益这一更大目标。

“成功天才智囊”的目标是支持参与者通过一起探索和实践这些策略而完全、彻底地发展这些策略。成员们一起工作，分享与这些策略相关的最佳实践，并且帮助彼此创造性地具体实施这些策略。结果，许多小组成员已经能够从他们的投资中获得十到一百倍的回报了。以作家约翰·格雷为例，他说“在第一个周末会议之后，我变得很清晰、有力量，甚至是灵感迸发。我在仅仅三十天内写完了我已经写了两年都没写完的书”。

巴尔尼·佩尔则说“我是一个梦想家，而智囊给了我一些新的结构来思考我的愿景，确立一些我已经拥有的能力，并且发展出能够教授和领导他人的新的语言和工具”。

在本书中我们会在一定程度上谈及我们在“成功天才智囊”里应用于发展这些策略的许多强有力的程序。

写作本书的时候，我的同事和我决定将“成功天才智囊”扩展和演进成“觉知领导力智囊”。我们将“觉知领导”定义为“有志存在于一种中正的临在状态里，运用多种智慧，并且活出他们的最高价值，服务于所有利益相关者的利益这一更大目标的人”。觉知领导力需要：

• 真实。
• 情商高。
• 有目的。
• 负责任。

觉知领导力是“卓越元素解码”第三卷的主要议题。

“觉知领导力智囊”（关于“觉知领导力智囊”的更多信息，请登录 http://www.consciousleadersmm.com）建立在“成功天才的七大策略”基础之上，并且加入了一些其他重要实践，如：

- 构建和传达一个清晰、有意义的未来图景。
- 保持专注于更高的目标。
- 通过启发影响他人。
- 平衡自己和他人的自我兴趣与共同利益。
- 尊重并整合多重视角。
- 实践一致性——以身作则（言行一致）。
- 练习有觉知的自我领导力，并且彻底反思经历中获得的教训。

“觉知领导力”也是“卓越元素解码”系列书第三卷的首要主题。

CONSCIOUS LEADERS MASTERMIND

何为卓越元素解码之合作催化剂

我通常用来带导“成功天才和觉知领导智囊”这类团体的首要程序之一是我兄弟约翰和我所说的“合作催化剂”。合作催化剂是带有刺激和加强有效合作及集体智慧目的的一些程序。合作催化剂的目标是在以某种方式一起工作的团体成员之间制造某种程度的共振、协同和／或涌现。

本书所说的合作催化剂也有助于通过支持你做到以下几点来提高与你的项目或企业相关的“幸运因子”（见第一卷《卓越元素》第三章）：

- 创建一张幸运网——即，能够支持你并且让你了解新机遇的人们。
- 捕捉那些关于未来趋势的精微线索或微弱信号（即，“冰球将滑向何处”）。
- 鼓励从你的互动对象处取得正向结果。
- 保持正向的展望，并且通过朝着正向结果预期和努力，以及在任何情况下都找到一些积极正面的东西，而不是总想着负面的东西来处理挑战和逆境。

合作催化剂是通过在团队成员之间制造某种程度的共振、协同和/或涌现，激发和强化有效的合作和集体智慧的一些步骤。

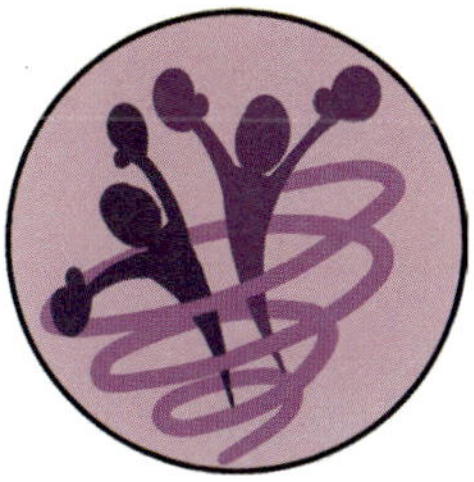

有些合作催化剂与卓越圈的某些部分更为相关，其他的则可以有效应用于任何一个象限。某些合作催化剂也更适合于一项合作努力的一些特定阶段。我鼓励你用它们做实验，并且找出对你和你的企业最好用的那些。

让我们以几个有助于建立和加强一个群体或团队中深深的共振的合作催化剂开始吧。

卓越元素解码之合作催化剂：创造一个“教练容器”

我就卓越元素解码的研究证明了取得成功首要的、最重要的因素是具有一个最佳心智状态。在第一卷《卓越元素》中我开始将我称之为“教练”（COACH）的状态付诸实践。我还在本卷的引言中再次总结了这种状态。教练状态是成功心智的基础。教练状态从根本上说是一种内在的临在、机智、好奇和接纳的状态。COACH 这几个字母代表的是处于中正（centered）、敞开（open）、警觉（alert）和觉察（aware）、连接（connected）（与自我和他人）及抱持（holding）的机智的好奇状态面对发生的一切。

让我们自己进入教练状态是为了像是“打开我们的管道”，与既作为一个单个整体又作为比我们自己更大、赋予我们目标与能量的某样东西的一部分的体验连接。进入并保持这种状态是取得任何成功表现的基础。让教练状态成为一个人的基准表现状态是我的成功天才智囊团成员的首要目标。

打个比方，进入教练状态就好比 iPad 或智能手机连接上某种无线网络的“在线”状态。在线可以使设备进入与一个更大的“集体智慧”场域连接的成为某种“子整体”的“云”。在线和云端连接时，一台平板电脑或者智能手机可以接收有关世界其他地方实时事件的信息，甚至可以通过下载新的应用软件扩展它的功能多样性和性能，还可以通过无线网络给其他设备和云端传输信息。信息和知识一旦储存在云端，就可以让很多其他设备获取并利用。

如果我们的平板电脑或智能手机处于“离线”状态，那么它就仅限于拥有现存记忆里之前存在的数据和应用。

我们的神经系统在某种程度上就像这些设备。我们的神经细胞构成了一种运行着不同程序和应用的电路系统，而我们处于在线状态时就有可能连接上集体智慧场域里的知识“云”。如果处在其他状态里，我们获取自己的资源和其他人的知识与想法就会受到更多限制。例如，在崩溃（CRASH）状态下，我们是紧缩的、反应式的、卡在我们自己的过度分析导致的优柔寡断中，隔离而受伤，我们只能获取自己智力和资源很小的一部分。

进入教练状态就像是让一台 iPad 或智能手机“上线”，并且连上“云”及一个更大的“集体智慧”场域。

一起“在线”

如此一来，一个简单而可能非常有力量的合作催化剂便是营造“教练容器”（COACH Container）的状态。“教练容器”就是一种关系场域或者是当团体所有成员都处在教练状态时涌现出的一种团体亲近感。团体所有成员都一起处在“在线”状态时，就会极大地提高成员间在卓越元素各个层面产生共振的可能性。

“教练容器”是一种在团体所有成员同时处在教练状态时涌现出来的一种关系场域或团体的和谐一致。

下面的练习是将教练状态的品质带入合作者之间的互动或对话中的一种方式。这是开始会议或者任何互动环节时非常有效的一种方式。这个练习的目的是确保所有成员在他们自己的最佳状态下展开互动，以便在互动中取得最大的收获。就像运动员通过热身让自己达到最佳状态一样，无论个人还是一个团队的成员们，在比赛和练习中，教练容器会让所有参与者准备好彼此间得到最大的收获。

第一步：面向彼此，以一种挺直而平衡的姿势坐着或站着，双脚平放在地面上，脊柱挺立而放松（即处于“纵轴线上”）。

第二步：花一两分钟时间特意一起进入教练状态。这点可以通过在无声状态中完成以下步骤来实现。

- 将你的注意力带到腹部中心（肚脐以下，你的身体的中心），并且向内呼吸。
- 吸气入胸并且将你的注意力打开，留意你的整个身体和周围环境。
- 觉察到你身体的三维，然后继续将你的觉察扩展到你脚底、头顶、后面、前面、左边、右边的空间。
- 体验一种向内（确保包括你的头、心、腹和脚）和向外（通过你的脚与大地，通过头顶与宇宙，通过你的周遭与环境）的连接感，以使你既感觉到是一个整体，又感觉到是某个比集体进入教练状态会营造出一种牢固而丰富的相互连接感和善于随机应变的感觉。

你更大的系统的一部分。

- 想象将一种平静、自信和好奇的感觉投射到你感觉到的周围的空间（抱持环境）。

第三步：当团体中每个成员感觉到自己完全临在并且处于其教练状态时，他或她大声对其他人说“我在这里”（像点名一样）或者“我准备好了”。

第四步：接下来很美好的一步就是成员们环顾整个团体，当他们彼此眼神接触时，互相大声说“我看见你了”。

带着真实与临在做下来，这个简单的过程会创造一种强大而浓厚的、彼此亲近和足智多谋的感觉，我们将之称为关系场域或“容器”。

一个集体动作或姿势可以用作团体的“心锚”，使大家快速回到善于随机应变的状态。

我自己总是以这个练习的某个版本来开始我的研讨会、智囊团、教练课程和会议，包括线下和线上的。我在世界各地与许多不同类型和背景的人做过这个练习。它创造了一种更加顺畅、更加专注和更高品质的互动。很明显，在那些人们无法彼此视觉接触的网络和电话会议上，第四步需要修改。比如，人们可以说类似“在这里真好”这样的句子来代替。

当然，如果人们已经知道并且之前体验或练习过教练状态，这会有帮助。如果没有，简单解释一下这种状态和做这个练习的理由，然后口头带导完成进入教练状态的各个步骤也花不了多少时间。

在一种机智的状态和正面的思维下开始一场会议或互动会节约大量时间，避免不必要的效率低下和潜在的冲突。这也极大地提高了协同和涌现的潜力。在一场长时间的互动（如工作坊或教练课程）期间有规律地用这个合作催化剂也会非常有帮助。实际上，我鼓励团体集体创造一个动作、语句、符号或其他类型的信号，或者“锚”用来让大家更快回到“教练容器”的体验里。举个例子，运动队通常会在开始一场比赛前通过简单的仪式或欢呼来将所有的队员带入一种集体的“卓越区”。

卓越元素解码之合作催化剂：多层次介绍

另一个合作催化剂的简单例子我称之为“多层次介绍”。它对在一个团体中第一次见面的人们最为有用。这个活动的目的是在投身合作式的互动前给团体成员一个机会，就不同层次来分享一点点他们的背景和目标。这个过程会促进在卓越元素的较深层次，而不是环境、行为和能力的浅表层面快速找到共振的可能性。

这个过程根本上要让每一个团体成员回答与卓越元素各个层次（环境、行为、能力、信念与价值观、身份和目的）相关的五个问题。多层次导入的过程需要每个人就以下问题做出回答：

> 多层面的介绍使小组成员们有机会在进入一段协作性互动前分享他们的背景和他们在几个不同层面上的目标。

- 问题 1：你从哪里来？（环境）
- 问题 2：你是做什么的？（行为）
- 问题 3：你想要如何通过合作提高或丰富你的技巧和能力？（能力）
- 问题 4：你为什么要提高或丰富那些技巧和能力？它们代表着哪些个人价值观和信念？（价值观和信念）
- 问题 5：你的使命和角色是什么？用什么比喻或符号来表示你是谁？（身份和目的）

多层次介绍有助于团体成员们在卓越元素的几个层次发现共振

这些信息中的某些内容可能一开始让一些人觉得说出来有点风险。但我发现这个步骤帮助人们更快地达到了某种程度的互相信任和亲密。它还有助于人们辨识出那些通常也许只在特定互动中才会处理的层次上的共性。

多层次介绍可以作为一种建立亲近关系的形式普遍用于彼此不认识的人之间。而它作为一场特定互动中大家表明意图的一种方式，对成员彼此已经认识的团体来说仍然相当有用。在这种情况下，问题 3 ～ 5 会最为重要。

卓越元素解码之合作催化剂：设定意图

“意图”一词来源于拉丁文 intendre，字面意思是“伸展”或“延长”。“意图”一般被定义为“思想所指向的目的、结局或目标”，或者“一种指挥你按计划行动的预期结果”。它也用来表示“以某种方式采取行动的决心”。因此，意图是我们想要或希望通过某项活动获得的东西。

比如，一个带有“助人”意图的人，可能并不知道他或她将要或者需要去做什么，但准备着并且愿意投身到一些可能满足那个大概意图的特定行动中。“带来正能量”或者“保持中正”的意图会有许多不同的特定表达。从这个角度看，一个意图便是一种指挥我们的注意力并将某些技巧和行动摆上前台的过滤器。

意图是我们想要或希望通过一项特定活动实现的东西。

在会议或团体互动一开始设定意图是合作催化剂的另一种有力形式。

在一个会议或一次互动开始时让小组成员们设定他们的意图会是又一个有效的合作催化剂。

类似于一个人的热情、愿景、使命、雄心和角色，意图可以通过多种方式表达（见第一卷《卓越元素》）：

- 言语（正向，简洁：少于或等于 5 个词，能产生共振的）。
- 视觉（彩色画面，实在的或象征性的）。
- 躯体表达（展示代表目标 / 意图的姿势和动作）。

卓越元素解码之合作催化剂：表达意图

在我的智囊团和卓越元素解码研讨会中，我们用同样的仪式开始每一个课程或会议。团体每个成员花上几分钟来分享他们关于以下问题的答案：

- 自从我们上次见面到现在，你的教练状态平均处在多少分（0 ～ 10 分）？
- 自从我们上次见面到现在，你最重大的成就或者“胜利”是什么？
- 你遇到的最大挑战是什么？
- 你为这次见面和直到下次会面这段时间设立的意图是什么？

在我的某些智慧团会议和卓越元素解码研讨会上，我会让大家

用各种不同方式表达一个人的目标或意图非常重要。

4 个人一组，互相帮助，以便更加明确地确定他们的长远意图。每个人轮流担任发言人。其他人站在 A、B、C 的位置上。

- A 帮助发言者探索：“你会用哪 5 ～ 7 个关键词来表达你的意图？”
- B 帮助发言者探索：“有什么画面代表你的意图？无论是实实在在的还是象征性的。”
- C 帮助发言者探索：“你会用一个怎样的身体姿势或动作表达你的意图？”

卓越元素解码之合作催化剂：培养一个联合赞助的“场域”

集体智慧的本质是创造一个基于对团体每个成员独特的资源和贡献相互信任、尊重与认可的关系“场域”。这是我们在第一卷《卓越元素》所指的“赞助”。

变革型导师理查德·摩斯说“我们所能给予我们自己或他人最好的礼物就是高品质的关注”。赞助需要看见、感觉和肯定他人潜在的正向品质。真正的生生不息合作需要所有团体成员间相互赞助。一种在团体成员间促进相互赞助的方式就是，让他们练习寻找和承认他们对彼此的理解和欣赏是什么。当团体成员能够彼此给予这种品质的关注，就会创造出一种非常深刻而有力的共振形式。

下面的步骤，最初是由我的同事，NLP 培训师

“我观察到你在讲述你的意图时笑得很灿烂，我喜欢这一点。”
“我感觉到你很好玩，我喜欢这一点。”

我的意图是临在和专心，以及尽我最大可能做出贡献。”

“我观察到你在讲述你的意图时声音非常清晰，我喜欢这一点。”
“我感觉到你对你想要的东西非常有把握，我喜欢这一点。”

“我观察到你在说话的时候姿态是打开的，我喜欢这一点。”
“我感觉到你善于接受而且很有爱心，我喜欢这一点。”

培育一个赞助“场域”需要小组成员们专注于彼此所感知到并且真正喜欢的方面

罗伯特·麦克唐纳开发的，它通过让人们聚焦于他们理解和真正喜欢彼此的哪些方面来促进人们相互赞助。

小组成员轮流担任 A——那个被小组其他成员聚焦关注的人。重要的是，每个人只有在觉得自己准备好了被聚焦时才能申请担当这个角色。

A 向小组陈述他的意图。由 A 的左手边开始，依顺时针方向，每个小组成员就他或她肉眼观察到并且喜欢的，以及他或她直觉感知到并且喜欢的 A 的某一点发表意见。“观察”是基于我们对另一个人的行为实实在在的感官知觉。“感觉”是对其他人更深层本质的身体直觉印象。

每个小组成员会使用以下格式：

“我观察到你______________________________________，

我喜欢这点。”

“我感觉到你______________________________________，

我喜欢这点。”

这个步骤不断重复，直到小组里每个成员都有机会做 A，并且收到小组其他成员的评论。

无论我是在和一群探索合作机会的企业家，还是一个大组织的管理委员会，或者一个简单的团队会议工作，我常常喜欢以这个练习开始。我并不会总让大家花时间大声说出来。通常简单地以一种赞助的视角彼此相望已经足以催化一种亲近感和正向共振的开始。

卓越元素解码之合作催化剂：通过卓越元素解码探索和分享最佳实践

如我早前提过的，组织中集体智慧的一些初级表现是以这些形式出现的：“分享”——交换信息和想法并且找到共振；“云集”——指挥并协同知识和行动朝向一个特定的问题或成果。这两个过程可能结合起来，既达到有效的“标杆管理”——设定标准，又获得“最佳实践”——分享达成关键目标的有效策略。

卓越元素解码流程可以用作标杆管理和交流最佳实践的合作催化剂。

在我的智慧团及卓越元素解码教练和培训课程中，我们应用卓越元素解码的步骤作为标杆管理和最佳实践的合作催化剂。小组会挑一个主题，比如“有效决策”或者“雇用新的团队成员”，然后分享他们自己的经历中与这个共同话题相关的成功案例。

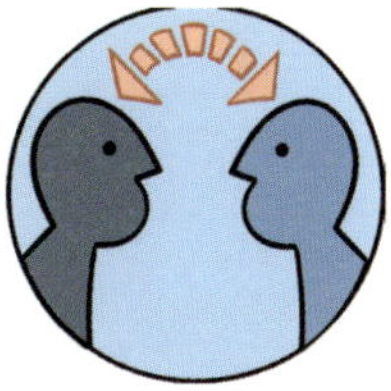

分享最好以 4 ～ 6 个人组成小组进行，将大家的答案与以下问题对照：

小组成员们分享一些与特定议题相关的过去的成功案例，然后制作一块“成功故事板”，明确常用关键步骤的关键路径，既有思想也有行动，成功创造出想要的成果。

- 你试图取得的成果是什么？
- 取得或创造这些成果需要采取哪些主要行动？
- 指引你行动的心态是以下那方面？

 内在状态

 思考过程

 价值观和信念

团体成员分享他们自己的成功案例时，会被要求在一块白板或一张大纸上记录下共同的答案。

当团体所有成员完成分享答案后，会要求小组制作一块“故事板”，明确关键步骤的重要途径，同时涉及心态和行动，以成功创造出想要的成果。为了促进大家找到最重要的共同卓越元素，我们限定小组只确定 6 个关键步骤。

卓越元素案例：智囊式有效决策

成果：

- 生态化
- 双赢
- 避免灾难

心态：

- 连接、同理心、清晰、平静、一致
- 信念：我是后果的接收者

行动：

- 项目场景——权当实操
- 考虑后果——

  什么是真正重要的？

  它如何及在哪个层次对我的使命造成影响？
- 多重视角
- 运用直觉加理智

步骤：

- 进入最佳决策心态
- 采取“观察者”位置
- 问“什么是重要的？”和“在哪个层次上？”
- 项目场景——权当实操
- 提问——多重视角
- 评估——理性与直觉

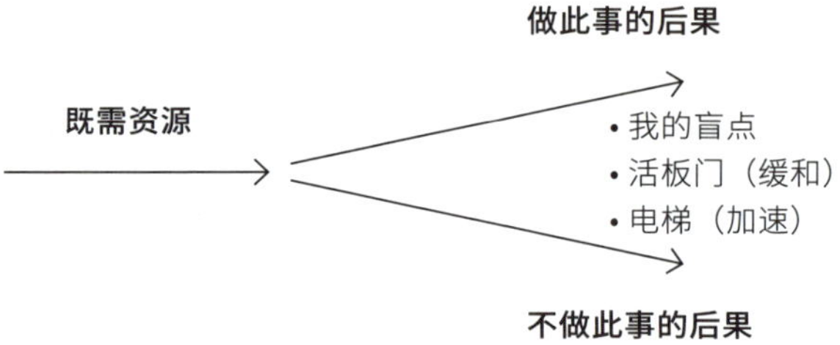

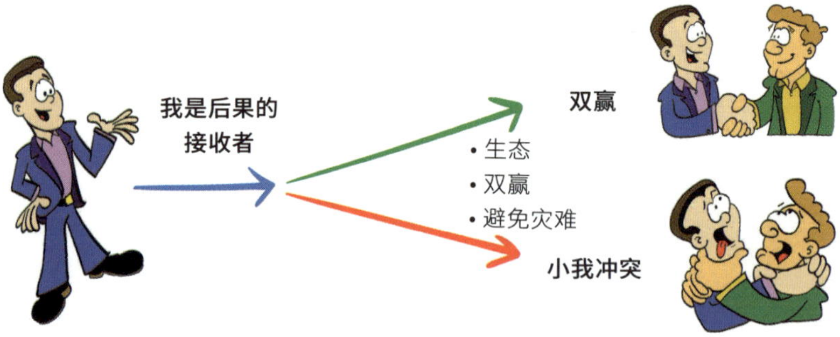

这显然是一个更加丰富和详尽讨论的高水平总结，对于没有参与这个建模环节的人来说，也许有价值，也许没有。但无论如何，它给参与探索的人留下足够的“轨迹”再度获取他们共同学到的东西，并且从中受益。它还会形成一个更有深度的分享模式和一些实际应用的基础，比如以下来自智囊会议的流程：

初步的“成功故事板”起到高度概括的作用，构成引向更细致的实际应用的深入讨论的基础。

思考一个你需要为来年所做的主要决策。

- 你可以做什么来确保你的心态处于连接、有同理心、清晰、平静和一致的状态？
- 哪些信念和价值观会支持你做出最生态化和有益的决策？
- 当你回顾来年的愿景和雄心，什么及在哪个层次的成就是最重要的？
- 为了取得最重要的成就你可能采取的行动有哪些？
- 你会运用什么反馈（兼顾理智和直觉）来得知你采取的行动是在正确的方向上？

在接下来的章节中，我们会再度回顾卓越元素解码的合作催化剂，并且说明如何用它来增加和收获群体与团队的集体智慧。

作为一种支持工具，我经常使用下面的工作表来帮助指引团体做最佳实践的建模。

卓越元素解码工作表

成果

哪些成果是你的成功表现、项目或企业的首要焦点？

列出五个或五个以下成果。

1. ______________________________
2. ______________________________
3. ______________________________
4. ______________________________
5. ______________________________

行动

哪些是你为达成这些成果所投入的主要行动？列出五个或五个以下行动。

1. ______________________________
2. ______________________________
3. ______________________________
4. ______________________________
5. ______________________________

心态

哪些是支持为取得这些成果所需要采取的行动的心态（即内在状态、态度和思考步骤、价值观和信念等等）的主要特征？

列出五个或五个以下主要特征。

1. ______________________________
2. ______________________________
3. ______________________________
4. ______________________________
5. ______________________________

哪些行动与创造或达成成果最为相关？

心态的哪些主要特征与产生这些行动最为相关？

使用《卓越元素解码表》来协助组织你发现的内容。

卓越元素解码表

姓名：____________________ 主题：____________________

成果	行动	心态——主要特征

成功故事板

回顾你收集的信息，确定成功创造想要的成果的关键步骤的重要途径，同时考虑心态和行动。

1. ______________________________

2. ______________________________

3. ______________________________

4. ______________________________

5. ______________________________

6. ______________________________

本章小结

成功企业家与商业领袖能够促进和借力集体智慧来共享及利用资源，并且去扩展可以为他们所用的商业资源，即去做一个“更大的蛋糕”来共享。

集体智慧不同于“集合智慧”，前者创造出一个比其各组成部分之和更大的结果。有许多团体并没有展现出通过他们个体成员间的互动增加任何智慧，相反还减少了。聚众闹事的暴徒、功能失调的团队和家庭就是如此。集体智慧需要开放的沟通，相互的信任和尊重，对某个比自己更大的事物的好奇与投入。

创造集体智慧的可能性有三个过程：共振、协同和涌现。

- 共振是指一种特别调频到彼此一致的系统或事物间的相互影响。共振与一个成员所感觉到的与团体其他成员的想法、价值观和品质对齐或者连接的程度有关。
- 协同出现在两个或以上的事物一起作用产生一个无法独立获得的结果时，它是团体制造出一个比团体内每个人朝向相同目标各自努力更好的结果的能力，即1+1=3。协同需要除了信息交换以外的能量交换以制造出一个包含又超越个人贡献者能力的结果。

- 涌现发生在复杂的模式产生于一组相对简单的互动时。涌现的那些品质并非直接源于系统的组成部分，而是那些组成部分之间的互动，也就是说源于那个大于其组成部分之和的整体。例如，突破性创新往往作为看起来毫不相干或毫不匹配的一些想法或技术结合而成的后果涌现出来。

本书的一个主要部分就是关于如何创造在一个团体中制造这些品质的条件，以产生集体智慧。

子整体和全息图现象也是创造集体智慧的重要因素。子整体是指我们每个人都是一个独特而分离的整体，由其他整体（器官、细胞、分子等）组成，并且同时是更大整体（家庭、职场、社区、文化等）的部分这一事实。集体智慧是我们作为一个更大的综合子整体发挥作用的结果。

另一个创造集体智慧的关键因素与全息图和全息系统有关。全息图是一幅三维影像，整个画面包含在影像的每一个部分中。作为一种现象，全息图已经变成这个概念的象征——在许多系统中，所有与该系统相关的信息是通过系统的每个部分以某种形式传送的。某种层次的全息功能对于团体产生集体智慧是必要的。像目的、优先次序和流程这类信息必须由团体中的每一个个人共享。

某种程度的“任务意义”对于创造集体智慧也很重要。“任务意义”定义为“一件可辨识的工作对于组织内外的其他人的重要程度”。“任务意义”源于一个人对其活动之于组织内外他人的影响的觉察和理解程度。诸如亚当·格兰特等所做的许多研究证明，一份共同的目标意义感会显著提升个人和群体的表现。

在组织互动中，集体智慧以几种不同的基本形式表现出来，包括：

- 分享——交换信息和想法并且找到共振。
- 云集——将知识和行动协同导向一个特定问题或成果。
- 凝聚——齐心协力提供相互支持并产出解决方案。

在创业企业里，集体智慧常常应用于以下目的：

• 标杆管理——设立标准。

• 最佳实践——分享达到关键目标的有效策略。

• 头脑风暴——产出想法。

• 生生不息的合作——创造新事物。

智囊团是很好的例证，说明集体智慧的这些不同方面可以如何应用于创业工作中。“智囊”一词是指“两个或以上的人，在一种和谐的氛围中一起朝一个明确的目标努力”而产生的集体智慧。智囊团的作用就好像一种同事顾问委员会，在小组中综合性提供头脑风暴、教育、同事责任与支持。这个小组是为了加强每一个小组成员的业务和个人技巧而设立的。智囊团每月、每周见面，如果合乎情理的话，甚至每天见面，以便一起处理挑战和问题。他们彼此支持，提出建议，分享连接，而且适当的时候可能彼此做生意，目标就是在他们自己、他们的生活及事业方面看到显著的改变。

相比依赖一个导师、教练或团队领导，智囊团通常会有一个来帮助小组成员投身各种类型合作催化活动的带导者。合作催化剂是指刺激并加强有效合作和集体智慧的流程。合作催化剂的目标是，在以某种方式一起工作的小组成员间制造某种程度的共振、协同和 / 或涌现。

合作催化剂的一个例子是，创造一个教练容器，让小组成员们集体放入并优化思想。如果定期这么做，这样的流程就会创造出一种强大而丰富的彼此亲密感和机智感。

多层次导入也是一种合作催化剂，它在一个团体一开始形成时最为有价值。它使团体成员们有机会在投入一个合作性的互动前，分享各自不同层次的背景、目标。这个流程促进了超越环境、行为、能力这些表层的卓越元素层面，快速进入更深层面找到共振。

表达意图创造了一种过滤器，将团体成员们的注意力导向前景，并且将一些技巧和行动带入前景中。经由言语、意象和躯体模型表达个人意图，通过互相帮助，团体成员们会准备得更好，从互动中最大程度地给予与接收。

另外还有一个合作催化剂的例子，是培育一个联合赞助的场域，团体成员们在这个场域中积极练习，发现及口头表达出他们对彼此的感受和欣赏。这有助于创造一个有力的关系场域，该场域是建立在信任、相互尊重及赞赏团体中每个成员的独特资源和贡献的基础上的。

通过卓越元素解码探索与分享最佳实践也是一个合作催化剂，它同时有助于在一个团体中通过分享和云集的流程来提高和收获集体智慧。通过选择一个大家共同感兴趣的重要话题，探索和列出一些成功的表现或成功者项目的案例，使团体成员们能够找出他们可以在未来付诸实践的关键卓越元素。

参考书目与深入阅读

- *Give and Take: Why Helping Others Drives Our Success*, Adam Grant, The Penguin Group, New York, NY, 2013.
- *Think and Grow Rich*, Napoleon Hill, Combined Registry Company, Chicago, Illinois, 1937, ISBN 1-60506-930.
- *From Coach to Awakener*, Robert Dilts, Meta Publications, Capitola, CA, 2003.

第二章

集体智慧与生生不息的合作

协同就是当 1 加 1 等于 10 或 100 甚至 1000 时发生的情况。它是当两个或以上懂得尊重他人的人决定超越他们的成见去迎接巨大挑战时产生的意义深远的结果。

——

斯蒂芬·柯维

许多想法在被移植到另一个头脑中时要比在它们最初涌现的头脑中发展得更好。

——

奥利弗·温德尔·霍姆斯

在每个人生命中的某个时候，我们内在的火焰会熄灭。然后会因为与一个人偶遇而突然燃烧起来。我们都应该对那些重新点燃了我们内在火焰的人心怀感恩。

——

阿尔伯特·施瓦泽

02
CHAPTER TWO

合作是成功企业的基础

与团体和团队中的其他人一起工作，成为现代事业与当代生活日益普遍和重要的部分。对于企业家和领导人来说，有效做到这一点是一个基本的卓越元素。在福布斯网站的一个采访中，记者丹·斯柯伯尔请亚当·格兰特（前面提到过的沃顿商学院教授）解释，为什么与他人互动是获得职业成功的新方式，以及为什么与他人互动比几年前更加重要了。格兰特这样回应：

工作领域已经变得越来越相互依赖，使得关系和信誉在打造创新想法、商业机会、客户转介绍及面临升职方面日益重要。在相互依赖的增加背后至少有三个主要的趋势。

为了创造一家成功且可持续发展的企业，有效合作变得前所未有地重要。

第一，是项目制工作的增加：许多组织将人集合起来组成一个临时团队进行合作，使得互动技巧在打造这些短期小组要达成的结果过程中变得特别重要。

第二，是从生产经济向服务和知识经济的转变：每五个美国人就有四个从事服务工作，而在服务工作中满足客户和顾客的需求是成功的决定性特征。

第三，是线上社交网络的出现：我们现在可以通过识别领英（LinkedIn）上的常见连接来追踪求职者、潜在商业伙伴及服务提供商的信誉，并且追踪他们在社交媒体上的行为。

格兰特的回答揭示出世界在最近这些年发生了多么大的改变，以及为什么合作成为基本的卓越元素。他所界定的每一个趋势都明确指出认识我们自己的重要性，以及从作为一个综合子整体而不仅仅是一个分离个体的视角与他人互动的重要性。显然，作为一个子整体与他人协同工作的能力对于成功而言至关重要。

合作的层次

合作，字面上的意思是“一起工作”。人们一起工作与合作的方式有很多。有些方式比其他方式更为有效。实际上，群体表现可以被分为以下三类：

- 在一个表现不佳的群体或团队里，群体的整体表现或产出实际上会比成员们一个个单独工作的表现和产出要差，即 1+1<2。
- 在一个一般水平的群体或团队里，群体的整体表现或产出大约和成员们一个个单独工作差不多，即 1+1=2。
- 在一个高绩效群体或团队里，群体的整体表现或产出会比成员们一个个自行单独工作要高得多，即 1+1=3。这就是我们所说的“生生不息的合作”。

20 人如何能胜过 1000 人

可以说，一个表现不佳的群体或团队根本上会缺乏真诚合作的能力。不仅他们无法一起工作，实际上他们之间的互动也会阻碍他们有效完成他们个人任务的能力（这是一种“退行性合作”或者“负和”互动——1+1=0，甚至是 -1）。

一个表现一般的群体可以说达到了合作的基本水平。基本的合作需要一群人一起工作去达成一个

群体或团队有效合作的能力可能千差万别。

在一个表现不佳的群体或团队里，群体的整体结果实际上会比成员们一个个单独工作的表现和产出要差。

在一个一般水平的群体或团队里，群体的整体表现是成员们一个个单独工作之和。

在一个高绩效群体或团队里，群体的整体产出会比成员们单独工作要高得多。

特定目标。这是一种“集合智慧”，其结果是 1+1=2。基本合作需要人们彼此间有一定程度的亲密，能够有效沟通，并且每个人在与其他伙伴或群体成员的协调中都要完成自己的任务。基本合作的目标是让人们根据别人对他们的期望来表现，以便产生等同于个体贡献之和的结果。

我们之前提到过，高效集体智慧的成果就是我们所说的生生不息的合作。“生生不息的合作”需要人们一起工作，去创造或产出新的、令人惊喜并且超出任何群体成员个人能力之和的东西，即 1+1=3，或者更多。通过生生不息的合作，个体能够最大化利用他们的能力，并且发现和应用他们之前不曾发现的资源。他们受彼此启发，带出新的想法和资源。这样，群体整体的表现和产出就比个体各自分开工作的表现和产出要大得多。

想想一家大型知名跨国电信企业的例子。这家公司竭力保持它的竞争地位，并且知道必须为它的一个非常重要的市场开发一个产品。形势非常严峻，所以该公司组成了一个 1000 人的团队来尽快开发新产品。然而，结果令他们惊讶和尴尬，他们的一个竞争对手在更短的时间内以更低的成本开发出了更好的产品——在每一项业绩指标上和市场上都完胜他们。而最令人震惊的是竞争对手只用了一支仅有 20 人的团队就完成了这项成果!

当然，对于这家大型电信公司而言，亟待解决的问题是：“20 人如何能完胜 1000 人？”造成这种差异的不同之处正是我们称之为“生生不息合作”的能力。1000 人小组里的成员运作起来时就像一个个“筒仓”，彼此严重隔离。各个成员只是简单地完成由项目领导分配给他们的任务，而这位领导根本上就把这些人看作一台机器或电脑软件程序的零部件，在卓越元素解码体系里我们称之为“大脑加铅笔”领导力。

而另一方面，20 人小组由一位对该项目愿景充满热情的人领导，而且他将这份热情传递给了他的整个团队。这位领导人更像一位“创新谱写者”，他鼓励团队不断沟通和互动，彼此挑战、刺激和支持对方成为最好的自己，跳出固有思维，在他们所做的每件事上追求卓越。

他们能够达到一个高水平的生生不息的合作，刺激并支持彼此以新的方式前进，并且创造出史无前例的东西。这要求团队成员共享愿景，兼容多重视角，并且创造

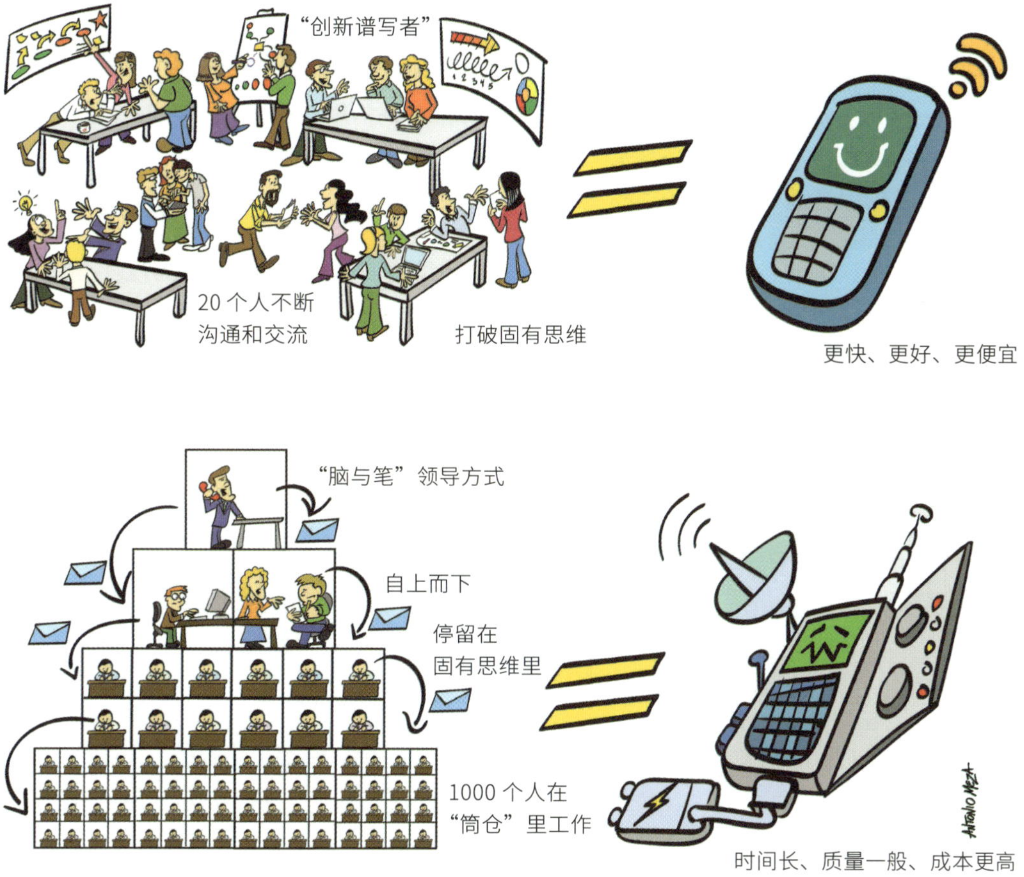

有了合适的领导风格、正确的思维模式和对生生不息合作的培育，20 人可以完胜 1000 人

出一个强大的充满信任与相互尊重的“关系场域”。就像史蒂夫 · 乔布斯说的，“这和你所拥有的人有关，你如何被领导，以及你从中得到了多少”。

我们已经指出，这类生生不息的合作源于“群体心智”或“关系场域”的发展，在这种状态下所有个体的知识与诀窍结合起来，产生出更大的集体创造力。如果没有其他伙伴或小组成员的存在，这是不可能实现的。这个过程就好像两个氢原子与一个氧原子结合创造出了第三种新物质水。

不过，为了生成水，氧必须保持完全是氧，而氢必须始终是氢。用哲学家肯 · 韦伯的话来说就是，由水的生成表达出来的新关系，“包含并超越”了组成它的单个物生生不息的合作来自“群体思维”或“关系场域”的发展，在“群体思维”和“关系场域”中个人的知识和诀窍结合在一起产生出更大的集体创造力，没有团队其他成员的存在，是不可能有这份创造力的。

要形成生生不息的合作，人们必须牢牢扎根于他们自己，在他们独特的能量和资源中保持中正，并且对达成他们的雄心，同时实现他们的共同愿景充满热情。

质，产生出含有两者而与此同时又是全新的东西。

这里有一个很重要的原则就是个性特征与人们的个人兴趣和热情是生生不息合作的必要条件。有一种说法“团队中没有‘我’”，对于基本合作来说这也许是对的，但对于生生不息的合作来说就不行（字面上也能看到“生生不息”generative 与“合作”collaboration 两个词里都有一个“我”i）。要形成生生不息的合作，人们必须牢牢扎根于他们自己，在他们独特的能量和资源中保持中正，并且对达成他们的雄心，同时实现他们的共同愿景充满热情。当人们“为了团队利益牺牲自己的兴趣”时，团队就完全失去了热情、创造力和能量。

举个例子，在“基本”合作中，六七个人组成的小组可能会聚在一起，就一个特别的想法达成共识，或者一起工作，想出一个想法，如此产生出他们互动汇总出来的一个结果。应用“生生不息”合作的原则，这六七个人会想出六七个想法或者方法，加上这些想法和方法之间协同出来的几个可能性。

美国国父托马斯·杰斐逊说过，“如果两个人走到一起交换一美元，他们各自都只带走一美元。但如果两人走到一起交换一个想法，他们各自至少会带走两个想法”（也许还有更多源于他们所共享的想法结合和协同出来的想法）。生生不息的合作是这类想法经济学的最佳范例。

有一个很好的比喻可以帮助理解生生不息合作的协同动力，那就是泡泡间的相互作用。在这个类比中，一个泡泡代表一个特别的愿景或想法。在基本合作中，所有的伙伴或团队成员一起努力创造出一个泡泡。生生不息的合作则需要每一个小组成员创造自己的泡泡，然后留意这个泡泡如何与小组其他成员组成的一堆泡泡结合。

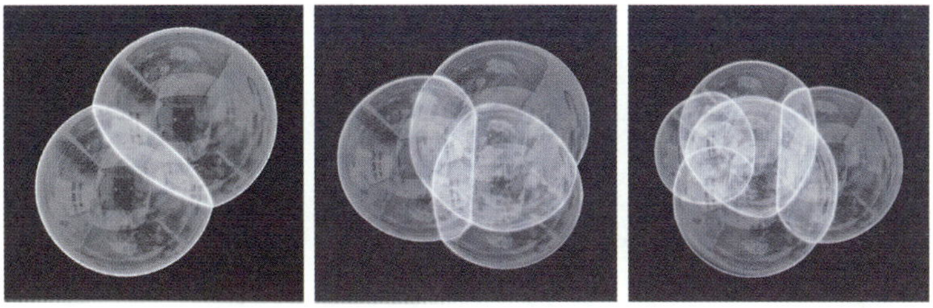

与泡泡结合到一起形成一个更大的整体类似，生生不息的合作需要整合互补的愿景和想法。

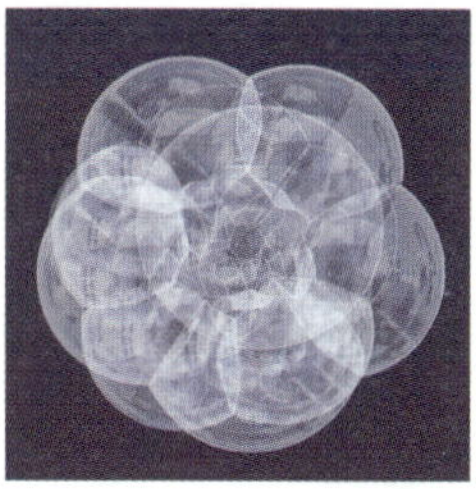

生生不息合作的结果是一个独特的集体愿景。

我们现代世界里的许多成功发展和成就都不是源于单独一个人的愿景，而是结合了多重愿景和想法的结果。卓越元素解码的创造本身就是这方面一个很好的例子。卓越元素解码源于我自己关于行为技巧开发的愿景和想法与我兄弟约翰关于教练和支持新企业的愿景和想法的整合。

> 如果两个人在一起交换一美元，他们离开时各自只能带走一美元。但是如果两个人在一起交换一个想法，那么他们离开时就至少有了两个想法。
> ——托马斯·杰弗逊

互联网的发明是另一个极佳的例子。互联网的种子始于 1969 年的阿帕网络，这是美国国防部的一个研究项目，致力于开发一个军用的网络体系，并且作为将稀有大型计算机资源的经济用途最大化的一种方式。许多大学、研究实验室及国防承包商们很快发现了互联网作为一种“人们”之间交流媒介的潜力，并以稳定增长的数量连通起来。到了 20 世纪 80 年代和 90 年代早期，一片片原来属于政府的网络越来越多地卖给了大型电信公司，直到互联网的主干网完全商业化。1994 年，主流计算机用户们发现了互联网，并被万维网超文本和多媒体的特征吸引。今天，遍布全球的互联网已经成为世界各地人们主要的通信技术。

然而，正如阿帕网络的最初开发者之一指出的，“当时没有人有互联网的愿景。今时今日发展出的一切并非那时任何一个人所预我们的第一个卓越元素案例很好地说明了将各种愿景交织在一起而产生的生生不息的力量。

见到的。”

企业家唐·皮肯斯说：“愿景式领导并非只是有一个愿景，而是将这一愿景与其他愿景交织在一起。”（《卓越元素》中引用过。）

互联网的发展是集体愿景如何制造出不可预见的东西的绝佳事例。

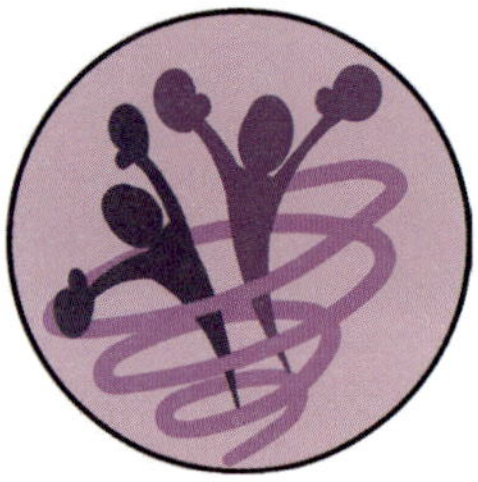

卓越元素案例：CrossKnowledge 公司化危机为机遇

“一起学习，改变世界”

2009 年 6 月，CrossKnowledge 创始人斯蒂夫·菲尔、麦克尔·奥哈那、帕斯卡尔·伊尔·格拉布里和荷夫·古德霍克斯发现他们八年前建立的在线学习公司处在一个十字路口。他们当年走到一起，基于对管理和自我开发的共同热情创建了这家公司。斯蒂夫·菲尔回忆说，“我特别想要把这些技巧带给许多人，而且我知道我会和其他人一起做这件事。”伙伴们选择了在线学习是因为“它让许多人能够参加”。四个人也都想要通过“改变规则，占领一块市场，什么都不知道，以一种与别人不同的方式”“做点革命性的事”。和其他努力要给世界特别是组织带来些改变的人一样，他们的道路并不会总是那么一帆风顺。斯蒂夫面带微笑地回忆道，“尽管一开始就有人跟我说‘你选错了领域’，但我还是坚持了下来。”

这四个人在线上教育的早期推出了这家公司。那时，特别是在组织背景下，培训领域还很少有人知道并使用线上学习。他们创业的前几年里，公司基本上扮演着先锋角色，而创始人们的挑战就是去说服一些组织，让其了解线上学习是一种可行的培训方式。基于对他们梦想的热情与投入，他们开始在一个成长中的行业建立市场地位，吸引顶级从业人员，制作高质量的互动节目。

化危机为机遇

公司在经过几年合理水平的发展和成功后，却遭遇了一个极具挑战的转变时刻。2009 年，许多组织受到全球经济危机的制约。而且，随着在线学习行业的成熟和市场的演变，越来越多的有规模的参与者开始制作他们自己的在线学习产品，包括一些有着庞大营销预算的大型培训组织。CrossKnowledge 的创始人们意识到要保持竞争力，他们必须以许多不同的方式再造公司，并且要达到一个全新的层次。这需要厘清他们的愿景和使命（明确他们的独特贡献），并且调整他们的雄心和角色，以适应变化的市场。这样的改变意味着他们必须预判在线学习行业前进的方向，调整他们的业务重点，改变做事的优先次序，然后让整个团队与新的道路校准对齐。此外，他们需要快速行动，否则就会被整个行业抛到后面。

作为 CrossKnowledge 的教职成员之一，我自然而然地参与到帮助他们实现这次转型中来。我们的工作从与四位创始人的几轮会议开始。每次会议都会从本书描述过的合作催化剂中的一个或几个开始。我们一定会通过建立一个“教练容器”和“培育一个联合赞助场域”开始。我们系统性地回顾了一系列步骤来定义公司当前的状态，它所面临的障碍，以及导致公司现状的卓越元素和“失败”元

CrossKnowledge 的创始人：
斯蒂夫 · 菲尔、麦克尔 · 奥哈那、帕斯卡尔 · 伊尔 · 格拉布里和荷夫 · 古德霍克斯

在线学习公司 CrossKnowledge 的创始人们发现他们处在全球经济危机中一个充满挑战的形势下，必须彻底改造他们的企业。

CrossKnowledge 的创始人们分享了在管理和自我发展方面的热情。

CrossKnowledge 的创始人们的愿景是“为更好的人生而学习”，在这一愿景下，“学习会像水一样，拧开水龙头，知识就来了。”这一愿景会使组织通过开发组织中的个人而得到发展。

素。每一个步骤，创始人们都会分享和对比他们的观点，找到共振，认识并整合他们不同但互补的视角，并让新的想法和共同的结论涌现出来。

准备将企业带上一个新层次

然后我们聚焦于未来，明确把公司带入新层次的步骤（明确愿景、使命、雄心和角色的定义与步骤，这在本书的引言部分有概括，在《卓越元素》中有深入描述）。

该流程的基石是使他们对管理和自我开发共同热情的共同愿景的表达清晰化。创始人们关于这点的简单而有力的表达是“为更好的人生而学习”。他们愿景的精华是“使组织能够通过开发个人而发展”——借力自我开发作为提升管理和领导力，最终提升整个组织的方法。这对他们意味着什么，他们用了一个共同的比喻：“学习应该像水一样。”——“拧开水龙头，水就来了”“处在公司或组织中每个层级的人”都可以得到。有意思的是，主要障碍之一居然是培训经理（想要控制“水龙头”的人）。“有时候需要花很多时间下很大决心回到‘我们必须带给每一个人’的最初的愿景上。”斯蒂夫·菲尔指出。

创始人们回顾了他们的使命及他们对“通过领导力及管理技巧的在线学习和在线教育在全世界大幅改善人们的生活”这一愿景的独特贡献。实现这一使命的首要途径之一就是培育他们顾客的集体智慧。他们看到，这一使命需要“创造一个客户社区，一个学习社区，在这里我们持续分享我们的所学”。他们将这比喻成一个“瀑布”。

随着愿景和使命的厘清，创始人们意识到他们必须加强他们的共同雄心，以推动公司进步，真正达成愿景和使命。所有创始人都同意他们想要做到一个“高端的位置和品牌”。他们立志成为高品质领导力和管理在线培训的市场基准，并且成为总经理们、人力资源总监们及终端用户们的“首选解决方案”。

“可扩展性”是他们雄心的另一个重要部分。那时他们公司在法国，最初只在欧洲市场运营，他们想要发展为真正的“跨国企业”，并且将他们的用户基数从 40 万扩展到 200 万。这意味着他们需要变得“强壮”“流畅”并且“以两倍于市场的速度发展”。另一个达成雄心的关键业绩指标是完成 15% 的利润率。

为了实现他们的愿景、使命和雄心，创始人们回顾了公司作为“培训创新者和整合者”的角色。他们既不是定制解决方案的供应商，又不是“现成的”商品化产品的销售者。他们聚焦于综合性的解决方案和结果，而不是产品和建议。他们看到了自己“根据客户公司需求，运用独家学习方式和一系列陪伴服务，提供综合性解决方案”的强项。

他们对于自己角色的比喻之一是用钢琴键创作音乐的“作曲家”。键盘上的琴键代表他们产品目录上不同的在线学习产品。琴键发出的音符代表源自一个特定产品或课程的学习成果。就好比一架钢琴，有着固定不变数量的“琴键”。要作出一首特

CrossKnowledge 的创始人们的使命“通过领导力及管理技巧的在线学习和在线教育在全世界大幅改善人们的生活”就像一个“瀑布”。

CrossKnowledge 的创始人们的雄心是做到一个“高端的位置和品牌”，成为真正的“跨国企业”，并且将他们的用户基数从 40 万扩展到 200 万。

CrossKnowledge 的创始人们把他们企业的角色看作“培训创新者和整合者”。他们对于自己角色的比喻之一是用钢琴键创作音乐的“作曲家”。其他乐器代表了提供其他类型学习和培训产品的兄弟公司。

别的曲子可能需要其中任何一个键。“音乐”不会只来自单个的琴键或音符，而是来自它们以什么顺序和以彼此间什么关系组合在一起的方式。其他乐器代表了提供其他类型学习和培训产品的兄弟公司。作曲家的工作就是找到为一个特定客户创造出最佳音乐的乐器。

全然拥抱这一角色的关键是改进 CrossKnowledge 的合作伙伴网络。从一开始，CrossKnowledge 的创始人们成功地与本地、地区和全球各个层次的培训供应商合作，补充未包含在他们产品名录里的培训领域，如桌面 IT、技术技巧、语言等等。他们还与商学院建立了重要的合作伙伴关系。为了达成他们的雄心，他们必须更多地拓展这类合作活动。

CrossKnowledge 的创始人们一经规划出他们新的卓越圈，他们就需要吸引他们团队成员的集体智慧和生生不息的合作来将这个卓越圈变成现实。

创造校准对齐并促进集体智慧

这个新方向需要 CrossKnowledge 的所有团队成员校准对齐，成为有能力和积极的贡献者。这个新方向还需要培育真诚的集体智慧和生生不息的合作。

等四位创始人明晰这个新方向并达成一致之后，我们便在一个大型会议中心举行了一个公司全体 160 名成员参加的活动。为此做准备时，四位创始人讨论并做出了如何传达企业最新愿景和使命的方案（见《卓越元素》）。

我作为该活动的带导者之一，带领所有参与的公司成员进入一种简单的教练状态，并且邀请他们反思当初为什么选择为这家公司工作及对他们来说这份工作最重要的是什么。接下来，公司 CEO 麦克尔通过一个真诚而简洁的致辞对全体成员讲解了重新厘清的愿景和使命。我们鼓励大家去发现他们对公司的愿景和使命的哪个部分体验到了最深层的共振。

参与者按职能分成 10 ～ 12 人的小组围绕圆桌而坐，每一桌由一位公司执行委员会的成员带导。我们给所有 160 人发了纸和画图工具，邀请他们画出图像，表示以他们在公司担当的角色来看，新的愿景意味着什么。然后各桌的小组成员分享和比较他们的图画，就他们对公司愿景和使命的理解，从中寻找共振和协同。（这是智囊流程的一种形式，我称之为“互视”，我们会在后文进一步探索更多相关细节。）

之后我们把 160 张图贴到放在会议室周围的屏风上，让这些由公司愿景说明产生出的画面包围着整个团队。这是相当鼓舞人心的“场域”，并且集体能量和团体动力非常高。

接下来我介绍了卓越元素各个层面的概念——愿景、使命、雄心、角色、价值观、信念、能力和行为——还有将愿景带入行动的步骤。我们要求每个人选 5 个关键词来定义他自己的使命感或者对愿景的贡献，然后以同样的方式做个人雄心这部分。在小组中分享结果，再次寻找有共振和协同的领域。然后每个小组用 5 个词总结出他们在使命和雄心方面的共同元素。每一组的带导者将这些结果与整个大团队分享。

下一步是集体进入对可能达成的愿景、使命和

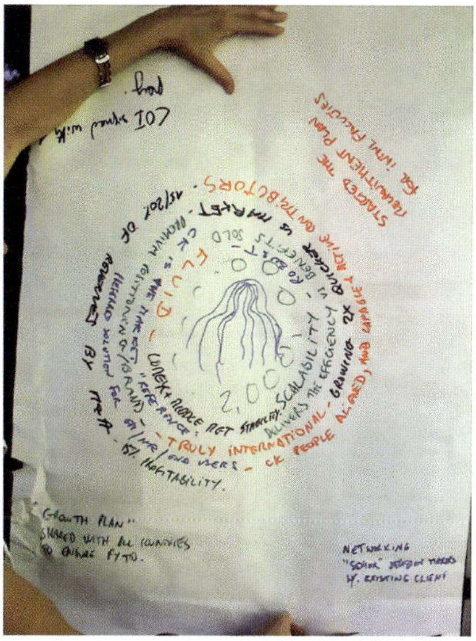

这是一张来自 CrossKnowledge 的工作会议的白板纸照片，纸的中央画了一个瀑布，四种颜色代表四位创始人在公司雄心方面的不同贡献。纸的四角写着明确的行动承诺。

CrossKnowledge 的创始人们把他们的团队成员带入了一个强有力的集体展望过程。

雄心的信念部分。我们要求大家诚实地衡量对这个未来发展可能性的相信程度。如果有人确实感到有所怀疑，他们不会被拎出来一定要表示接受或者解释为什么他们没有把握。相反，我们会邀请那些对一条或一条以上陈述打了很高分的人，作为导师和榜样，来分享为什么他们的信心这么足。每一次一个人分享完他对企业未来有信心的理由，整个会场里的信心水平看起来就会明显提高，创造出一个能量和兴奋的场域。

活动的最后一项，要求 160 个人每个人对他们同桌的团队成员做出承诺，就他们会支持创造公司的未来方面，在接下来的几天、几个星期和几个月里会采取的具体行动。

本次活动标志着 CrossKnowledge 开始揭开新篇章。几年以后，参加过这个活动的那些人还会提起它，而在关于公司及其文化的介绍里，这个活动也会被作为一个关键事件，为新员工悉知。

企业家精神

追求卓越的热情

以人为先

CrossKnowledge 的核心价值观在公司扩张的新阶段使整体团队统一了思想与行动，并为团队指明了方向。

培育并指引一个扩张新时期

随着每个人通过以自己的使命和雄心采取行动，为更大的愿景和使命做出贡献，公司上下怀着清晰和一致的新目标走进了扩张和成长的新时期。“我们是一家企业家公司，”斯蒂夫·菲尔谈到了他们厘清的身份。“我们把自己组织起来，基于公司每一个成员共同的三个核心价值观采取行动：以人为先、追求卓越、发挥企业家精神。”

“以人为先涉及沟通方面的价值观——人际价

值观，”斯蒂夫解释道，“尊重每一个人非常重要。尊重推动了人们之间的沟通，并且创造出一个开放的环境。”CrossKnowledge 的创始人们还鼓励团队成员们“怀着积极正面的态度和承认他人最好的贡献”，并且“建立有主见而双赢的合作关系”。

追求卓越需要“尽力做到最高品质”。“好还不够。”斯蒂夫说。“我们不变的目标是要为我们的顾客开发和提供可以产生可衡量与可持续价值的解决方案，”他解释说，“并且请求顾客反馈以提升我们的表现。我们分析我们取得的成功和遭遇的失败，并从中学习。”

“我们通过赋予大家力量来鼓励他们发挥企业家精神，”斯蒂夫继续说，“我们说‘不要指望我们会告诉你要做什么，因为我们也不知道。’”按斯蒂夫的说法，“一个核心信念是大家被允许去做自己想做的事”。这样做给团队带来的影响有个很好的例子，就是新的社交网络平台 Yammer 整合进了 CrossKnowledge 的混合解决方案。“我们在团队内表彰了此事，表示‘我们需要的正是这样’，”他解释说，“管理层没有组织这么做，它就这么冒出来了。”

斯蒂夫和其他创始人还意识到集体智慧和企业家精神很难保持。斯蒂夫说：

“我们采取了一些步骤以确保让大家保持企业家的状态。我们问的一个关键问题是：成长时如何保持‘魔力’而不失去最初的激情？有太多的‘流程’使人们偏离了愿景的方向。大家必须有权去自己思考，表现得像一个反叛者，并保持主人翁精神。

“我们没有实施许多流程，我们把运营分散到业务部门，然后就只是信任 CrossKnowledge 的‘DNA’。我们还努力创造一种‘神话’，也就是说团队成员们才是真英雄的故事。例如，大家做了我们没有要求他们做的事情，比如推出一个手机 App。”

还有一个很好的例子，一个 23 岁的新员工关于“失败银行”的想法。这需要到处去和客户及团队成员说“我想要和你谈谈关

CrossKnowledge 鼓励并授权团队成员们“替自己着想，充当叛逆者并保留自主权”。

CrossKnowledge 的创始人们还在顾客和客户之间培育集体智慧和生生不息的合作。

和所有成功的新一代企业一样，CrossKnowledge 一直高度以顾客为导向。

于……（一件没有按照设想进展的事）。”通过辨识和认知“失败”或者不那么成功的事，就更有可能辨识出“造成差异的不同”来。

与客户培养集体智慧和生生不息的合作一直是 CrossKnowledge 成功的一部分，这一点一直持续到 2009 年公司开始以新的方式增长和扩张。斯蒂夫解释说：

“我们与传统在线学习背道而驰。传统在线学习总表现出‘我们什么都知道，我们有一切解决方案’。而我们认为最重要的是谦虚地告诉客户‘我们不知道’。

“集体智慧的首要基础是与客户间建立一种信任感，这样就变成‘我们在一起努力到达一个地方’。客户们从来不认为我们在努力向他们推销什么。”

至于我们的市场营销人员，我们强调，我们挑选客户的方式是看他们是否与我们的愿景对齐一致。如果大家感到兴奋并且是梦想的一部分，我们重新开始。那些只想要达标的销售人员只会招来忠诚度不高的客户。

在《卓越元素》中我提到，我们对成功的新一代企业家的研究表明，他们都是高度以顾客为导向的，因而他们都：

- 与顾客保持了一个强大的持续反馈回路。
- 建立起与顾客交流和双向反馈的架构与基础设施。
- 基于顾客导向的价值观开发产品和服务。

• 与顾客联合开发产品和服务，而不是“卖”产品和服务。
• 确保企业的经济增长来自产品或服务的品质提升，而不是市场营销或炒作。
• 在业务决策和管理政策中体现顾客需求与愿望。

CrossKnowledge 在改进服务的过程中邀请他们的客户参与进来。他们以这种方式促进集体智慧的产生。“我们会一起找到一种方式。”“我们会一起发明。”“我们在一起学习而且我们在改变世界。”

CrossKnowledge 显然是一个极佳的例子，阐释了高度以顾客为导向意味着什么。按斯蒂夫·菲尔的说法：

“我们采取措施促进社会学习或与客户共同学习，也就是说‘我们会一起找到一种方式’‘我们会一起创新’‘我们在一起学习而且我们在改变世界’。我们为一起创造一些新东西感到自豪和兴奋。

“我们以多种多样的方式这么做。例如，每三个月就会有一个由客户发起的会议，探索‘关于在线学习，我们从 CrossKnowledge 学到了什么？’。

“我们还建立了 CrossKnowledge 学院，在这里我们为客户提供免费培训。这是一个一起创造改变的免费研讨会。我们给些回馈，他们就会和我们一起创造新东西。”

CrossKnowledge 的四位创始人采取的措施把公司带上了持续成功的道路。到 2014 年公司成长到有 200 名员工，营业收入达到 3 700 万美元，并且扩张到了超过 80 个国家的 500 万名用户（写本书时用户数已经涨到了 800 万）。他们在 2014 年 4 月被出版业巨头威利出版社以 1.75 亿美元现金收购，4 位创始人都成为千万富豪。

关于 CrossKnowledge 卓越圈的反思

CrossKnowledge 的成功清楚证明了集体智慧和生生不息的合作对创造一个有效卓越圈的重要性。

CrossKnowledge 的创始人们之间的互动表明，要建立一家成功的企业，必须要直觉性地理解如何将互补的思维模式结合在一起，并且让其协同增效。

CrossKnowledge 的成功故事提供了一个清晰的例证，由 4 位创始人之间的互动开始，说明了集体智慧和生生不息的合作对于创造一个有效的卓越圈的重要性。由 4 位不同类型的创始人组成了团队，他们刚开始创办公司时，年龄跨度从 23 岁到 52 岁。他们因共同而坚定不移的对管理和个人发展的热情而团结在一起。这份热情自然体现在“为更好的人生而学习”的基本愿景里，体现在“通过领导力及管理技巧的线上学习和线上教育在全世界大幅改善人们的生活”的使命里。

有意思的是，尽管这 4 位创始人并没有在意识上了解卓越元素解码之卓越圈，但他们凭直觉自发地使自己专注在卓越圈的每一个基本象限上。麦克尔是 4 个人中最年轻的一个，他在一家知名大型顾问公司开始他的职业生涯。作为首席执行官和首席运营官，麦克尔将他的注意力集中在通过战略联盟和全球开发发展业务，为股东创造价值。斯蒂夫的背景是传统出版业，他负责创新，运行培训、技术研究及开发团队。帕斯卡尔，之前是宝洁法国分公司的销售总监，他专注于从顾客处获得利益和营业收入，管理销售和服务团队。荷夫，创始人中间年纪最大的，之前担任过多家公司的人力资源总监。他的焦点放在借力他强大的人脉网络建立起合作伙伴关系及其他的双赢关系上。

4 位创始人在他们自己的互动中自动自发运用了集体智慧和卓越元素解码原理，这是以一个团队

为更好的人生而学习

愿景

学习应该像水，每个人都可获得，只要打开水龙头，水就有了

国际领导者
品质方面的市场参考
产品与定位方面创新

雄心

200 万用户
比市场增长快两倍
总经理 / 人力资源 / 终端用户的首选解决方案
利润率达到 15%

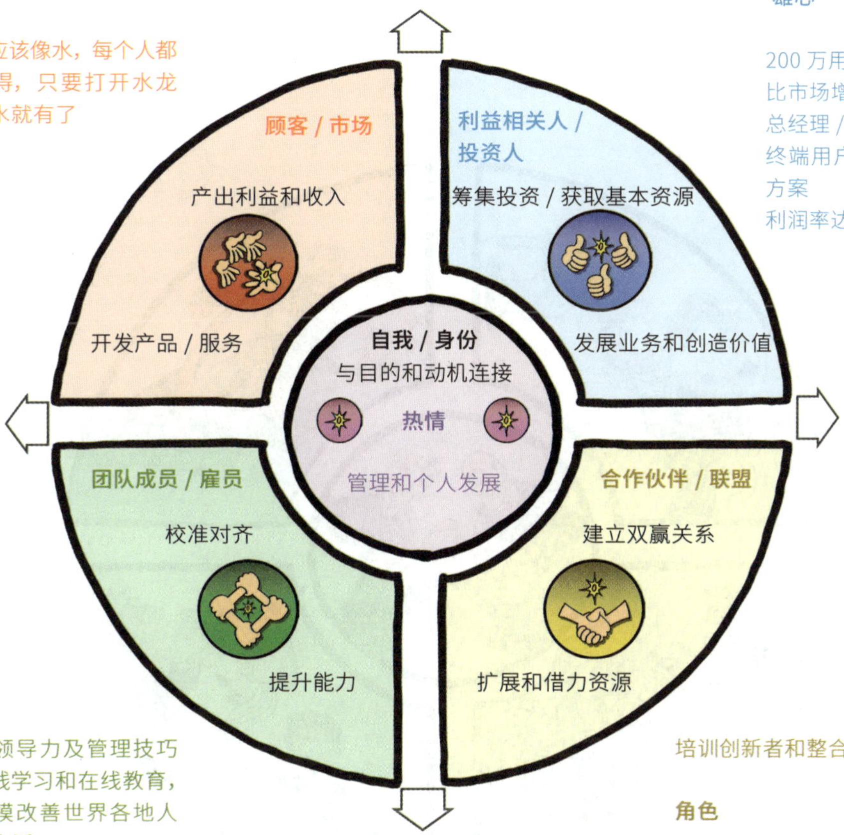

通过领导力及管理技巧的在线学习和在线教育，大规模改善世界各地人们的生活

使命

1）以人为先
2）对追求卓越充满热情
3）企业家精神
“人们被允许做这件事。”

培训创新者和整合者

角色

其他不在 CrossKnowledge 名录中的培训领域的合作伙伴，如：桌面 IT、合规和语言方面的软技能

CrossKnowlege 的卓越圈

雄心
利益相关人 / 投资人

- 国际领导者
- 品质方面的市场参考
- 产品与定位方面创新
- 200 万用户
- 比市场增长快两倍
- 总经理 / 人力资源 / 终端用户的首选解决方案
- 利润率达到 15%

愿景
顾客 / 市场

- 为更好的人生而学习
- 学习应该像水，每个人都可获得，只要打开水龙头，水就有了

使命
团队成员 / 雇员

- 通过领导力及管理技巧的在线学习和在线教育，大规模改善世界各地人们的生活

  1）以人为先
  2）对追求卓越充满热情
  3）企业家精神
  “人们被允许做这件事。”

热情
管理和个人发展

角色
合作伙伴 / 联盟

- 培训创新者和整合者
- 其他不在 CrossKnowledge 名录中的培训领域的合作伙伴，如：桌面 IT、合规和语言方面的软技能

CrossKnowlege 的卓越圈

将他们对“管理和个人发展”的热情及为“更好的人生而学习”的愿景应用在他们自己身上的一个强大案例。他们通往成功的每一步，尽管并非一帆风顺，但确实是生生不息的合作。

4 位创始人还特意力求主动培育与团队成员、顾客之间的集体智慧和生生不息的合作（即共振、协同和涌现）。他们明确地将团队成员和顾客视为“子整体”，即有创造力的、独立思考和行动的个体，同时在有一个共同愿景时为一个更大的整体做贡献。秉持这种精神，CrossKnowledge 的创始人致力于创造他们自己与团队成

CrossKnowledge 的一个主要成功因素与创始人们在团队成员与顾客之间、在他们自己与合作伙伴之间创造协同的能力有关。

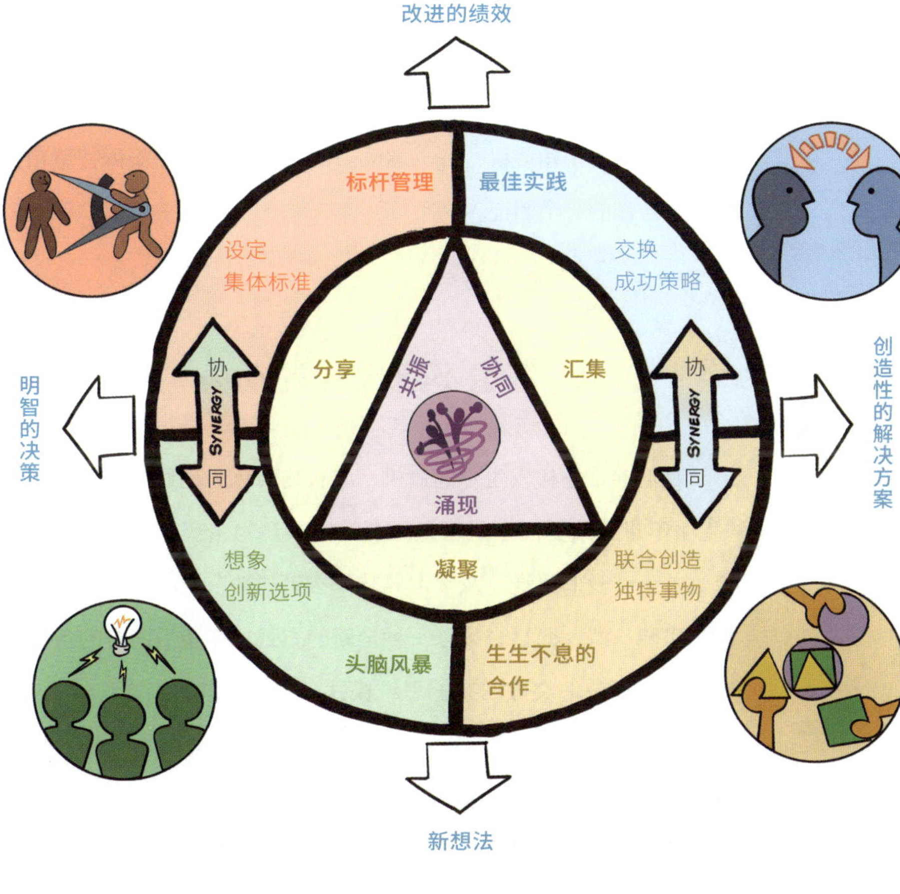

CrossKnowledge 持续的合作催化剂在标杆管理和头脑风暴之间、在最佳实践和生生不息的合作之间创造出许多协同

员、顾客之间的特别的合作催化剂（比如 CrossKnowledge 学院）。CrossKnowledge 以人为先、追求卓越及发挥企业家精神的核心价值观，形成了对齐一致，刺激了企业家精神，并且支持了团队成员间集体智慧和生生不息合作的发展。与客户和顾客间持续的联系为他们的团队成员制造了强烈的“任务意义”感。与顾客一道，对集体标准实行标杆管理和进行富于想象力的头脑风暴的持续流程，帮助他们的团队对齐一致，联合开发满足顾客需求的产品，带来了新的想法和更明智的决策。

由之前描述过的“启动活动”之类的活动培育出来的不断交换最佳实践和生生不息合作，以及持续实施以人为先、追求卓越、发挥企业家精神的价值观，带来了创造性的解决方案和增强的绩效表现。

无论从哪个角度讲，CrossKnowledge 的成功都是集体智慧和生生不息合作的一个明证。

生生不息的合作是生生不息改变原理的一种表现。

生生不息改变的动力

我们的企业和人生中的危机、成长与转化时刻通常都伴随着对“生生不息”改变而不是增量改变的需求。为了获得生生不息的改变，关于“我们是谁”及“世界有什么可能性”的心智地图必须变得更广阔一些，而且必须以一种全新的方式感知我们旧有的各种限制。这需要我们突破旧有的思维模式，并且“跳出固有思维”，创造出“全新”的东西。这种生生不息的改变必须同时“包含并超越”我们过去的知识和意识。

生生不息的改变需要转入一种“深层结构”，而不是仅仅在“表面结构”进行修改。真正的生生不息要求打破已经就位且变得过时和极度僵化的现有结构。这种打破自然会产生一定程度的混沌

IAGC（国际生生不息改变协会）图标

和不确定状态。不过，如果我们自己能够保持中正、对我们的资源保持中正，并且聚焦于有什么可能性的更大愿景，就会进入一种扩展和重新组织的生生不息状态，就好像我们在 CrossKnowledge 的案例中看到的一样。

我的同事斯蒂芬·吉利根和我已经研究个人和组织生生不息改变的动力二十多年。这一探索将我们引向生生不息改变系列课程的开发，包括“丰盛教练”“生生不息的领导力”，当然还有“生生不息的合作”，以及其他课程。我们对于生生不息改变的共同热情，最终使我们建立了国际生生不息改变协会（IAGC——http://www.generative-change.com）。

斯蒂芬和我把推动生生不息改变的基本流程概括成以下五步：

- 设定意图（如一个愿景或方向）。
- 发展生生不息的表现状态。
- 运用多重视角明确目标和行动。
- 以多重视角创造性地转化障碍。
- 持续实践以获得永续创造力。

CrossKnowledge 的案例很好地证明了这些步骤是如何对创造生生不息改变起作用的：

- 创始人们根据清晰的、共同的愿景设定了一个意图，为他们自己和公司提供了方向。
- 然后他们采取措施在他们自己中间，在团队成员和顾客中间培育创造性思维。

生生不息改变的步骤

- 他们构建了能够让他们将多重视角汇集到一起的活动和基础设施。这些多重视角来自作为创始人的他们自己，来自他们的团队，还有他们的顾客和合作伙伴，用以明确可能达成他们愿景的目标和行动。
- 他们还将多重视角用于主动和创造性地转化障碍，把他们的“失败”看成重要的学习机会。
- 他们为永续创造力建立了持续的实践，如 CrossKnowledge 学院，与顾客集体学习的季度性的会议。

生生不息改变流程的每一个步骤都有各种各样的合作催化剂支持。我们会继续探索一些这类合作催化剂。

建立生生不息合作的基础

我在前面一章指出过，集体智慧和生生不息的合作是共振、协同与涌现作用形成的。在群体互动的背景下，这些品质可以通过探索几个简单、实用的问题来培育：

- 共振

  有什么是相同的？我们在何处连接？
- 协同

  我们有何处不同？那些不同如何能够彼此互补？
- 涌现

  有什么其他的可能性？通过我们的互动会出现什么新东西？

花些时间反思这些问题会揭示或强化基本合作和生生不息合作的领域。这有助于增强一种连接感，明确和运用互补技巧和资源，并且探索你们的互动，将新的可能性带给你们和你们的合作。

有一个非常有启发性和振奋人心的音乐视频片断，我常常喜欢在我的教练课程、工作坊和研讨会上播放，作为一个类比和例子，很美地说明协同现象、生生不息的合作和一个生生不息的“场域”。视频节选自一场由新时代公司的音乐家雅尼在希腊雅典卫城上演的音乐会录影。这个片断是一个简短的即兴表演，由两位小提琴家演奏：凯伦·布里格斯，是一位有爵士乐背景的非洲裔美国女子；而夏德·罗哈尼，则是受过古典音乐训练的具有伊朗血统的男子。

这两个人在许多方面明显不同——性别、训练、风格、文化传统等等——而他们能够将这些差异都转化成生生不息的互补，从而产生了新颖而令人愉悦的表演。在整个互动中，他们都保持了自己作为个体的独特性和创造力，同时又表现得像一个综合的子整体。在整个乐团创造的更大音乐场域的抱持和引导下，两位小提琴家在他们的即兴二重奏里轮流演奏。他们在演奏的时候，边拉琴边倾听着对方，两个人身体动作呈现出的躯体热忱与欢愉明显表现出他们之间存在着一份很积极和有创意的亲密。他们交流的一部分，就是把刚刚听到的对方的音乐创意和旋律吸纳进来，并且将它们引向新的充满创造力的方向。

最终的结果是，两位音乐家都发挥了他们自己最好的水平，同时振奋了彼此的情绪，演奏出各自头脑中从未出现过而且从未演奏过的旋律，成就了一次全凭灵感的表演。显然，这不仅仅是他们高水平运用乐器的技巧带来的结果，也是他们之间、他们与乐团之间通过共振、协同和涌现原理构成的生生不息的场域在发挥作用。

孤独的心灵产生的思想火花唤醒了另一个心灵中与之相似的思想。

——托马斯·卡莱尔

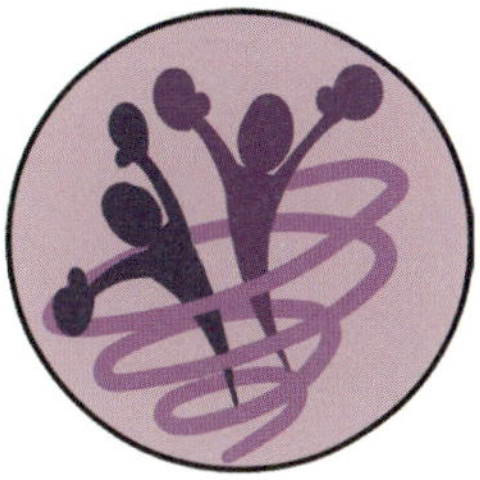

生生不息的合作源自一种连接感、识别和吸引互补的技巧与资源的能力，以及发现从你与合作者之间的互动中涌现出来的新的可能性。

在雅尼卫城现场演奏会（1994）的DVD里，两位小提琴家之间的即兴二重奏就是一个激动人心的生生不息合作范例。

在接下来的章节里，我们会探索一些对于在一个团体或团队内创造和运用这类“生生不息的场域”所必需的合作催化剂。在前面一章中，我介绍了主要的合作催化剂，如“创造教练容器”和“设定意图”。这两种催化剂是生生不息改变流程第一步的基础。下面讲的合作催化剂是关于发展“生生不息的表现状态”的。

卓越元素解码之合作催化剂：发展生生不息的表现状态

发展一种生生不息的表现状态是创造生生不息合作的一个重要条件。

生生不息的状态来自教练状态，并且包括我的同事斯蒂芬·吉利根和我在有关生生不息的改变工作中所说的“三个正向连接”。这需要持续地从内在感觉到与以下三个方面的连接：

- 一个意图（愿景）。
- 一种个人的“流动”状态，它源自与你自己（你的身体中心），以及你的个人卓越之处连接的感觉。
- 来自你与周围正向资源“场域”连接的潜力感与可能感。

在一个团体中，与共同愿景的连接在团体成员间制造出共振。每个团体成员与其流动状态以及身为独一无二的创造性个体的自我连接，使他具有了与团体内其他成员协作的可能性。而他与正向资源场域的连接创造了一些潜力，让全新的、出乎意料的东西涌现出来。

当团体每个成员都专注于一个共同意图，保持中正，并且与身边更大的正向资源“场域”有一种连接感时，生生不息的表现状态就涌现出来了。

在前面所举的两个音乐家的例子中，他们共同的意图是在自我享受和彼此支持的同时，为听众创作一段创新而令人愉悦的表演。这两位显然能够与他们自己的个人流动状态及他们独一无二的个体卓越之处连接。乐团的支持为他们提供了一个更大的场域，在这个场域里这样的表演会创造出新东西涌现的潜力和可能性。这三个方面相结合就产生了生生不息的表现状态。

一个团体进入生生不息表现状态的练习，步骤如下：

与振动的金属盘上的沙子逐渐呈现出越来越复杂的形状相类似，一种生生不息的表现状态也会在团体成员之间激发更大的、富于想象力的潜力。

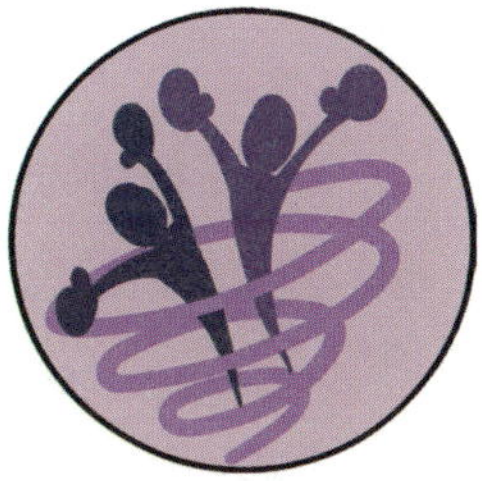

- 以第一章所描述的创造一个教练容器开始。当每个成员感觉到他完全临在并处于教练状态时，他就对周围的其他人说“我在这里”或者“我准备好了”。团体成员们将注意力都放到创造生生不息合作这个共同意图上。大家可以分享一些代表该意图的简单扼要的口头陈述、图像或者身体表现，或姿势，直到每个人都感觉到与未来那个参照点强烈的连接感。这应该会把一种专注感和共振感带给这个团体。
- 然后每个成员都将自己的注意力放到他们所体验到的独特的身体中心（即 COACH 教练状态中的 C 所代表的状态），以及他们自己的卓越之处。对于团体成员们来说，回想他们以前体验到个人“流动”感的情形会很有用——那种他们能够以一致而顺畅的方式表达他们自己和他们的卓越之处的状态。此时，团体成员们可以再度分享代表着他们个体卓越感的一些简单、扼要的口头陈述、图像或者身体表现，或姿势。这为团体成员们彼此互补和协同他们独特的想法与卓越之处创造了可能性。

- 接下来大家将自己的注意力打开，将其他成员和他们之间的“场域”包括进来。如果团体成员们曾经一起做过“培养联合赞助场域”这个合作催化剂练习，会有助于大家记起他们看见和感知到的彼此喜欢的地方。还有一个很有用的方法，就是成员们在自己内在回想一些个人（如老师、赞助者、朋友等）、物体、地点或者其他一些存在，这些存在将他们带入自信和机智的感觉，以及身为一个更大的子整体的一部分的感觉。
- 保持教练状态，然后将注意焦点打开到同时包括以下三个正向连接：
  1. 大家共同的意图。
  2. 个人流动状态，以及与自己的个体卓越之处连接的状态。
  3. 更大的场域或子整体，大家身为其中一部分。
- 团体每个成员应该开始有一种生生不息的能量和资源丰富的感觉通过这三个连接中的每一个单独或一起流向、流经他们。此时，每个人找到一个象征符号或身体姿势，或动作来“锚定”这种状态会非常有用。

类似于振动使金属盘上的沙子逐渐形成了更复杂的形式，生生不息的表现状态也会在团体成员间激发更大的、富于想象力的潜能。

一个团体一旦设定了意图并且进入生生不息的表现状态，就可以通过运用团体成员们的多重视角来明确目标和行动，以利用这种状态。有一个方法就是通过我称之为“互视”的合作催化剂，也是一种基本的智囊工作流程。

卓越元素解码之合作催化剂：
运用多重视角，通过互视促进协同

我们已经说过，生生不息合作的思维模式是如何通过协同的关系和合作将整块蛋糕做大，而不是要争谁会得到“更大的一块蛋糕”。成功的关键是联结。成功的企业家们能够说：“这是我的未来，你有什么可以为之做贡献吗？”同时又问：“你的愿景是什么？我可以为之贡献些什么吗？”

集体智慧和生生不息的合作一个极有力的源泉来自人们对这个世界的解读有着不同的地图或模式、不同的背景，以及不同的技能组合。当这些不同相互补充时，就构成了生生不息互动的基础，而生生不息的互动又会促成新事物的涌现。互视是我在 20 世纪 90 年代初期开发的一套流程，用于发现不同的人之间在愿景、使命、雄心、项目及企业方面可能的协作和建设性重叠，并且促进潜在合作的出现。各种形式的互视也是智囊工作流程的基础。

集体智慧和生生不息的合作的一个重要源头来自人们对世界有着不同的地图或模式、不同的背景和不同的技能组合。

互视可以和监管相对应。在监管状态下，人们之间隐含着一种层级关系；监管者给其他人提供“正确的地图”来行事。而在互视状态下假定大家都是平级的，在一种情形下不是只有一幅正确的地图；每一个人的视角都有价值，并且对整个企业有所贡献。

互视步骤的假设是团体成员们都是同级的，并且没有哪幅情景地图是唯一正确的。相反，每个人的视角都有价值，并且会对整个企业有所贡献。

除了假定大家都是平级以外，“视”这个字里还有另外一个重要含义。实际上，互视流程的目标之一就是在一个群体背景下鼓励视觉化和象征性思维，以便使新的视角可以涌现出来。

因此，互视的主要益处在于我们描绘、构思想法和愿景的方式所形成的影响。一个人描绘出一个特定的愿景和想法，会自动有助于激发和丰富其他人的看法。基于这个原因，互视流程最好在一个至少有 4 个人的小组里进行，以便获得足够的多样性。

一个人表达某个特定愿景或想法的方式可能自然而然地有助于激发和丰富其他人的感知。

互视的另一个重要目标是让群体中每一个成员都会受到其他人的愿景和想法的启发。这需要每个人带着有创造力的潜意识全然地去倾听，而不只是用认知的头脑听。还有，我的朋友兼同事理查德·摩斯指出，“你能给自己或他人最好的礼物就是高品质的关注。”因此，互视的功课总是从首先运用一些合作催化剂开始，如创造教练容器，培育联合赞助的场域，以及发展生生不息的表现状态。这样在参与互视流程的个体间建立起强烈的共振感和连接感，并且增强了协同和涌现的可能性。

例如，在 CrossKnowledge 的卓越元素案例中，我描述过在一个重要的活动中应用的一次互视流程，这个活动的目的是就公司新互视的一个重要目标是让每一个团队成员受到其他人的愿景和想法的启发。

利用不同视角的自然结果就是人们更加投入，因为他们感觉到自己的意见很重要。

——尤妮斯·帕里西-卡鲁

的方向创造出一致的思想和激情，并且促进集体智慧。公司员工以 10 ～ 12 人一组，跨职能分组，围绕圆桌而坐，每个小组由一位公司执行委员会成员带导。所有 160 位出席者都有纸和画图工具，大家被邀请画出一个图像，以代表 CEO 所讲述的公司愿景对于他们个人在公司里所扮演的角色来说意味着什么。然后各桌的成员们分享和比较他们的图画，从中寻找彼此对公司愿景和使命感觉上的共振和协同。接下来，将 160 幅图全部放到会议室周围的屏风上，让这些由公司愿景陈述产生出的图像环绕在整个团队周围。

当我和企业家们一起工作时，有一种典型的互视形式就是让小组每个成员轮流做他的“电梯演讲”。成员们在听的时候要辨别演讲者的语句和想法哪些触动与启发他们，并且从中寻找与他们自己的愿景、项目和企业可能的协同之处。

当一个人在描述他的愿景或企业的时候，小组其他成员根据他们个人对演讲者的愿景或项目的理解，单独画出一幅象征性或隐喻式的图画。每个小组成员还要画出他自己的图画，表达他从演讲者的愿景和项目中受到了哪些启发。

这幅图可以是任何一种图表或草图。例如，有人可能会画一棵树或一幅风景；另一个人可能只是画了一组长方形、圆形和星形的象征符号，并且用线条将它们连起来。

小组每个成员接下来要思考，在演讲者的愿景、项目或企业与他们自己的愿景、项目或企业之间，有哪些领域可能是互补或协同的。小组成员们可以在他们的图画上加上与他们自己的愿景或企业的一条连线，象征性地阐明这种关系。

然后，小组成员们要思考，他们有什么资源可以慷慨地提供给该演讲者。在这种情况下，“资源”可能是小组成员能够贡献出来帮助演讲者更好地讲清楚其愿景、项目或企业的东西。例如，资源可能是一本书，一篇文章，一个网站，一个可能有帮助的人或组织的联系资料，等等。资源的形式也可能是基于个人经验或专家水平的建议、忠告或者指导。

有一点很重要，就是小组成员能够给予演讲者的资源应该是不需要以任何形式回报的。

小组成员们完成了画图和思考可以提供的资源后，每个人开始轮流讲解他们的图画并且按下列格式做出他们的贡献：

一次一个人，每个小组成员上来描述他的愿景或项目，即做“电梯演讲”。

- “这是我根据你的想法或愿景画出的图……”（简要讲解图画。）
- “你的愿景启发了我……”（分享感受、想法、新视角等等，演讲者激发到你的语句或想法。）
- “我可以慷慨给予你有助于你实现你的想法或愿景的资源是……”
- “我们可能协同或合作的领域是……”

小组其他成员分别画出一幅反映他们自己对愿景或项目的个人理解的图画或象征性地图。

当所有的小组成员完成分享图画和提供资源后，演讲者再向小组反馈他的愿景或企业地图如何得到了丰富。

等所有的小组成员都做完了电梯演讲，小组可以讨论在他们各种愿景和企业之间哪里存在着真正合作和联动的领域。如果有时间，小组还可以探索创作一幅描绘他们的愿景重叠和共同之处的图画。

“互视”形式的基本步骤总结如下：

- 小组每个成员，每次一个人，描述他的愿景或项目，即做“电梯演讲”。其他组员在听的时候，注意这个演讲给他们带来了什么启发，并且寻找与他们自己的愿景、项目和企业可能的协同之处。

- 在每个演讲之后，其他小组成员都根据演讲者的愿景、项目或企业分别画一幅图或者象征性地图，反映他们个人对该愿景和企业的理解。小组成员们还要反思该愿景和企业与他们自己的项目或企业可能互补或协同之处，以及他们可以慷慨给予演讲者的可能资源。
- 接下来小组成员们分享他们的图画，给演讲者提供资源，并且向演讲者提出可能合作或协同之处。
- 当小组所有成员都完成讲述他们的愿景时，全组回顾并总结出各个成员之间合作的主要领域。

然后小组成员们分享他们的图画，为演讲者提供资源，并且提及与演讲者可能合作或协同的领域。

全组回顾并总结出各个成员之间合作的主要领域。

卓越元素解码之合作催化剂：运用互视促进生生不息的合作来解决问题

互视的流程也可以应用于促进集体智慧和生生不息的合作，以解决问题和化解冲突。实际上，作为描述小组会议的一种方式，“互视”一词已经被欧洲的心理治疗师们用了几十年。在这种小组会议中他们会讨论如何处理实际工作中遇到的、富于挑战性的情形或来访者。这个概念在商业背景下的运用，最初是在 1990 年我主持的举办于加州大学圣克鲁兹分校的一个领导力大会上推出的。我把它作为用于“元领导力”——领导其他领导人的一个流程提出来。这个流程是一个小组成员必须对其他成员提出一种困境。小组成员们只是简单地问些问题，厘清围绕着该处境的“问题空间”，并且讲述自己的个人经验，而不是告诉这个人他应该怎么做，或者什么才是“正确”的解决方案。清晰化和多重视角是在支持个体面对困境达成他自己解决问题或挑战的解决方案的过程中产生出来的。

以多重视角感知一个问题情境是解决问题的重要部分。

当把互视运用于解决问题时，我会强调“视”的重要性，以及在互视过程中将象征性视觉化用作一种激发创新和创造力的方式的重要性。互视的很多优点与我们表达和概念化我们的问题、想法及结果的方式造成的影响有关。转变我们对一种情形的看法会打开可能性的全新领域。互视的目标之一就是，当把它用作一个合作催化剂时，要在一个小组的背景下应用视觉化和象征性的思维策略。联合创造力的一个强有力的形式来自人们有着不同的世界心智地图这一事实。别人对你的问题或结果的看法本身会自动有助于你转变或丰富你对该情形的看法。

转变或丰富我们对一种情境的感知会打开可能性的全新领域。

下面是如何应用互视流程解决问题的说明。这是我与“成功天才智囊团”使用的基本智囊形式之一。这种做法最好是在至少 4 个人组成的小组中进行，以获得足够大范围的多样性。（而且由于“可互视”在字面上意味着“互相看见”，互视总体来说会发生在小组成员围圈而坐，这样每个人都彼此看得见。）流程开始之前，演讲者必须确保小组已经创造了一个教练容器，设定了意图，发展出了生生不息的表现状态，并且准备好深度地倾听。

在这种互视的形式中，小组每个成员都要回答这个问题：“我想要从这个小组获得的支持同时又是整个小组共同感兴趣的是什么？”

小组成员之一，作为“探索者”，对其他成员描述他的问题或挑战。探索者应该把描述时间控制在 5 分钟或以内。限制描述时间目的是不让描述太长，以使大家能够专注听完。探索者还可以用一在互视过程中，小组成员应该让他们的想法冒出来，从小组产生的集体智慧和创造性潜意识（场域）中涌现出来，而不是有意识地去“思考”。

演讲者（花少于 5 分钟的时间）描述他的问题或挑战。

每个小组成员会让演讲者对挑战的描述以言语、图像和身体表现的形式激发出一种资源。

个画面和身体模型（姿势）描述这个挑战。

小组成员们在听的时候应该保持一种生生不息的表现状态，并且记住，“你可以给予自己和他人最好的礼物就是高品质的关注。”

当探索者描述完他的处境和挑战时，小组每个成员会让一个给演讲者的资源以语句、画面和身体表达的形式冒出来。小组成员应该让他们给演讲者贡献的资源来自小组创造的集体智慧和创造性的潜意识（场域），而不是认知性的“思考”。

小组成员们不给探索者具体的建议，但会解释他们的画面和表达。他们会帮助探索者拓宽问题和挑战周围处境的心智地图。要做到这一点，小组成员只要简单表达和解释他们描绘自己对该处境的看法的方式。他们所描绘的探索者的处境各不相同这一简单事实，就会自然而然开始拓展或丰富探索者对该处境的看法。

在这个流程的末尾，探索者要与小组成员分享他所接收到的最有价值的是什么。其他成员也可能想要就他们接收到的该流程的结果发表意见。

总结：

- 探索者描述他的问题或挑战（5 分钟或以内）。
- 小组每个成员利用小组产生的集体智慧和创造性的潜意识（场域），让演讲者对挑战的描述唤起一个语句、画面和身体表达形式的资源。
- 小组成员们分享他们可贡献的资源，并讨论自己对演讲者看法的充实和协同之处。
- 演讲者与团队分享他接收到了什么。

这个练习的假设前提是以图画和其他描绘形式制作的外在地图，对于承认人们之间地图的多样性和发展特定情形的多重视角，是一种有效的方法。

互视流程的一个变体是让小组所有成员选择一个相似的情境，并且就那个领域探索他们的问题、目标或愿景，以便找出共同的问题和重叠的领域。

小组成员分享他们的贡献，并且讨论大家可以相互进行的充实和协同。

卓越元素案例：运用互视为意大利国家铁路解决问题

20 世纪 90 年代中期，我参与了一个在意大利国家铁路公司的调停工作。那是欧盟成立早期，当时该公司正从国营组织向私有化过渡。该公司还在为达到欧洲交通运输标准而努力。这个变化导致了组织内各个部门的许多骚动。各个部门经理之间的互动无不退化成冲突和“互相指责”，而不是生生不息的合作。

作为调停中我负责的部分之一，我将组织内各职能部门的高层经理们组成一个小组。我们没有口头讨论他们的意见，而是让小组成员每人创造一幅他们自己的象征性画面，表现他们公司面临的问题。

演讲者和小组分享他接收到的东西。

有个人将他们的情况画成一艘帆船上的一群船员。每个人在船上都有很多任务。在正常情况下船员们既可以干好自己的工作也可以和其他人很好沟通。但在海上风暴中，船员们就不得不极度专注于他们自己的任务，以致他们根本没有机会去观察其他人或与其他人互动，这使得他们彼此协调行动变得更加困难。

另一个人将他们的处境看作像是宇航员们的太空舱坠落在了一个没有可供他们活下去的自然资源的星球上。于是宇航员们努力从损毁的宇宙飞船上搜集尽可能多的物资和设备碎片，以便能在这个星球上活下去。

还有一个经理把这种处境看成公司是一个功能失调的家庭。另一个人也感觉这种处境像个家庭，却是一个正常的家庭。她认为他们的处境跟那些青少年犹犹豫豫，第一次准备离家去过他们自己的生活很相似。

通过对比他们不同的象征性画面，小组成员们能够听到并理解他们不同的视角，而不会感到需要保卫他们关于该处境的地图。他们更容易感知和探索由各种象征性画面所预设的更深层前提，并且去发现隐藏的力量，而不是争论谁的看法才是正确的地图。

例如，帆船和宇航员太空舱的比喻都呈现了一种富有挑战的环境，但前者预设公司的问题是一群船员们之间的沟通问题，而后者预设宇航员们对抗的问题却是一个不利的环境。很重要的是，船上的问题在于船员之间的沟通，而不是船长的差劲领导力。

通过来回讨论不同的比喻，整个小组开始意识到各个视角之间有什么共同点，以及哪些前提假设可能得到证实或者需要重新验证。这个流程的结果是，整个小组能够就他们的不同看法更轻松地沟通，而不会那么紧张、焦虑和充满防御。他们还得出了一些新的视角和比喻来看待他们的处境。这使得他们能够去探索创新的解决方案，因为他们在用与他们之前所采用的不同思维模式切入问题。

“第二位置”对生生不息合作的重要性

如果对你的合作者没有一定程度的理解和同理心，就很难有任何形式的有效合作。像 CrossKnowledge、两位音乐家和意大利国家铁路公司的例子所证明的，要拥有生生不息的合作，了解你的合作者看重什么及他们有什么想法和感受甚至更为重要。这一点对于你卓越圈的每个部分来说都是千真万确的。

任何类型的有效合作都需要对合作者有某种程度的理解和同理心。

例如，我们发现，企业家们常常不理解投资人的思维模式和价值。他们不明白为什么自己的想法和创新具有那么显而易见的价值，而投资人却看不见，不愿投资。同样，投资人也常常无法跟上企业家们想要采取的优先次序和承担的风险等级（特别是用投资人的钱的）。这极可能是史蒂夫·乔布斯在 20 世纪 80 年代中期被迫离开苹果的原因：作为企业家的他和公司股东之间相互误解了。

采取“第二位置”是卓越元素解码的一个术语，用于描述代入另一个人的观点或视角的能力。

按照卓越元素解码，我们对其他人的理解来自与他们一道进入“第二位置”的能力。进入“第二位置”是 NLP 里的一个术语，用来描述就一个特定处境设身处地代入另一个人的视角的能力。这需要从我们自己的“第一位置”，或者以“自我”视角看待问题转变为就好像你是另一个人，去“设身处地”“身临其境”“将心比心”等等。

这是能够创造成功的产品、公司或团队的至关重要的能力。企业家辛达娜·特尔卡特曾经指出：“除非你把自己放到第二位置，否则你将一事无成。”

第二位置分析

我在教练企业家的时候，总会鼓励他们对构成卓越元素解码之卓越圈的每一个位置进行明确的分析：顾客，投资人（利益相关人），员工和合作伙伴。

例如，要开发一个产品或者做计划，企业家必须让他自己站到潜在顾客的位置上。要做一个财务计划筹集资本，企业家必须能够用利益相关人和投资人的视角看问题。要建立并激励一个高效团队，企业家必须有能力透过他的团队成员或员工的眼睛来看待形势。要建立强大的联盟和关系，企业家则必须以潜在合作伙伴的观

做一份《第二位置分析》需要从许多不同层面考虑另一个人的观点。

点来看问题。

企业家采取每一个潜在合作者的第二位置视角看问题的稳健性决定了建立这些核心关系的难易和效率。

采取第二位置有不同的层面和程度。在一个人的家里或工作场所是在环境层面进入第二位置的一个途径。模仿和表现得像另一个人是在行为层面进入第二位置。了解一个人的思维策略和心智地图是在能力层面进入第二位置的一个途径。接纳一个人的价值观和信念则是在更深的层面进入第二位置的方式。认同另一个人并且接纳他的个性需要在非常深的身份层面进入第二位置。体验另一个人的热情或者他的愿景和目的感会带来最深厚的第二位置。

为你的卓越圈中的成员之一做一份《合作者特质分析》，需要在这些不同的层面进入那个人所在的第二位置，考虑你或你的项目或业务在每一个层面为那个人可以提供的协作、机会或利益。

你可以用下面的流程，给自己卓越圈中的关键成员做《合作者特质分析》，以此明确你能给予他们配合与支持的潜在领域。

卓越元素解码之合作催化剂：合作者特质分析

将第二位置用于识别主要合作者的基本特质并找到双赢场景，是高效企业家合作的重要部分。比如，花些时间做一份《合作者特质分析》符合所谓的“吸引力法则”。根据这个原理，清楚地知道你想要的和你的需求使你更容易吸引它。把你想要的放到“场域”里会更能让你在好的机会出现时感知到它们，而且使你的关系网中的其他人更容易认识到这些潜在的机会并告诉你。

明确核心特质有助于你拓宽和丰富你的卓越圈的每个部分：

- 了解顾客的核心特质有助于你开发和锁定产品，而且营销工作能更好地满足你的顾客的需求与动机。你还可能吸引比原来设想的更大范围的潜在顾客。
- 了解团队成员的核心特质有助于你更容易地选择与你一道工作的人。

- 了解利益相关人的核心特质有助于你识别和吸引潜在投资人和其他拥有基本资源的人。
- 了解合作伙伴的核心特质有助于你确定和识别潜在协作与互补的领域。

选择一名你想要进一步了解并与之更高效合作的合作者或潜在合作者。

在下面的练习中，你会代入你的卓越圈中任何一部分中合作者的位置，假设处在该合作者的角色，并且在各个层面呈现其特质。

- 想象你处在合作者的环境中。

  问你自己：我的合作者的环境有什么特质？我的合作者有哪些环境需求是我可以帮忙解决的？我可以帮助他克服哪些局限？我可以提供什么机会？

设身处地想象自己是那个人。

- 想象你处在合作者的位置上。

  问你自己：我的合作者的行为特质有哪些？我的合作者的哪些行为和行动需要我的帮助、支持或促进？我可以提供哪些战术？我可以帮助他避免哪些反应？

- 想象你采用合作者的头脑。

  问你自己：我的合作者的技巧和能力有哪些特质？哪些技巧和能力是我的合作者需要而我可以帮助他开发或学到的？我可以分享哪些策略或知识？

- 想象你处在合作者的信念系统和价值观体系中。

从卓越元素的各个层面考虑你的合作者的视角。

问你自己：我的合作者的信念和价值观体系有哪些特质？我的合作者具有或需要哪些信念是我可以帮忙推进、强化或实现的？我可以如何帮助他变得充满动力或保持积极？我可以如何帮助他感觉到他需要冒险，他有权冒险？

- 想象你处在合作者的身份或角色里。

  问你自己：我的合作者的身份特质有哪些？哪种使命感或身份是我可以赞助的？我可以如何对他的自尊感做贡献？我可以如何帮助他更清晰地看见或感觉到他的角色？

认清你可以在哪些层面最好地支持你的合作伙伴或与他协同，以及你可以如何把这份支持和协同融入你们的互动中。

- 想象你处在合作者更大的系统里。

  问你自己：我的合作者的愿景和目的有哪些特质？哪种愿景和目的感是我可以帮忙更充分唤醒的？我可以如何帮助他达到更高境界的企业家精神层面？

哪个（哪些）层面看起来最有意义？你应该把你的努力聚焦在哪个层面以吸引你已经明确的这类合作者？

例如，也许他们的“热心和开放”比他们拥有特别的技术背景更加重要。

如，团队成员们“爱上”苹果是史蒂夫·乔布斯的评判标准。

你可以添加哪些超出你现有的其他层面的协作或补充？

在接下来的几章里，我们会继续应用第二位置的技巧作为其他合作催化剂的一部分，这些合作催化剂将有助于创造一个更加有力和强健的卓越圈。

本章小结

成功的企业家们都会促进集体智慧，应用生生不息合作的原则来分享和借力资源，以及拓展他们可获得的业务机会——就是说，用“把蛋糕做大”来分享。

生生不息的合作与基本合作的区别在于其目的是创造某种新的超出预期的东西。在基本合作中，人们一起工作，遵守他们的规定角色动作，以达成一个既定目标或者完成一项特定的工作。而生生不息的合作中，人们必须彼此激发，“跳出固有思维”思考，并相互支持去做之前从未做成过的事情。

生生不息的合作是集体远景规划的结果，在这个集体远景规划中人们分享并协同他们的个人热情和愿景，类似于泡泡聚到一起形成一个更大的整体，或者两个氢原子和一个氧原子结合生成水。这有助于引发参与合作者的完全参与。

CrossKnowledge 的案例证明了运用集体智慧和生生不息合作将危机转化成机遇，并通过创造一个强有力的卓越圈将企业推向新高度的重要性和有效性。CrossKnowledge 的联合创始人应用了各种合作催化剂来培育他们自己作为利益相关人之间，他们与顾客之间，他们与团队成员之间，以及他们与合作伙伴之间的生生不息的合作。

CrossKnowledge 的转变是生生不息改变的一个例子，这需要突破旧有的思维模式，以创造“全新的”东西。生生不息改变的基本步骤包括：

- 设定一个意图（即愿景或方向）。
- 发展一种生生不息的表现状态。
- 应用多重视角确定目标和行动。
- 引入多重视角创造性转化障碍。
- 为持续创造力不断练习。

这些步骤是为创造“共振”“协同”和高效生生不息合作所必需的“涌现”的可能性而设计的。其目的是帮助群体中的个人在以一个综合子整体行事的同时，保持自己作为独立个体的独特性和创造力。生生不息改变的步骤可以由几个重要而有力的合作催化剂支持。

“创造生生不息的表现状态”是一种合作催化剂，它有助于在群体成员之间制造共振及协同的可能性，以便创造新生和出乎意料事物涌现的可能性。一种生生不息的表现状态来自每个小组成员与以下三项的连接：

- 一个意图（愿景）。
- 一种个人“流动”状态，该状态来自与自我（身体中心）及个体卓越之处的连接感。
- 对潜力和可能性的感知，该感知源自与周围正向资源的“场域”的连接。

互视流程应用群体生生不息的表现状态帮助合作者主动支持和参与到彼此的愿景和企业的成就中。互视是一种将多重视角汇集到一起的方法，用于丰富可能的愿景和创造性地转化障碍。互视基于一个事实，就是集体智慧和生生不息合作的一个非常有力的来源，即大家对于这个世界有着不同的心智地图、思维模式、不同的背景及不同的技能组合这一事实。当这些不同之处互为补充时，就会构成生生不息互动的基础，而生生不息的互动就会让新的东西涌现出来。互视的流程包括从线性的、逻辑的和语言的思维转变为象征性视觉化的思维，以激发更加有远见和综合性的思维和沟通方式。

第二位置分析——理解其他人的世界观和思维模式——是另一种重要的合作催化剂。如果没有设身处地站在合作者的立场上，并且理解他们的思维过程和动机的能力，任何一种形式的有效合作，无论是基本合作还是生生不息的合作都很难发生。第二位置分析是高效企业家们的关键能力之一，如做《合作者特质分析》需要将自己置于你的卓越圈不同层面的代表们的第二位置，以明确你可以支持他们或对他们的成功有所贡献的方式。

参考书目与深入阅读

- *Adam Grant: Be a Giver Not a Taker to Succeed at Work*, Dan Schawbel, Forbes.com, April 9, 2013
- *Yanni Live at the Acropolis*, Private Music, 1994.

第三章

生生不息的合作与颠覆式创新

如果你想要渐进式变得更好：竞争。
如果你想要指数式变得更好：合作。

——

无名氏

你可以在这些技术浪潮发生之前看到它们即将出现，而你只需要明智地选择你将要冲上去的那些。

——

史蒂夫·乔布斯

03
CHAPTER THREE

生生不息的合作与颠覆式创新

借力生生不息合作的流程创造一个成功的企业需要在你的卓越圈不同部分之间找到协同之处——团队成员与顾客之间，顾客与投资者之间，投资者与合作伙伴之间，合作伙伴与团队成员之间，等等。当一系列的协同与我称之为“创新场域”的一系列转变一致对齐时，最强有力的生生不息改变就出现了。当这种情况发生时就会产生所谓的“颠覆式创新”。

颠覆式创新是指那些创造了一个新的市场，而该市场的边界并不在现有市场内的创新。颠覆式创新是典型的“把蛋糕做大”的例子。汽车、数字相机、咖啡机、互联网、手机和 iPod 的量产都是颠覆式创新的样板。它们每一种都创造了以前不存在的全新市场。

颠覆式创新创造了一个不在边界、不在现有市场内的新市场。

大多数创新都不是颠覆性的。这些创新并不能给顾客、企业或供应商、合作伙伴带来重大改变。它们被称为“渐进式创新”，遵循的是现有的公认的趋势。当我们的意识认知心智和小我望向未来时，大体只能通过我们已知事物这个过滤器来投射。从我们现有知识来推断只会让我们对未来可能性拥有非常局限的看法。

绝大多数的创新是跟随现有和已经明确的趋势的“渐进性创新”。

未来并非曾经的模样

科幻小说作家 C·克拉克的著名评论表明，我们所感知到的一个可能的未来一直在进化。想想下一页上的图画，那些 1900 年的人所想象的 2000 年的科技会是什么样子。

从我们的现有知识中做出的推断，只会让我们看未来的视野非常有限。

尽管当时他们这些幻想已经非常有创造力，而且他们预见了电视、电台、X 光、载人飞行和装甲车这些科技，但这些画面看起来明显还是 1900 年的样子而不是 2000 年的样子。许多具有千禧年特征的科技并没有在这些画面中有所提示——如民航飞机、个人电

通信

空中旅行

娱乐

监测

军事打击

脑、智能手机、微波炉、互联网、全球定位系统（GPS）、核武器、卫星、太空站等等。他们对时装在未来一个世纪将如何演化的概念也完全不像今时今日的服装设计。

想象力比知识更重要

颠覆式创新源于愿景与想象力的协同，而不是现有知识的简单延伸。用爱因斯坦的话说就是“想象力比知识更重要”。

“知道是什么”并不会直接打开“应该（或可能）是什么”的大门。一个人可能有“是什么”最完整的知识，而未必能够推断出人类渴望的目标应该（或可能）是什么。

渐进式创新和颠覆式创新之间的动力是我所说的商业和组织中的“小我”与“灵魂”之间互动的另一种体现。渐进式创新更多地由我们的小我的需求和雄心驱动。我在第一卷《卓越元素》中说过，个体或组织的小我维度来自我们对自己作为分离整体的感知，它倾向于：

颠覆式创新是从愿景和想象的协同作用下冒出来的，而不是从现有知识的延伸中得来的。

- 以生存、认可和个人雄心为导向。
- 与社会角色及我们为了获得允许和认可感觉我们应该或者需要成为的样子相关。
- 聚焦于许可、安全、保障、认可、控制、成就和自利。
- 强调小心运用分析和策略。
- 对外部条件反应性回应。
- 按危险和限制排序。

这些特征为商业和创新培育了更具竞争力的方式。在一场规则成熟的比赛中，竞技比赛的结果有两种：与竞争对手匹敌或超过他们。

另一方面，颠覆式创新涉及给顾客、供应商、团队成员、利益相关人和合作伙伴带来重大改变。颠覆式创新倾向于从对新可能性的集体愿景（就像前一章中所讲的泡泡聚在一起的类比）中浮现出来，并且与过去的市场演化背道而驰。颠覆式创新更多来自我们感觉自己是比我们更大的某种事物的局部。这种观点倾向于：

由“小我”驱动的竞争趋向于渐进性创新，因为这种创新风险和不确定性更小，而且规则已经建立好了。

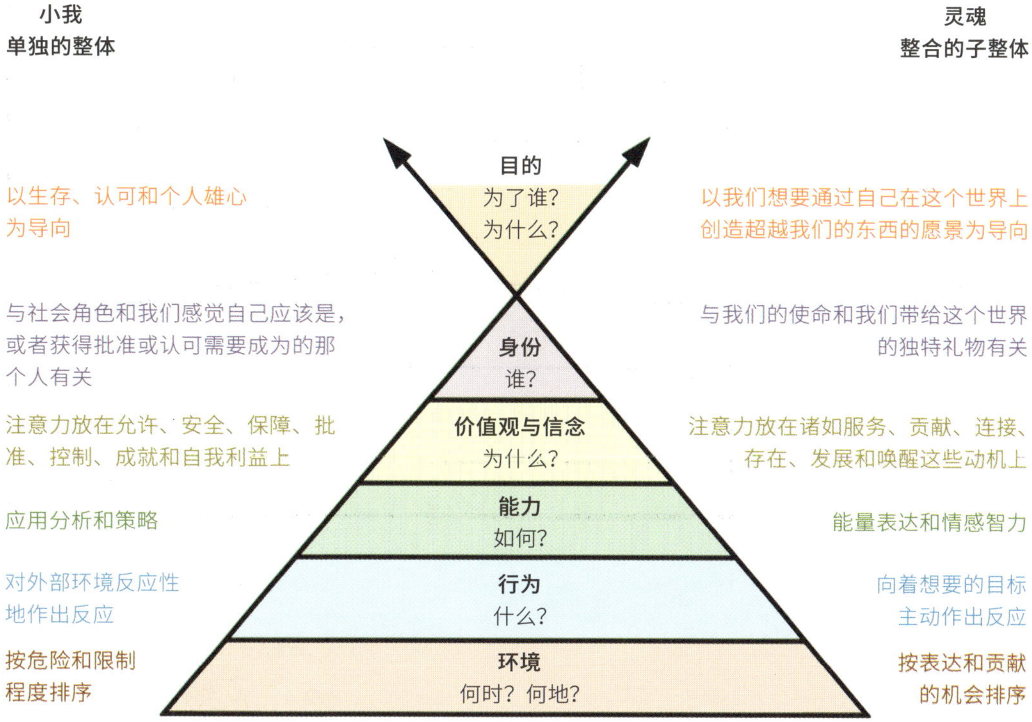

渐进式创新源自以我们自己作为单独整体为导向，而颠覆式创新则出现在我们把自己作为更大整体的一部分为导向时

- 以“有哪种可能性可以创造一个更加美好的世界？”这一愿景为导向。
- 与我们的使命和我们带给这个世界独一无二的天赋有关。
- 聚焦于动机，如服务、贡献、连接、存在、扩展和唤醒。
- 强调应用直觉和情绪智慧。
- 对想要的目标主动回应。
- 按表达和贡献的机会排序。

> 颠覆式创新来自开创性的可能性集体愿景，这些愿景创造出新的市场。由于颠覆式创新与过去市场的演变背道而驰，所以用现有知识很难设想或预测到。

因此，颠覆式创新来自愿景和想象力的协同，创造出全新的市场。众所周知，这仅凭现有的知识很难预料。

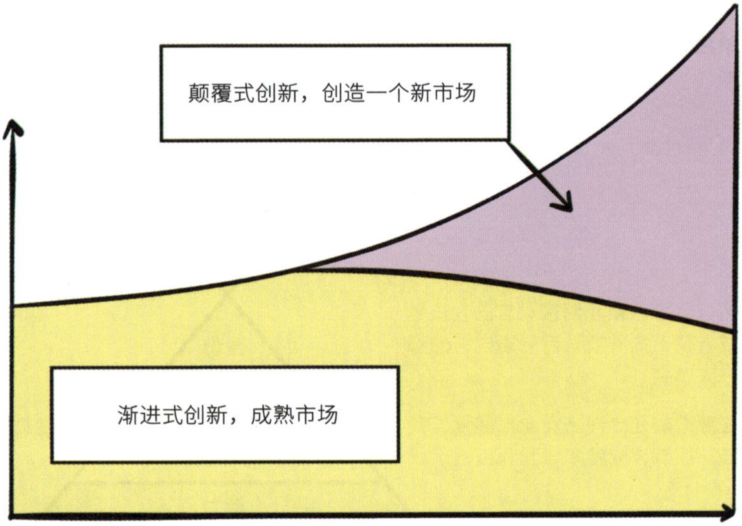

颠覆式创新来自愿景与想象力的协同，创造出全新的市场

颠覆式创新的动力

我的同事贝诺伊特·撒拉辛在他的著作*Betting on Disruptive Innovations*中解释道，颠覆式创新最初发生在市场空白的地方。不过，作为“创新场域”中转变的结果，市场潜力比最初的空白要大得多，而且很可能触及公司以前无法吸引的细分市场。因此，尽管颠覆性的想法首先出现在一个现有市场的空白处，但它并不会局限在那块市场。

颠覆式创新最初发生在市场空白处，满足的可能却是一个大得多的潜在市场。

早期使用者与开发者的同步

在研究导向“颠覆性”创新的卓越元素时，贝诺伊特和我发现这类创新在卓越圈的几个不同部分之间的协同结果中浮现出来。这些协同始于来自顾客的“早期使用者”与来自企业团队成员的“开发者”的“虚拟社区”。当这两群人找到某个联合与协同的方式，形成一个新的产品或服务愿景时，一项颠覆式创新就开始出现了。这个愿景超越了每一群人现有的身份和能力。除了这两群人的愿景是共振和同步的之外，顾客中的早期使用者和企业团队中的开发者还需要归属于同一个“虚拟社区”。这个“虚拟社区”从更大的“创新场域”中的开发者们中间显现出来。

颠覆式创新产生于一个由顾客中的“早期使用者”和团队中的“开发者”组成的虚拟社区，这些早期使用者和开发者拥有共同的愿景，这个愿景超越了这两群人中任何一群现有的身份和能力。

我们说这个社区是虚拟的，因为它只是为实现创新的目的而出现的。一个组织内的早期使用顾客和开发团队成员可能一开始彼此并不认识。他们走到一起来承担一个共同而激动人心的项目。项目做完后，他们并不觉得需要保持联系。早期使用者和开发者靠他们对一个愿景的激情与兴奋团结在一起，致力于实现之前从未想象过的事情。

当顾客中的早期使用者和企业内部的开发者以某种互动和协作的方式形成了一个产品或服务的新愿景，颠覆式创新就出现了

在混沌与不确定性中乘风破浪

一项颠覆式创新为顾客和公司带来剧烈的改变。而剧烈的改变通常也会伴随着必要的混沌和不确定期。

想想第一章中我呈现的音流学实验。当盘子上的振动加剧时，沙子的图案会变得越来越复杂和精致。如下页图片所示，要让这种情况发生，沙子旧有的图案必须被打乱，而这一定会经过一个图案不那么清晰的过程。这个过程中图案已经不是旧图案了，但也还不是新图案。这些中间图案（B、D、F 和 H）不具有图 A、C、E、G 和 I 那么明显的结构。

这是对颠覆式创新会发生什么很好的一个类比。盘子上振动频率的变化可以作为我称作“创新场域”的比喻。这个场域里的一个变化为一个新结构的出现创造了可能性。而为了让这种可能性发生，在之前的结构被打乱和新的结构尚未厘清时，市场、顾客和公司将会经历一段不那么清晰和充满不确定性的时期。

颠覆式创新必然会引起一段时间内可能威胁到现状的混乱和不确定性，这些混乱和不确定性最初往往都不被大家接受，甚至一开始还遭到抵制。

这是公司和个人一开始都会觉得拥抱颠覆式创新非常困难的原因之一。颠覆被组织和个人的“小我”认为充满威胁和不安全，这是可以理解的，但重要的是个人和团队都要努力保持在教练状态中，而不是处于崩溃状态中，并且通过保持与自己连接，与更大的愿景连接，与“虚拟社区”内的资源场域连接，保持一种生生不息的状态。

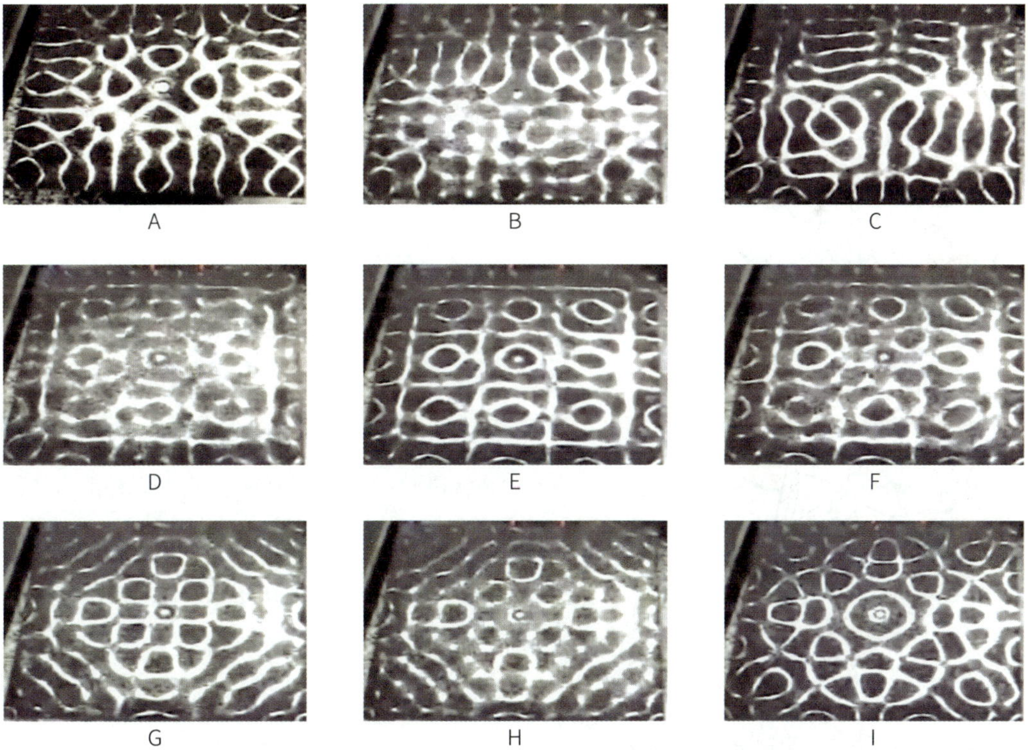

为了从一个结构层次走向另一个层次，系统必须经历一段充满混沌和不确定性的时期

从这个意义上来说，颠覆式创新树起了唯有富于冒险精神的早期使用者和开发者才能逾越的屏障。颠覆式创新要取得成功必须满足以下两个条件：

- 早期使用者和开发者所体验到的改变层次需要达到价值观、身份和愿景这几个层面。如果情况是这样，就会产生足够的热情和投入去战胜不确定性和疑惑。如果改变只是局限在环境、行为和能力层面，则不会创造出充足的能量和承诺去支持一项颠覆式创新。
- 早期使用者和开发者必须共享基于统一的价值观、身份和愿景的势不可挡的热情。由于他们的背景和处境可能不同，他们的价值观、身份和愿景无须完全相同。但这些关键因素需要为“虚拟社区”完成一个富于挑战的项目而共振。

要让颠覆式创新发生，早期使用者和开发者们所经历的变化必须达到价值观、身份和愿景层面

颠覆式创新与开放创新

颠覆式创新总的来说还需要一定程度的“开放创新”。也就是说，需要这些公司向公司以外的合作伙伴开放，允许其参与，不过大家要有共同的价值观、愿景等等。因此，开放创新还包括公司内部创始者与扮演“先驱者”的合作伙伴之间生生不息的合作。

开放创新的基本定义是“通过分担风险和分享回报与合作伙伴一起创新”。按照亨利·切斯布鲁夫的说法，“开放创新是一种范式，假定公司在改进其技术时，可以也应该像采纳内部想法一样采纳外部的想法，采取内部和外部走向市场的途径。”开放创新的中心思想就是，在一个知识广布的世界，公司无法完全依赖自己的研究获得成功。创新所需要的知识和资源存在于员工、供应商、顾客、竞争对手和大学中间。因此，要加速创新并借力资源，公司必须与其他组织和实体创造双赢关系与结成联盟。

苹果 iPod 案例

我在第一卷《卓越元素》中提到过“开放创新”的概念，这一概念由苹果开发 iPod 的例子很好地证明了。iPod 是一项非常成功的颠覆式创新。它改造了移动媒体播放器市场并且改变了在线音乐销售市场。当 iPod 设计出来的时候，苹果的管理层知道它还欠缺成为一个有吸引力的音乐设备的必要性能。于是，公司内的“创始者”向建立了 iTunes 的“先驱者”购买软件，并且从公司外面雇用了音乐软件开发专家和硬件工程师，把他们整合成了一支苹果资深者团队。这些新的个体帮助苹果与“音乐爱好者虚拟社区”之间建立起连接。

颠覆式创新往往也必须要有在公司内部的“创始者”和合作伙伴中的“先驱者”之间的“开放式创新”和生生不息的合作。

2000 年，史蒂夫·乔布斯的糖果色 iMac 引领了苹果回归的改变。作为进一步激励销售的一种方式，公司内部的创始者开始问“我们可以做什么来鼓动更多人买 iMac”。由一群在 Napster 网站上疯狂交易乐曲的音乐爱好者组成的“宿舍虚拟社区”，是 iMac 销售的一大来源。他们都在把扬声器连到自己的电脑上，从 CD 上面盗取音乐。而 iMac 不像 Windows 电脑，它没有音乐软件。

苹果在 21 世纪初期开发的 iPod 就是一个由开放式创新带来颠覆性产品的绝佳范例。

为了赶上音乐革命，苹果从第三方“先驱者”PortalPlayer 取得了授权软件，并且在 2001 年在 iMac 上发布了 iTunes。然后，苹果开始寻找一些提高 iMac 吸引力的小机会。他们发现没有可以播放开放式创新是许多公司进行生生不息合作的重要形式，像苹果，不可能靠渐进式创新生存和发展下去。

储存在电脑里的音乐的便携设备。数字音乐播放器要么太大太厚，要么小而无用。他们决定通过生生不息的合作来创造他们自己的音乐播放器，与另一个先驱者 Pixo 合作，帮助设计和落实用户界面，2001 年 10 月，首台 iPod 发布。

最初，iPod 只是 iMac 的一个附件。它的销量有限，作为一个附件也就这样了。不过苹果内部的开发者和创始者意识到真正的市场机会要比这大得多。iPod 可以卖成一个适用于所有电脑的便携设备，包括 Windows 电脑。iTunes 在 2003 年 10 月被 Windows XP 兼容。这个进步诱发了我们今天所知道的重大销售增长。

从 2004 年开始，iPod 的销售额急剧上升，最终占有了便携媒体播放器市场的最大份额。到 2008 年，iTunes 成为美国最大的音乐供应商。

直到今天苹果都在继续这种开放创新实践。苹果手表在某种程度上也是由于“制造与 iPhone 相连的附件的合作伙伴生态系统”而开发的。这包括了制造可以随人体弯曲的玻璃先驱者。乔布斯在去世前设想了制造苹果汽车的可能性，在本书写作之时，苹果汽车正处在开放创新的紧张时期。

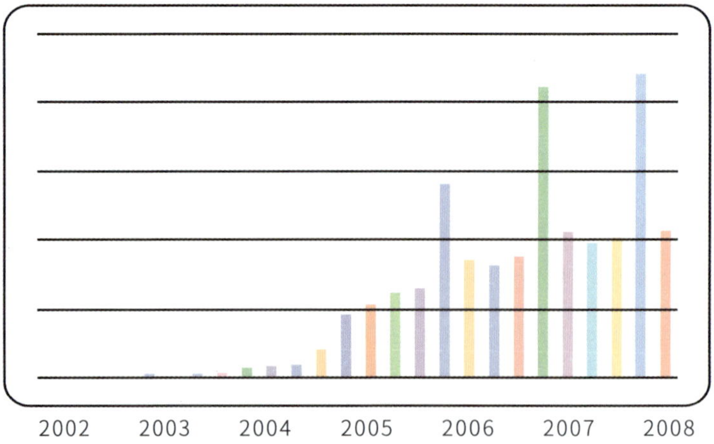

2002 至 2008iPod 单件季度销量

2008 年 ——iTunes 成为第一大音乐供应商。

2001 年——苹果投入与 Pixo 和 PortalPlayer 合作的开放创新，生产 iPod 和 iTunes；2003 年 iTunes 在 Windows 发布。

2000 年——乔布斯自己对音乐的热爱与“虚拟社区”的大学生们产生共振，但 iMac 没有音乐软件。

顾客中的早期使用者和团队成员中的开发者之间在共同愿景、身份和价值观层面的集体改变带来了颠覆式创新。这令大家的贡献充满意义。

开放创新与卓越圈

总而言之，成功的颠覆式创新来自存在于一个“虚拟社区”内的生生不息的合作，该“社区”由顾客当中的早期使用者和公司的开发者组成。颠覆式创新通常不会来自理论。它只会来自共享愿景、身份和价值观层面的集体改变。

颠覆式创新通常还要求公司和企业毫不犹豫地将现有团队与外部合作伙伴混合。这产生了开放创新现象，在开放创新中公司内部的创始者与外部合作伙伴中的先驱者生生不息地合作，成为一群极力超越现有可能性的创新者。

颠覆式创新还必须要有在公司内部的“创始者”和合作伙伴中的“先驱者”之间的“开放式创新”和生生不息的合作。这对创新和复原力的产生都非常必要。

开放创新与卓越圈

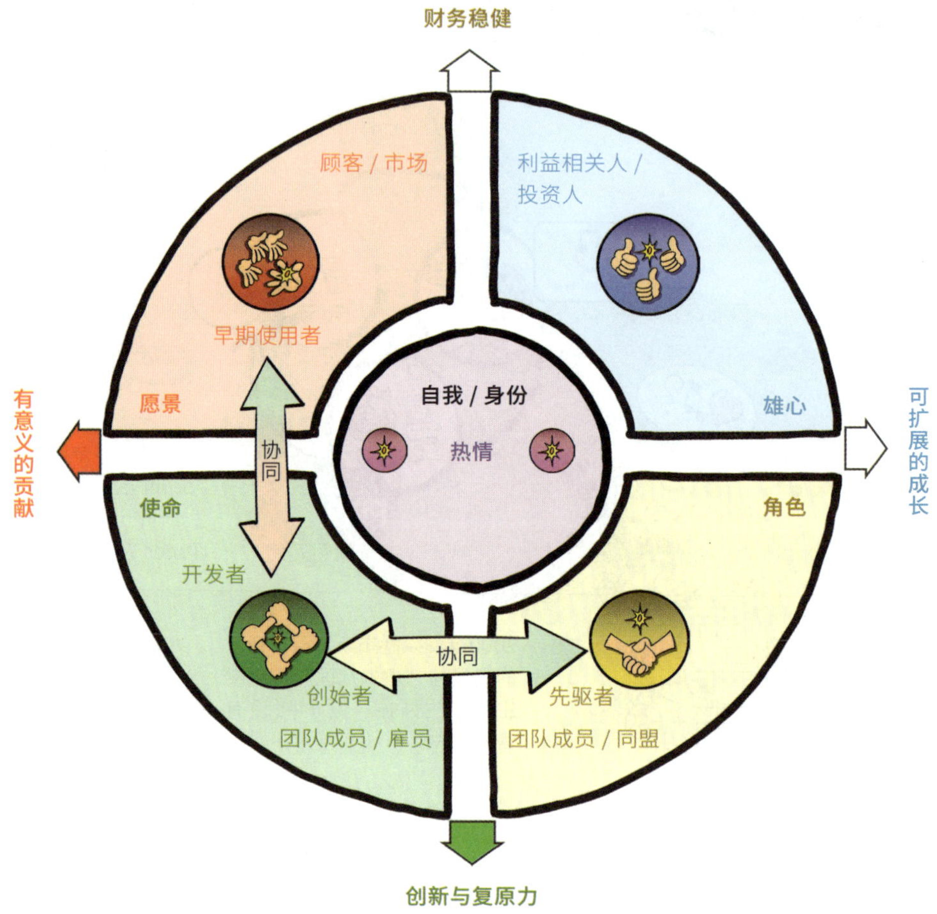

颠覆式创新来自一个“虚拟社区”，这个“社区”整合了顾客中的早期使用者、公司里的开发者、公司内部的创始者和外部合作伙伴中的先驱者

微弱信号侦测：青蛙与蝙蝠的比较

颠覆式创新创造了范围难以提前预见的新市场。在这些新市场中，领导力是要去抢占先机，而在之前现有市场中的领导者并不比他们的竞争对手有优势。

公司要成功，需要“弯道领先”，用史蒂夫 · 乔布斯的冰球比喻来说就是“滑向冰球将要到达的地方”，而不是它现在所在的地方。公司和企业要利用好机遇，必须早早认清创新场域中的新趋势。如果没有做到这一点，他们就会受到其他更有觉知力、更敏捷的人的支配。因此，成功的颠覆式创新的一个重要元素，就是侦测到那些预示着新的、以前未曾满足的需求与兴趣的“微弱信号”的能力。颠覆式创新不是由市场或顾客调查产生的，其吸引的是顾客的潜在需求，而不是已知需求。如亨利·福特所说，“如果我问人们想要什么，他们会说要跑得更快的马。”

成功的颠覆式创新中的一个重要因素是侦测到“微弱信号”的能力，这些微弱信号预示着创新场域中新的和之前未被满足的需求和兴趣即将出现。

在我写的*Alpha Leadership*一书里，我的联合作者和我用了青蛙和蝙蝠的类比来说明侦测微弱信号的重要性。青蛙和蝙蝠共享同一种食物来源——飞虫，但它们有着完全不同的捕食策略。

青蛙与蝙蝠的寓言说明了侦测微弱信号的能力的重要性。

青蛙坐在睡莲叶子上等着食物来到它们面前。（用另一个比喻就是，他们靠“唾手可得的果实”为生。）众所周知青蛙侦测微弱信号的能力很低。想想那个有点令人不安的实验，一只青蛙被放在一口装了水的锅里，然后放到火炉上。如果水被慢慢加热，青蛙是感觉不到水温变化的，也不会跳出去，它的生命随着水渐渐烧开而告终。

与此相似，青蛙只能够侦测到飞虫最明显的特征。除非某种东西是某种尺寸、某种形状，并且以某种方式移动，否则青蛙不会认出它是食物。如果盒子里的苍蝇不飞的话，青蛙会饿死在这只装满苍蝇的盒子里。

相反，蝙蝠会使用精密的声纳系统，能够侦测到极其微弱的信号，飞出去用令人印象深刻的设备

- 反应性
- 局限的感知
- 等待下一步会发生什么

青蛙只看到最明显的趋势

- 主动性
- 高度感知力
- 探索下一步会发生什么

蝙蝠会监听精微的信号

蝙蝠的平均寿命是青蛙的 10 倍。蝙蝠侦测微弱信号的能力显然是一个有利于长期生存的策略。

一家企业要取得成功，必须要吸引和鼓励那些能够识别与新机遇相关的微弱信号的“蝙蝠”。

追捕食物。比如，一只棕蝙蝠一小时内能够抓到大约相当于 1200 只蚊子的昆虫。（在得克萨斯的布瑞肯洞穴里，估计住着两千万只蝙蝠，每晚吃掉两百吨昆虫！）

青蛙只看得见最明显的趋势，而蝙蝠是听微弱的信号。换句话说，青蛙更像是一种“小我”驱动的思维模式的比喻，蝙蝠则代表了一种更多是由“灵魂”驱动的思维模式。

也许这个比较最重要的部分，与这两种生物相去甚远的生命跨度有关。大多数青蛙平均活 2 ～ 5 年，而蝙蝠的平均寿命是 25 ～ 40 年！因此，蝙蝠明显进化出了更加长期的生存策略。因此，蝙蝠数量占所有哺乳动物数量的四分之一（世界上共有超过 1100 种蝙蝠）这一事实，再次证明它们侦测微弱信号能力的效力。

我常常问我教练的公司、高管和企业家们，他们是更像“青蛙”还是像“蝙蝠”。

这里的一个主要教训是，要利用颠覆式创新取得成功，企业必须创造尽可能大的早期使用者、开发者、创始者和先驱者网络，这些人就是能够识别与新机遇相关的微弱信号的“蝙蝠”。最基本的是让大家准备好使公司意识到潜在的创新想法，并支持这些想法的实现。由于一直在寻找机遇，创新团队和企业常常会发现别人看不见的机遇。由于顾客、团队成员和潜在合作伙伴是不同的群体，他们代表了大量的虚拟社区。因此，每一个人都与一个可能带来颠覆式创新种子的网络有联系。

当你持续行动时，新的途径就打开了，而且你的“幸运因素”还会增加。当你与其他人交流时机遇就出现了。你有越多的人脉，你就与可能性的“场域”，以及预示着潜在颠覆式创新的领域有更多的连接。

卓越元素案例：斯特凡·克里森，法国北方高等商学院（EDHEC）管理学硕士计划

“和人们一道发现生命的神奇”

斯特凡·克里森为法国北方高等商学院（下称 EDHEC）开发的管理学硕士学位计划是颠覆式创新的例子。作为 EDHEC 继续教育课程的一部分，斯特凡 2003 年推出了这个计划。与传统的课堂商业学位计划不同，斯特凡的管理学硕士课程的目的更加具有革命性——它提供“经验、技巧和支持，以使参与者变得更有能力在一个充满复杂性、苦难和似是而非情形的艰难世界中获得成功”。

斯特凡·克里森

这个计划的参与者（年龄从 35 ～ 50 岁）不是大学生，而是想要提升自我的中层管理者。“他们都是非常有经验的自力更生的管理者，”斯特凡解释道，“因为白手起家，所以缺乏管理知识，但他们都有很大的潜力和意愿想要获得职业和个人的成长。他们多数都到了一个临界点，认为‘要成功我得做更多’。”和刚刚开始职业生涯的年轻人不同，这些管理学硕士计划的参与者必须“驾驭一份超负荷及正在承受着模式改变的个人和职业生活”。

斯特凡·克里森为 EDHEC 商学院开发的管理硕士学位计划是颠覆式创新的榜样。

愿景的必要性

该计划背后的想法是要给管理者们一种通过个人发展和自我觉察成为领导人的新方法。

在一家成熟的国际商学院创造一个创新的计划可能会相当富有挑战性，这需要有一个很强的愿景。斯特凡指出，“这个计划的焦点在于开发每一位参与者身上的‘领导身份’，并且邀请他们体验一

个为期一年的转变。这个计划背后的想法是通过他们的个人发展和自我觉察开展工作，赋予他们一种成为领导人的新方式。”

斯特凡继续解释道：

“我们的愿景是：通过改变自己取得成功——让人们变成变革大师。我们的承诺不是改变世界，而是让人们更好地理解世界，以提升他们用诚实和透明而不是恐惧与操纵来引导世界的能力。”

斯特凡·克里森对 EDHEC 硕士计划的愿景是“让一个人通过改变自己取得成功”。

为了做到这一点，斯特凡不得不制定出一套全新的教育架构。架构的核心是创造“参与者会遇到并体验‘领导力时刻’并获得‘个人洞察’的集体项目”。“我们把大家置于一个特殊场景中一起体验紧张的情况，”斯特凡说，“然后一起处理体验变化的相关过程，使之适合他们的职业处境。”

为了达成愿景，斯特凡必须开发出一个包含集体活动、在线学习和个人教练的全新的教育架构。

下面是一些体验紧张情况的例子：

- 在一所空军学校度过三天时间，探索如何发展面对困境时的自控力、反应力和领导力。参与者穿着不同的服装，参与军事练习，控制紧张，等等。
- 进入一家医院急诊室观察医生和工作人员如何处理病人和其他人，控制这种情况下的紧张。
- 观察一个交响乐团为表演所做的彩排。

“在这些新的情境下，参与者能够以更容易的方式观察他们自己。”斯特凡说。该计划的其他部分由线上学习和个人教练的创新组合组成。显然，斯特凡的计划的重点在于使人成为一个真正综合的子整体——既是创造性地思考和行动的个体，又是一个更大整体内有贡献的局部，并且开发生生不息合作所必需的技巧。斯特凡指出，“集体智慧对参与者们来说必不可少。这些特殊课程活动都是为促进他们之间的分享而特别设计的。”按照斯特凡的说法，这些活动还有助于参与者“经历和练习可以用上内在资源的情况。开发将内在资源与艰难的外部环境相连接的能力”。

热情的基础

这个强有力的商学院教育的革新一直是斯特凡对于创新和团队合作的终身热情的顶点。他说：

“创新是我的生命故事。我遇到并克服了许多障碍和困难。我对人也充满激情。从出生开始，我就发现了人们生命的神奇。在一种我不得不达成点什么的情境下，我与人们经历过神奇的时刻。我受到富有挑战的情形的激励，这种情形下一群人总得达成点什么。”

“在我的学生生涯和职业生涯中，我了解到许多有活力团队的情形，”斯特凡继续说，“我受到过有活力的、慷慨的和聪明的教育。我有五个兄弟姐妹和一位非常活泼的母亲，她是照顾被遗弃儿童的社工。我学习到尽力帮助别人和住在一起是很好的。这制造出有用和参与到有活力的团队情境与成功的感觉。这就是我的人生故事。”

斯特凡为了将热情和愿景转化为他为顾客创造

斯特凡 · 克里森对创新和解决问题充满激情，特别是在他享受到“和人在一起体会到生命的魔力”的情况下。

斯特凡的项目必须与 EDHEC 的雄心相一致，这个雄心就是要让商学院的品牌在国际上发扬光大。

的现实，他必须具体地利用集体智慧和生生不息的合作来建立一个高效的卓越圈——使合适的利益相关人、团队成员和合作伙伴团结起来。

实现雄心

这个计划主要的利益相关人显然是 EDHEC。EDHEC 为这个计划供应了许多基本资源，提供了信誉背书，并且还分担了风险和分享了其成功的回报。斯特凡成功的一个重大因素在于他一直保持与商学院的雄心对齐一致。“EDHEC 的雄心非常大，而且是处于一个国际性的背景下，”斯特凡说，“他们还有创新的雄心。”然而，一家商学院的成功是建立在其品牌形象的基础上的。这表明斯特凡所做的这类项目会遭遇巨大的挑战和潜在的阻力。斯特凡说，“失败的风险，本来是创新的一个特征，在这种背景下不是好事。”

斯特凡创造协同、找到关键合作伙伴关系和促进生生不息合作的能力，使得他快速而低成本地做出该计划，避免了许多风险。该计划在 EDHEC 的尼斯校区推出后，已经铺开到了全法国，斯特凡正期待把它推广到全世界。“作为一名创新者，我还行。”斯特凡说，“我将一个在线学习的硕士计划迅速带入一种成功的状态。我能够不用太多手段就尝试和成就许多事。”

斯特凡在该计划上取得如此快速成功的能力源于他建立了一个角色，使他能够以某种与他的主要利益相关人 EDHEC 的雄心对齐一致的方式支持项目的愿景和使命。他解释道：

“我可以这么做的原因是我不是一名教师，而是一名开发者。作为一名开发者，我有创新的优势。而且，我不是系统的中心，这个系统是对年轻人的教育（而且涉及几千人）。我只是和 40 ～ 50 个人在继续教育很小一部分的边缘开展工作。在这种卫星位置，我可以试验。我的计划是手工的，不是‘工业化的’。人们认为我是一名‘工匠’。我提供许多可能性的一个窗口。我的同事们决定他们是否想要把这些可能性之一吸收进他们的教学方式。”

作为一名“开发者”的角色，使得斯特凡具有“跳出固有思维”和创造有意思的合作伙伴关系的灵活性。

建立强大的合作伙伴关系

斯特凡·克里森建立高效合作的能力一直是他获得成功的关键元素。

斯特凡成功的关键元素之一是他一直在建立高效的合作伙伴关系。“合作伙伴们给了我能够开展关键活动的途径，”他说，“比如，空军的课程就是和合作伙伴一起合作的。尼斯市政厅则是我交响乐团体验的合作伙伴。”

建立强大的合作伙伴关系需要建立起信任。斯特凡说：

“我们最初的合作伙伴是客户公司的人力资源总监们。客户变成合作伙伴是因为他们看到了这个计划对他们的管理者的影响力。

“你在推销课程的时候，其实是在推销‘风’一样的无形产品。因此信任非常重要。你必须和人们发展出信任关系。有了信任，人们才会相信我的管理开发程序是实实在在的。

“举个例子，在我的硕士水平计划中可能会有为了建立持续的双赢合作伙伴关系，斯特凡学会了代入顾问的角色去深度倾听潜在合作伙伴们真正想要什么和需要什么。

为了制作一个成功的计划，斯特凡需要让他的团队，包括商学院内部及外部的行政职员、老师和教练们，对齐一致。

来自同一家公司的几个管理者。公司的管理层看得见他们的管理者受到的影响，即从计划开始到结束时，管理者们变得不一样的地方。这就是他们信任我的原因。他们的管理者发展出在困境中相信自己和明智行动的能力。当他们看到这些，就会说‘好，这计划有效果’，于是我们就一起继续做下去。”

为了发展与合作伙伴间深层次的信任，斯特凡必须为他们创造出一种清晰的“赢”的结果作为他们合作和参与的回报。为了做到这一点，他意识到他的角色除了是一名开发者，他还担当起了合作伙伴方面的“顾问”角色。“我主要的角色是合作伙伴的顾问，”他说，“如果我不能成功担当这一角色，我们的合作关系就中断了。顾问的角色是长期合作的基础。他们信任我而我也信任他们。”

为了成为一名高效的顾问并为他自己（和EDHEC）及其合作伙伴建立长期的资源拓展和利用的双赢关系，斯特凡必须学习倾听他们真正想要和需要的是什么。“我必须要开发的资源就是非常深度地长时间倾听，以理解他们的愿景，”他表明，“他们的愿景并非总是这么显而易见。”

建立一支“对齐一致”的团队

当然，斯特凡的愿景和企业成功的核心在于他吸引、统一并发展了一支高效的团队。“我的团队是我的行政职员，他们帮助我协调各种行动，还要协调 EDHEC 内部、外部的教师和教练。”斯特凡说。为了与项目愿景保持对齐一致，团队的使命是“帮助组织内的人们发展能力、心力和愿景，并克服障碍”。教师和教练的影响力对计划的成功也特别重要。按照斯特凡的说法：

“教师和教练们的使命是要给人们以启发，长期与人们一起工作并促进他们的转变。由于教师们不是处在一个像以前在教室里的传统权力位置上，因此他们可以观察到他们对人们的影响力，并且看到这些人在知识和行为方面的改变。这非常鼓舞人心，特别是对教师们来说。”

虽然这种与学生互动的新方式相当鼓舞人心，但执行起来也非常有挑战性。“困难在于一个经典的学院派硕士学位课程和我们的计划不一样，而人们习惯于它按传统的结构来运作。”斯特凡说，“对于教师来说，这是一个身份改变。他们习惯于向一大群人演讲。在我们的计划背景下，他们必须变成在线学习情境中的教练。他们必须触及参与者的身份层面。”

斯特凡在时间方面的一项主要投资一直在于，以身作则地对团队成员进行教练及与团队成员进行集体课程，提高团队的技能。

实际上，斯特凡主要的时间投入是在拓展和提高其团队的技能上。“我需要 2 ～ 3 年时间来辅导一位教师适应这种新姿态，”他解释道，“我最初的方式是我先来做个榜样。我得示范这样是行得通的。其次，我在团队中辅导大家。我和他们一起练习那些我们与客户一起做的练习。我还主持了一个集体课程，让每一位教师得到辅导。这花了我很多时间（这是冰山下的水）。”

斯特凡还采取了特别的步骤促进其团队的集体智慧和生生不息的合作。“我努力创造我们一起进行集体思考的情形。”他说，“每年每个季度我们会开一个教师、教练和员工的会议。有时候会出现许多好的想法，这提高了互动和交流的品质。”

小结：为颠覆式创新创造一个卓越圈

斯特凡·克里森在制定管理学硕士计划时采取的步骤是如何创造一个有效卓越圈的绝佳范例。

总而言之，斯特凡将他对创新和个人发展的热情转化为一个愿景，这个愿景就是让中层管理者通过自我觉察和集体智慧转变自己

转变自我以取得成功

愿景

管理硕士：获得经验、技巧和支持，以在一个艰难的世界中变得更有能力取得成功

创新和品牌形象

雄心

建立一个可以提供许多可能性窗口的卫星位置

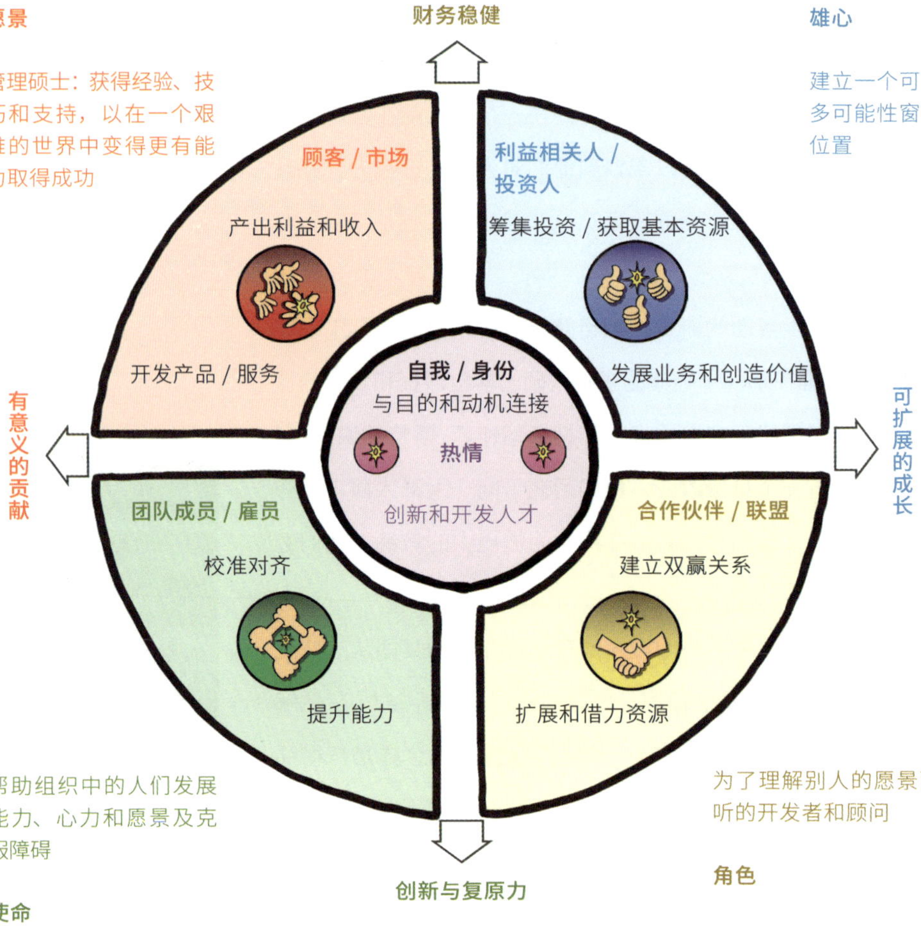

帮助组织中的人们发展能力、心力和愿景及克服障碍

使命

通过学习变得善于启迪人心。和大家在一起长时间工作并促进他们的转变

为了理解别人的愿景而深度倾听的开发者和顾问

角色

与人合作，提供能够组织带来真实转变的重要活动和体验的多种方法

斯特凡 · 克里森的卓越圈

愿景
顾客 / 市场

- 转变自我以取得成功
- 管理硕士：获得经验、技巧和支持，以在一个艰难的世界里变得更有能力取得成功

雄心
利益相关人 / 投资人

- 创新和品牌形象
- 建立一个可以提供许多可能性窗口的卫星位置

使命
团队成员 / 雇员

- 帮助组织中的人们发展能力、心力和愿景及克服障碍
- 通过学习变得善于启迪人心。和大家在一起长时间工作并促进他们的转变

热情
创新和开发人才

角色
合作伙伴 / 联盟

- 为了理解别人的愿景而深度倾听的开发者和顾问
- 与人合作，提供能够组织带来真实转变的重要活动和体验的多种方法

斯特凡·克里森的卓越圈

以取得成功。该愿景需要开发一个结合了教练、在线学习和特别设计体验的独特计划，帮助管理者们发展“领导身份”，并且获得一些技巧，变得更有能力引导一个千变万化且充满挑战的世界。

斯特凡能够将他的愿景与他的主要利益相关人EDHEC对创新和品牌形象的雄心对齐一致。通过他的管理硕士项目，他能够创造出一种从属企业，为商学院提供多种可能性的窗口。斯特凡与合作伙伴间生生不息地合作和建立信任的能力，使得他能够迅速让一个创新计划落实到位并且花费很少，这大大降低了他的主要利益相关人的风险。

斯特凡的成功很大一部分在于他通过标杆管理、头脑风暴和生生不息合作创造与促进协同的能力，使得他、他的团队和合作伙伴源源不断产生出新的想法，找到创造性的解决方案，并做出明智决策。

斯特凡的成功，很大程度上得益于通过提高其团队成员的技能，丰富并通过合作伙伴关系和联盟借力资源，做出改变游戏规则的创新。

斯特凡以同时担当开发者和能够通过深度倾听理解他人愿景的顾问为前提，与合作伙伴们建立信任和长期关系。这赋予了他为计划参与者组织能够带来真正转变的关键活动和体验的途径。通过合作伙伴对他们所做贡献可能为他人的生命带来正面影响这一“任务意义”的感知，信任和动力得以强化。

在斯特凡的更大愿景的象征中，“每个人围成一圈，手中拉着一张有弹力的毯子，毯子中央是整个世界”。

为顾客创造改变生活的转变的一个主要卓越元素，是让他的团队围绕着帮助组织中的人“发展能力、心力和愿景并克服障碍”这一使命在思想行动上对齐一致。这意味着教师们必须转换他们与学生互动的传统方式，去学习启发人们，与人们一起长期工作，并促进他们的转变。

和所有颠覆式创新一样，斯特凡有能力通过标杆管理、头脑风暴和生生不息的合作来成功创造与促进协作。这使得他、他的团队及他的合作伙伴能够产生新想法，找到有创造力的解决方案，并做出明智的决定。

斯特凡的管理硕士计划不仅是为他的顾客，也为他的团队成员带来了身份层面的基本转变。这与许多突破创新很像。而这种转变的根本在于持续、实际地运用集体智慧和生生不息的合作，每个人从中获得成长，既是分离整体，同时又对他们所在组织、“社区”和社会做出更多贡献。换句话说就是，斯特凡一直吸引着一个“虚拟社区”，该“社区”由在转变自我及其所在“社区”，以及“和人们一道发现人生的奇妙”方面具有共同愿景和价值观的早期使用者、开发者、创始者、先驱者构成。

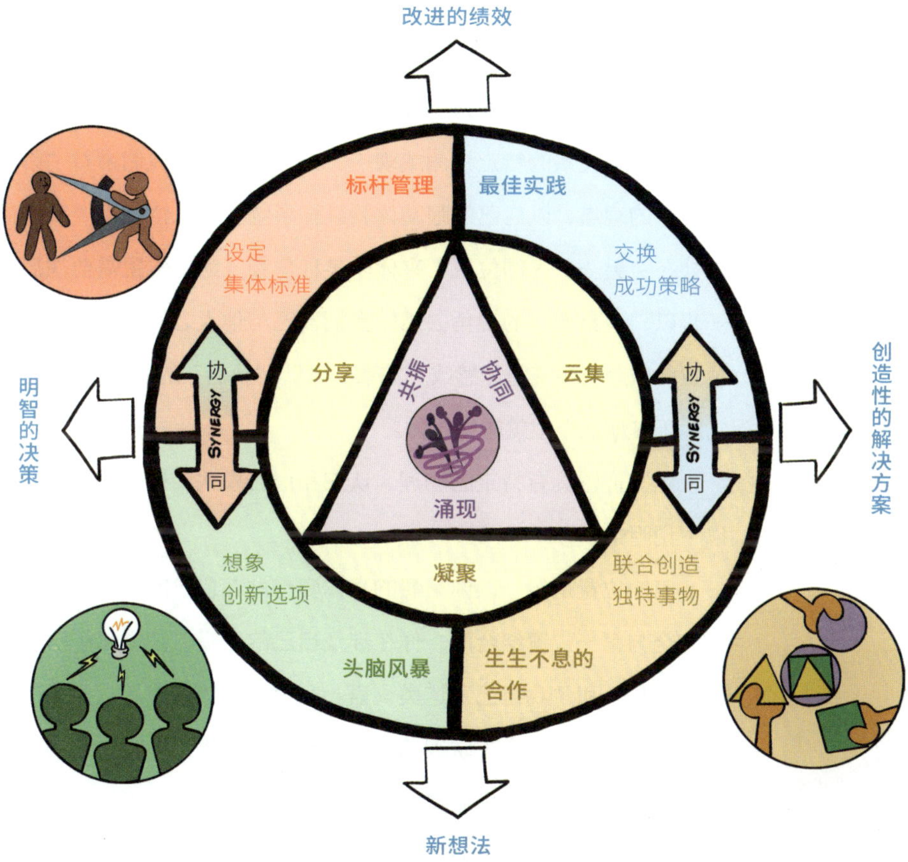

斯特凡能够将标杆管理、头脑风暴和生生不息合作协同起来，为 EDHEC 创造出了史无前例的管理硕士计划

这种状态一个强有力的表达就是斯特凡的象征性画面，该画面展现了他努力的终极目标，画面里“所有人围成一个圈，伸出手拉着一张有弹性的毯子，毯子中央是世界的图案”。

整合多重感知位置的力量

在前一章中，我强调了掌握“第二位置”作为创造生生不息合作能力的基本技能的重要性。颠覆式创新还需要接纳和包含另外两个重要视角的能力。

第二位置是几个关键的“感知位置”之一，这些感知位置对新一代企业家发展精通能力至关重要。感知位置本质上是一个人感知一种形势或关系的特定视角或观点。第一位置需要我们带着“第一人称”的观点，以自己的眼睛体验某种事物。第二位置需要我们仿佛处在“另一个人的位置”来体验某种事物。第三位置需要往后退一步以“观察者”的视角去感知我们自己与他人之间的关系。第四位置的概念与系统整体感或“关系场域”(“我们”的集体感)相关，它源于其他三个位置的综合体。

要培养集体智慧和生生不息的合作，新一代企业家需要掌握几个关键的“感知位置”。

感知位置具有特定的物理、认知和语言模式。这些模式汇总在以下说明中：

第一位置是你，以你习惯的身体姿势站在自己的物理空间。当你完全与第一位置结合时，你在涉及自己的感受、知觉和想法时会使用“我”和“我自己”这类词语。在第一位置，你是从自己的视角体验关系：从一个关联视角看、听和感觉在那个体验中你周围和内在发生的一切。如果你真的处在第一位置，你会看不见自己，但会通过自己的眼睛、耳朵等向外看世界。你会完全沉浸在你自己的身体和你看世界的心智地图中。

一个感知位置本质上是一个特定的视角或观点，从该视角或观点会感知到一种形势或关系，这种形势或关系具有特定的身体、认知和语言的模式。

我们已经说过，第二位置能够让我们代入另一个人的视角。在第二位置上，你通过另一个人的眼睛、想法、感受、信念等体验这个世界。在这个位置上，你出离了你自己并且代入了另一个人。你会把你的“第一位置”自我处理成“你”（与“我”相对），使用“第二人称”语言。暂时代入另一个人的位置是一种绝妙的方法，来评估在关系中处在你那一方的你有多实在。（在你体验完另一个人的视角之后，很重要的是要确保你完全彻底、干净利索地做回你自己，并且带上会有助于你与那个人互动的信息。）

除了能够对我们自己的看法保持清晰并理解别人的观点以外，能够采取中立的见证视角，并发展出一种对系统的整体感也非常重要。

第三位置，或曰“观察者”位置，暂时将你置身于关系之外以收集信息，仿佛你是互动的见证者而不是参与者。你的姿势会对称而放松。在这个位置上，你会从一个感兴趣却又中立的观察者位置去看、听和感觉这关系看起来怎么样。当你涉及你在观察的人（包括看、说和行动的方式都像你的那个人）时，你会使用“第三人称”语言，如“她”和“他”。你会从互动中解离，进入一种“元”位置或者反思的位置。这个位置能够带给你互动行为中关于平衡和适当的有价值的信息。从这个视角收集的信息，连同在第二位置收集的信息，可以被带回你自己的第一位置使用，以提升互动或关系的品质和效果。

第四位置涉及其他三个视角的综合体，它创造出一种“完整系统”感。它需要对系统和关系本身的认同，产生成为一个集体的一员，并以“我们”（第一人称复数）这样的语言为特征的体验。第四位置是产生“群体思想”或“团队精神”的基础。它也是我在本章中所指的虚拟社区的本质。

总之，感知位置是指你对自己和另一个人或一群人之间的关系所持有的基本观点：

- 第一位置：代入你自己的观点、信念和假设，通过你自己的眼睛——“我”位置或者说自我位置看外在的世界。
- 第二位置：代入另一个人的观点、信念和假设，通过他的眼企业家采取所有四个感知位置的能力，有助于创造和加强更牢固的生生不息合作，并且提升做出改变游戏规则的创新的潜力。

睛——一个“你”位置或者说另一个位置看外在的世界。

- 第三位置：代入你与另一个人之间的关系以外的观点，作为互动的见证者——一个“他们”位置或观察者位置。
- 第四位置：代入整个关系或系统的视角——一个“我们”位置或场域位置。

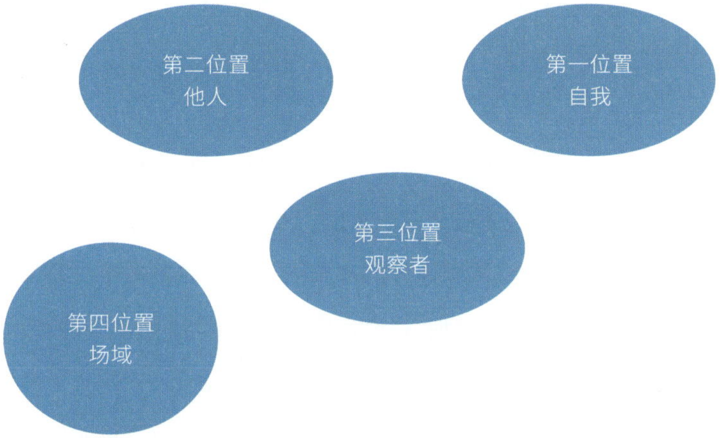

你的“第一位置”是通过明确你的个人热情、愿景、使命、雄心和角色来阐明和丰富的。与你的合作者的“第二位置”可以通过检视在第二章中呈现的《合作者特质分析》来实现。

下面是我用来教练企业家们应用第三位置和第四位置视角的工具，以创造和提升更强的生生不息合作和改变游戏规则的颠覆式创新的可能性。

有四个我们可以感知到所有互动的基本感知位置

卓越元素解码之合作催化剂：通过第三位置创造双赢合作

生生不息的合作通过建立强大而切实可行的双赢框架拓展想法、资源和财富。人们从个人或集体的愿景中赢得和受益越多，维持这一愿景的正向强化反馈回路就会更棒。强大的合作伙伴关系也是一样。

想想第一卷《卓越元素》中艾德·霍根和他开发的节日“度假套餐”。艾德创造了一个架构，在这个架构中他的卓越圈里的多方成员都会通过他们的合作受益。艾德的创意愿景有助于为参与其中的每个人做大蛋糕。

有技巧地采取第三位置（观察者），有助于通过探索卓越圈中各个关键方从潜在合作中受益的多种方式来确保所进行的合作都是双赢的。

企业家们应该坚持不懈地问这样一个关键问题："一项合作会以怎样的方式给我的项目和企业做出一块'更大的蛋糕'？"

下面这份工作表提供了一份"路线图"，通过帮助你明确卓越圈中的关键各方从潜在合作中受益的途径，来确保达成双赢合作。这张表还有助于厘清利他的正面影响，会对你和你的项目或企业产生的影响。回答这些问题最好的视角就是对你自己和你未来的合作者进行观察的第三位置。

我的愿景 / 企业：____

潜在合作者：____

顾客

顾客可以从合作中赢取和受益的是________________________

对我自己和我的企业的正面影响将是______________________

投资人和利益相关人

投资人 / 利益相关人可以从合作中赢取和受益的是____________

对我自己和我的企业的正面影响将是______________________

合作伙伴 / 联盟

合作伙伴 / 利益相关人可以从合作中赢取和受益的是__________

对我自己和我的企业的正面影响将是______________________

团队成员

团队成员可以从合作中赢取和受益的是____________________

对我自己和我的企业的正面影响将是______________________

卓越元素解码之合作催化剂：合作者评审

建立真正的双赢关系对有效的生生不息合作至关重要。如果一段关系不是互利的，即使对方渴望合作，与其合作也不明智。

因此，了解谁不能合作也同等重要。不合适的关系可能会耗尽时间、精力和能量。

非双赢的合作也不一定就是输赢合作。记住这一点很重要。一段关系可能产生一方赢另一方不输不赢的结果，或者双方都不输不赢的结果，在这段关系中双方未必都输，但也没有很大的收益。这种合作最多只是基本水平的合作，而且会耗费与一方赢另一方输的合作一样多的时间和精力。

“SFM 合作者评审”是能够帮助研究和识别与他人合作中的强项与弱点的一个工具。

有时候，一段关系开始的时候是双赢的，但之后的转换和变化可能会导致在利益方面不再平等和平衡。所以需要阶段性地对合作进行重新评估和衡量。

“卓越元素解码合作者评审”是让企业家与特定合作者快速评估合作关系状态的一个简单工具。

一方赢一方输、双输和一方不赢不输一方输的合作都是人们普遍认为需要终止或认真调整的合作。

人们常常会终止或搁置一方赢一方不赢不输和双方不赢不输的合作，因为他们虽然不认为这种合作有什么明显的问题，但会导致他们从其他重要事项中分散很多时间和精力。

如果发现一项合作不平衡，就应当将其搁置一边，或者合作双方想要用我们在本书介绍过的卓越元素解码之合作催化剂当中的几个来更新或平衡这段关系。

合作者 A

合作者 B

	赢	不赢不输	输
赢			
不赢不输			
输			

“SFM 合作者评审”是企业家用来快速评估潜在合作者的一个工具

卓越元素解码之合作催化剂：走向第四位置——构建一个关系场域或虚拟社区

构建牢固而持久的双赢合作关系需要有在共同愿景框架内将能力与资源综合并校准对齐的能力。这会建立起一种以“我们”的感觉为特征的联合身份或者关系“场域”（即“虚拟社区）。

我们用以下工作表来帮助潜在合作者们找到不同层面的重叠和协作领域。这是让合作者们固化他们对合作的宏观理解的有力方式，也为大家作为一个团队在一起工作提供了一张路线图。

1. “你们的愿景中有哪些共享的主题？”

“作为合作者你们的共同愿景是什么？”

我们的共同愿景是____________________________

2. 基于这个共同愿景，你们作为合作者的共同目的和身份是什么？

“当你们在一起你是谁？”“你们的联合身份是什么？”（通常最好用一个比喻来表达）

我们是____________________________

“你们的共同使命是什么？”

我们的共同使命是____________________________

3. “你们共享的信念和价值观是什么？”

我们共享的价值观和动机是____________________________

我们相信 / 设想____________________________

4. “作为合作者你们有哪些能力是超越你们个体所具有的？”

作为合作者，我们有额外的能力去____________________________

5. “你们联合采取的行动会是什么？”

我们可以运用这些能力来执行联合行动____________________

____

6. “你们会在怎样的共同环境或外部背景中运作？”

我们会在这样的共同背景中落实那些行动____________________

____

卓越元素解码之合作催化剂：识别因任务意义产生的共振

> 通过探索小组成员对彼此之间一项共同活动的重要性的感知到什么程度，可以辨识出大家在“任务意义”方面的共振程度。

我在第一章中提到过，群体成员之间关于“任务意义”的共振是提升绩效和创造集体智慧主要的卓越元素。任务意义与感到一项活动的重要性有关，该活动正面影响到既包括群体内部成员也包括超出群体范围的其他人的生活。人们在对任务意义的感知程度与其动机和表现的水平之间存在着高度关联性。

> “同伴关系”现象出现在对任务意义高度共振的情况下。

显然，你的卓越圈内有越多人感觉到你的项目或企业具有很高的任务意义，他们就会更多为之奉献专注和努力。下面这个合作催化剂提供了一种识别人们对你的企业所感知到的任务意义程度的方法。

> 同伴关系是通过在一起互相支持，度过变幻莫测的生活处境和挑战，以帮助彼此达到一个有意义的目标的过程。

这里包含我和同事伊恩·麦克德莫特一起为我们的线上“同伴关系计划”而开发的一个工具（http://www.thefellowshipprogramme.com）。我们的“同伴关系”概念是指由共享一个更高的“灵魂”层面的目标而来的生生不息的合作。例如，在 J.R.R. 托尔金的史诗小说《魔戒再现》（*The Fellowship of the Ring*）中，为了去拯救“中土世界的自由种族”，由相当不同的个体组成的一个不可能在一起的群体一起踏上一段复杂而危险的旅程。尽管他们在许多方面都是天然对立的，但他们共同的更高目标将他们团结起来，并且激发了他们采取卓越的行动，并取得了超出他们之前所具有的能力的非凡成就。他们以同伴关系一起努力，便能够做成对于他们中的任何一个人来说都无法完成的事情。

从这个角度看，同伴的意思是通过联合起来并在一系列（通常是出乎意料的）人生处境和挑战中彼此支持，帮助彼此达到灵魂目标。创造一家成功的企业在许多方面都需要在我们自己与卓越圈的各个成员之间发展某种程度的同伴关系。

在这个特别的合作催化剂里，每个小组成员受邀讲述一个关于他的项目或企业的概况（电梯演讲），并且要怀着最饱满的热情和真诚来讲。参与者倾听每个人的项目和企业的概况时，他们要去留意所体验到的任务意义方面的"共振"水平——用 1 ~ 5 分来评分，1 分代表围绕任务意义最低水平的共振，5 分则代表最高水平的共振。伊恩和我把在任务意义方面对齐的水平称作"共振索引"。我们可以用以下句子来陈述这些共振水平：

"共振索引"是帮助潜在合作者们找到合作方的一个工具。大家为了发现在未来发展合作伙伴关系和达成协作的机会而分享共同目的和利益。

- "我很高兴在世界上有人在想这件事。我为你祝福。如果我想到有什么可能对你有用的地方我会让你知道。"
- "这让我很感兴趣。让我知道我可以帮什么忙，我会尽力而为。"
- "你正在做的事情也启发了我。让我们保持联系，看看我们可以一起做点什么将之深化。"
- "此刻这对我来说也非常重要。我们方向一致。我想和你保持联系。让我们分享资源和想法，并且让我们就进展彼此定期更新信息。"
- "我想要和你一起做。我们在同一条路上。让我们一起走一段吧。我保证投入我的资源、时间和精力来服务于这个召唤。"

在这个过程中最重要的是对你的评估保持诚实。这些评分没有一个是拒绝。它们都表示了某种形式的支持。这些评分是人们对别人的项目或企业所感知到的任务意义水平的一个简单而真实的指标。

每个人讲完自己的愿景、项目或电梯演讲后，小组成员要互相讨论他们会如何保持联系并提供相互的支持。我们让大家交换联系方式，如果有可能，还要定下他们以后可以保持联系的日期、时间或者时间范围和形式（即电话、邮件、短信、会面、Skype 等等）。这还有助于建立我所说的“集体创造力催化剂”。

提供一个布置得愉悦而放松的，会促进团队成员、合作伙伴和顾客之间聚集和分享想法的环境，也是一种集体创造力催化剂。

集体创造力催化剂

一旦第四位置或者“虚拟社区”建立起来，就可以通过运用各种形式的“集体创造力催化剂”来强化它。这些催化剂帮助激发集体智慧和生生不息的合作，以增加颠覆式创新的可能性。集体创造力催化剂是指促进开发者和创始者之间生生不息互动的环境、活动及/或者流程，它们会激发更大的“第四位置”的觉察，在群体或组织层面提升、辨识“微弱信号”和进入“创造性潜意识”的机会。

举个例子，在谷歌，员工们会有 20% 的时间花在他们个人感兴趣或有激情的项目或想法上（无论那是否是他们的 70 小时计件工作周的一部分）。实际上，这一举措将整个公司变成了谷歌新产品研究和开发的巨型实验室。

其他一些硅谷公司照例提供所谓“自由星期

五”。正如此名称所表明的，星期五下午大家会有带薪的自由时间用于开发或探索任何自己感到深受吸引的东西。

另一个集体创造力催化剂的例子是我在第一卷《卓越元素》中提到过的那家冬季运动公司的一项政策，该政策就是“发现有趣的新的市场机会并且与公司内恰当的决策者分享，是所有员工的权利和职责”。

集体创造力催化剂还会在环境的结构化中出现。比如，皮克斯公司为员工提供了舒适的创造力房间，让大家能够在愉快和轻松的环境中汇集和分享想法。

迪士尼的“梦想空间”是集体创造力催化剂的另一个范例。

苹果也有类似的创新空间，以及一些通风的房间和其他激励性的环境。有时候，苹果也会推广一些活动，从按摩到围圈敲鼓，来帮助大家迈出其认知的理性思维的限定范围。例如，他们过去常常在星期五下午从苹果的一栋楼到另一栋楼搞一场“啤酒会”，以鼓励跨部门的接触与集会。

乔治·卢卡斯在他的天行者庄园设计了建筑群，代表来自早期加州的一个虚构家庭的农场。实际上，为了开发这个综合建筑群，他撰写了关于这个虚构家庭的一个完整故事，包括一个有动物的畜棚，几个葡萄园，一个用于现场餐厅的有果蔬的花园，一个户外游泳池和一个带壁球场的健身中心，人造“伊沃克湖”，一个山顶的天文台，一个带300个座位、多个剧场放映室的叫作“牡鹿”的剧院，以及一个几乎隐蔽在地下以保护自然风光的停车设施。当你通过上锁的大门走进去时，马上会感觉穿越到了一个正常现实暂时“停止”的世界。

当然，一个环境没必要非得精致到这种程度才能成为集体创造力催化剂。比如，迪士尼就在他的办公室建了一个“梦想空间”。梦想空间的墙上贴满了与团队当下正在开展的项目相关的画面和富于灵感的图画。这个空间里的一切都是杂乱无章和色彩缤纷的，而且这里不允许有批评。

对于团队成员来说，特别是对迪士尼本人来说，在这个空间里以与项目相关的角色进入第二位置是再平常不过的事。迪士尼有个同事说过，“华特对台词和场景的感觉如此完整，以至于他没法不在对话的时候把姿态甚至是身体架势都表演出来。”

迪士尼还创立了其他形势的集体创造力催化剂。他作为一位和乔布斯类似的“创新谱写者”，竭力让为他工作的每个人都参与到创意过程中来，他说“每个人必须有所贡献，否则就变成劳力了”。就迪士尼而言，想法越多越好。根据他自己团队成员的反馈，“华特觉得每个想法、每个笑话甚至是每个故事都被想过了——关键是你如何运用材料表达自己的作品。因此，他从不关心那些想法是哪里来的。”

实际上，迪士尼是最早设置和管理激励系统的人之一，该激励系统纯粹为培养和加强整个公司的创造力。早在20世纪30年代中期，他就推出了一个奖金系统“任何人，提议一个笑话并被一个画面采用，获得5美元奖励；任何人，提供一个构成整部动画片基础的想法，奖励100美元”。想想，这可是经济大萧条时期的美元，代表了相当可观的激励。这个奖金系统顺便也开放给他的编剧和动画师，还扩展到了他制片厂的每一个人，包括园艺和维修保养的职员。

迪士尼的奖金计划基于有创造力的贡献而非商业结果，这一点意义重大。作为对比，我在 20 世纪 80 年代曾参与了美国动视公司的一个项目，该公司是一家在那个时代知名而成功的视频游戏公司。我被请去帮忙重新激发游戏设计者们的创造力和创新力。这家公司最初是由五位软件工程师创办的，他们通过生生不息的合作，制作了一些创新游戏，并且在开始几年获得了惊人的营业收入。然而，随着公司的发展，在管理层、市场营销和设计者之间增加了好几层，并且开始在创新上落后于其他视频游戏公司（这从根本上导致了收入的重大下滑）。

在“梦想空间”时，华特 · 迪士尼会经常采取“第二位置”代入他的动画项目中的角色。

我在会见他们的管理层时，发现他们设定了一套基于游戏的销售额来奖励软件设计者们的奖金系统。这一方面看起来很合理，结果却产生了一种情形，那就是设计者们只会到处去看当时卖得最好的游戏是什么并且努力去抄袭这些游戏。结果涌现了一大堆当时最畅销游戏的仿制版。借用史蒂夫 · 乔布斯的比喻就是，每个人都在“滑向冰球所在的地方”而不是将要去的地方。

为了促成真正的创新，我提议他们增加一个平行的奖金系统，就是按设计者们的“创新程度”予以奖励。这项奖金将由设计者的同伴们而不是由市场营销部的人来评定。这将有助于创造一种对未来业务的关注，以及一种“冰球将要滑向的地方”而不是简单追踪它现在所在的地方的导向。不用说，这在设计者团队内促进了创新的显著增长。

华特·迪士尼有一个适当的奖金系统，专门鼓励从编剧到维护人员的所有员工贡献想法。

回顾一下你可以落实在自己的项目或企业里的几种集体创造力催化剂。哪种集体创造力催化剂可以在你的环境中实施，特别是在你和其他人合作的时候和合作的领域？

我常常问我辅导或者提供咨询的业务高管们，他们是否在工作场所设有给自己和他人的“梦想空间”。毫不意外的是，绝大多数人没有，尽管通常在工作场所都有大量沉闷、空着的“工作”空间。在工作与合作的地方，你如何设立一个“梦想空间”或者“创新空间”？

你会为你的团队成员或其他合作者设置哪些类型的活动或流程（如跳舞、运动、演讲、实地考察旅行等等）来帮助大家跳出条条框框思考，并激发更多与创造性潜意识和开放创新的连接？

本章小结

适当运用生生不息的合作会带来颠覆式创新。颠覆式创新就是创造边界超乎现有市场之外的新市场的创新。当卓越圈各个组成部分的愿景和想象之间协同，并且与我所说的“创新场域”内的演变对齐一致时，颠覆式创新就出现了。众所周知，颠覆式创新很难单凭现有的知识预想出来，而且会带来不确定和混沌期。

颠覆式创新常常始于由来自顾客中的早期使用者和来自企业团队成员中的开发者组成的“虚拟社区”。这些“虚拟社区”在身份和愿景层面统一起

来。其愿景超越了现有任何一个群体的身份和能力，并且与更大的“创新场域”里逐步渐进的发展相吻合。这个更大的愿景带来必要的热情和投入，以克服不可避免的不确定和疑惑时期。因此，早期使用者和开发者必须共享一份基于对齐一致的价值观、身份和愿景的势不可挡的热情。

颠覆式创新一般还要求有某种程度的开放创新，这需要公司内的创始者和外部合作伙伴中的先驱者之间生生不息的合作。开放创新背后的中心思想是创新所需要的知识和资源存在于员工、供应商、顾客、竞争对手、大学等处。因此，为了加速创新和借力资源，企业需要与其他组织和实体创造双赢合作伙伴关系和同盟。

最终由颠覆式创新创造的触及新市场的潜力是难以提前清晰预见的。为了获得成功，个人、团队和企业需要尽早在创新场域中辨识出新的趋势，以好好利用机遇，并为迎接改变时期做准备。因此，促进和把握颠覆式创新的另一个重要卓越元素是侦测到“微弱信号”的能力，这些信号预示着全新和前所未遇的市场需求与兴趣即将来临。要做到这一点，企业必须创造尽可能大的由早期使用者、开发者、创始者和先驱者等组成的人际网络，这些人就是有能力识别出与新机遇相关的微弱信号的“蝙蝠”，而不是在潜力显现之前只会简单等待的“青蛙”。团队和企业通过持续留意机遇，可以发现其他人看不到的机遇。

对于现有企业的管理者和领导人来说，自然会担心颠覆式创新可能使他们的企业从现行的策略中分心，并且与带来现金流的产品竞争，以及使现有顾客感到困惑。因此，颠覆式创新通常最容易在已经对购买现有传统产品线不感兴趣的早期使用者市场中培育出来。

斯特凡·克里森为 EDHEC 开发的管理硕士学位计划提供了一个很好的样板，说明创造一个成功的颠覆式创新需要哪些动力。斯特凡从 EDHEC 内一个空白领域开始，专门针对有经验、想要提升自我的白手起家的中层管理者们，创造出一个以转化参与者身份为目的的革命性非传统计划。为了做成这件事，斯特凡必须与一个“虚拟社区”进行生生不息的合作，这个“社区”由目标客户群里的早期使用者、EDHEC 里的开发者、与他具有相似愿景和价值观的潜在合作伙伴网络中的先驱者组成。斯特凡通过在这三个群体之间创造协作，在很短的时间内组合出一个效果具体而实用、会带来高水平转变的计划。该计划从最初只在 EDHEC 一隅运作最终扩展到了整个法国和全世界。

斯特凡培养支持其颠覆式创新所必需的生生不息合作的一个主要卓越元素就是“为理解他人的愿景而深度倾听”的能力。这就是我所说的走上“第二位置”的能力。第二位置是营造成功的生生不息合作的几个关键感知位置之一。而第三位置，或者说观察者位置，则对于从一个远一点的视角观察合作情况以确保双方是在创造双赢合作非常必要。

当合作状态处于一方赢另一方输或者一方赢另一方不赢不输的状态时，可能会对企业家达成其愿景的能力产生退行性影响。而“卓越元素解码合作者评审”则是有助于发现与他人合作中的薄弱之处的一个工具。之后这些合作可能会通过应用其他合作催化剂，被重新评价、搁置或更新。

第四位置（集体或“我们”位置）是建立与合作者的紧密联系和形成一个生生不息的关系场域的必要条件。有一种对生成第四位置或“虚拟社区”非常有用的合作催化剂就是：识别出大家在任务意义上的共振。在这个过程中，小组成员们向彼此讲述他们的项目或企业，记住并追踪他们所体验到的在任务意义方面的共振。这有助于小组成员们把注意力集中在那些和他们有着共同目的和兴趣，并且有机会在未来建立合作伙伴关系并协作的人。

集体创造力催化剂在合作者之间促进生生不息的互动，创造出更大的“第四位置”，并且通过鼓励大家发现和分享他们对什么充满激情，以及关注“冰球将要滑向哪里”（即新一代业务），在群体或组织层面上进入“创造性潜意识”。集体创造力催化剂的目的是：提供一个支持个人通过小组互动和主动为“把蛋糕做大”做贡献来提高他们自己的创造力的环境和强化系统。

参考书目与深入阅读

• Misez sur les ruptures de marché (“Betting on Disruptive Innovations”), Benoit Sarazin

• *Alpha Leadership: Tools for Leaders Who Want More From Life*, Deering, A., Dilts, R. and Russell, J., John Wiley & Sons, London, England, 2002.

- *Success Factors of Disruptive Innovations*, Robert Dilts & Benoît Sarazin, 2008.
- *The Fellowship of the Ring*, J. R. R. Tolkien, Ballantine Books, New York, NY, 1965.
- The Lord of the Rings: The Fellowship of the Ring, Film by Peter Jackson, New Line Cinema, 2001.
- *Strategies of Genius Volume I*, Dilts, R., Meta Publications, Capitola, CA, 1994.

第四章

从一无所有中创造：构建一个生生不息的企业社区

在漫长的人类历史中（动物也一样），那些学着最有效地进行合作和随机应变的人获胜了。

——

查尔斯·达尔文

正是个人对集体努力的承诺，使团队运转、使公司运转、使社会运转、使文明运转。

——

文思·伦巴迪

04

CHAPTER FOUR

石头汤的故事

“石头汤”的故事，既是一则寓言也是一个例证，说明通过合作我们可以从一无所有中创造“一些东西”出来。

从前，有一个村子遭受了多年的战争。村民们所处的艰难条件使得他们变得越来越悲观消极、尔虞我诈和充满怨恨。加之好几年收成不好，大家小心翼翼地把能够找得到的食物都藏起来，甚至不让朋友们和邻居们看到。

有一天，一个流浪的陌生人来到了村子里，开始问一些问题，看起来他打算在这儿过夜。有人告诉他“这里整个地区都没有吃的了，你最好还是继续往前走吧”。

他说：“没问题，我需要的东西自己都有。实际上是你们疲惫的土地使你们拿不出什么东西来分享，而我会跟你们分享点儿什么，那就是用石头熬汤的秘密。”半信半疑的村民们面面相觑、窃窃私语，嘲笑着这个提议。陌生人从他的马车上搬下一口大锅，盛满水，在锅底下烧起火来。然后，他从一个天鹅绒口袋里掏出一块样子很普通的石头，很郑重地放进烧开了的水里。

此时，大多数村民听说了村里来了个陌生人，还有关于食物的传闻，纷纷跑到广场上来，或者满腹狐疑地从自家窗户里往外看。当陌生人闻着这锅“肉汤”并开始舔嘴唇，饥饿战胜了他们的怀疑。

陌生人大声地自言自语道：“啊，我真的很喜欢美味的石头汤，这是我最拿手的菜式之一。我肯定你们都会喜欢喝。当然，如果在石头汤里放一点点卷心菜，那就太美妙了。”

不一会儿，一个村民有些迟疑地走上前，举着一颗他从藏着的地方取回来的卷心菜，把它放到了锅里。“一流！”陌生人大声喊道，“你们知道吗，我有一次在石头汤里放了卷心菜，还放了一点点咸牛肉，那简直奢华无比。”

村里的屠夫设法找到了一些咸牛肉……如此这般，通过添加土豆、洋葱、胡萝卜、蘑菇等等，每个村民都贡献了一点点东西出来，最后真的给大家做出了一顿大餐。村民们多年来第一次吃啊、跳啊、唱啊，直到深夜，美妙的盛宴和新来的恩人让每个人都感到焕然一新。

陌生人一早醒来，发现整个村子的人都站在他面前。他的脚边堆着一背包村里最好的面包和芝士。“您给了我们最好的礼物：用石头熬汤的秘密，”一位长者说，“我们永远不会忘记。”陌生人转过身来面对大家说：“这之所以是个秘密，只不过因为我们太容易忘掉，唯有通过分享我们才能做出一场盛宴。”

然后他沿着这条路，走了……

石头汤的故事是一则寓言，说明如何用社区成员们所贡献的少量关键资源，“从无到有”，创造全新的事物。

成功企业家的标志之一是“从无到有”创造全新事物的能力。石头汤的故事明显是一则关于如何做到这一点的寓言。仅仅从一块石头和烧开的水开始，用社区成员们贡献的关键资源做出了一锅绝妙好汤。其经验就是，人们可以通过一起努力，每个人都尽自己所能贡献些什么，就可以凭一开始没什么明显实际价值的东西（一块石头）及其有可能成为什么的愿景，创造出某些美妙的事物。

必须要在对潜力、慷慨、贡献、乐观、分享和信任的共同感觉的基础上唤醒和激活一个“生生不息的企业社区”，才会有从一无所有中创造一些东西出来的能力。

用卓越元素解码的术语来说，这个陌生人代表的是“企业家精神”。“石头汤”的想法就像是企业家的愿景。一开始，用一块石头做汤在村民们看来就是不可能的事情，而陌生人独自一个人也的确做不出来。然而，陌生人通过给村民们一些他们所没有的“全新的”而不是威胁性的东西，首先处理了他们的小我（由他们把食物藏起来唯恐失去可以证明），这是一个有效说服的示范。他对自己的愿景、自我和村民们的信心使得他能够调动起村民们足够的好奇心，使他们能够迂回并最终转化他们的短缺思维。他们的合作再度唤醒了他们的灵魂和对可能性、慷慨、贡献、乐观、分享与信任的体验。这些就是我们在卓越元素解码中所说的“生生不息的企业社区”的特征。

企业家们的愿景一开始通常都不会有比陌生人的石头更实质性的东西。无论是石头汤，还是一台个人电脑、一款很火的互联网应用或者一台电动汽车，事实是，企业家的愿景只是一种想法，它只有在一个更大的社区的参与和贡献下才会变成实实在在的现实。这在《卓越元素》中所描述的史蒂夫·乔布斯的“倒金字塔”画面中表达过，在这个画面中，他描述了他关于个人电脑的想法这一颗“小小种子”，如何通过技能多样而互补的人们的相继贡献，发展成为一个可以惠及许多人人生的东西。

因此，除了本书已经探索过的其他技巧和模型以外，从无到有创造出全新的东西的能力需要唤醒和激活一个“生生不息的企业社区”。实现这一点也许是新一代企业家和集体智慧的最高境界。

社区

《韦氏词典》把社区定义为“不同个人（或种族）相互作用的一个群体”，他们“由共同兴趣连在一起”或者靠“对一些共同特性的意识”连接起来。因此，一个社区在一个层面上包含多样的，而在另一个层面又是一致的。

特定社区中的人们通常会在一个共同的地理位置，但处在同一个环境并非构成一个社区的必要条件。比如，在“医疗社区”这类社区中的个人，也许在地理分布上很分散；另一些社区，像“西班牙裔社区”可能由一个特定地理区域的亚群体组成；这类社区会由“具有一种共同特征却生活在一个不具有这一特征的更大社区里的一群人”组成。

在“刻意”和“非刻意”的社区之间可能会产生更进一步的差异。在一个刻意组成的社区里一定会有“有意识和有目的的分享”。根据《韦氏词典》的解释，这样一个社区涉及“以既有团结感，又有完全自愿而非被逼迫或挟持的、不会失去个性特征的个体参与为标志的社交活动”。依这个定义，建立“社区”需要有一个持续的足够安全的环境，让人们觉得有选择感和表达自己个性的自由。社区里的人们不需要都“看到同一个画面”或愿景，而是应该都“望向同一个方向”。

在一个有理想和目标的社区里，必然存在着“有意识和有目的的分享……其特点是有一种团结的感觉，但个人的参与是完全出于自愿而不是被迫的，而且不会失去个性。

社区的价值在于，通过团结有着不同强项和能力的个人服务于共同的利益，所取得的成就可能比一个人独自行动要大得多。举个例子，一个“学习型社区”会包含来自不同地理区域、拥有不同专业背景的形形色色的一群人，但他们分享着共同的学习目标和支持彼此学习的目标。

社区是“自组织”系统的经典样板。这类系统的成员会就他们环境中的某些被称为“吸引子”的焦点（比如石头汤故事中陌生人的那块石头）组织他们自己的行为。根据自组织理论，秩序是围绕有助于创造和抱持系统内各稳定模式的一个“吸引子景观”来构建的。在人类社区里，“吸引子景观”是通过统一特征、共同目标、共同利益和预设，以及社区成员间的团结意识创造出来的。

社区“吸引子”可能存在于卓越元素的几个不同层面：环境、行为、能力、信念和价值观、身份或心灵体验。比如，在某些社区中，人们只是因为住在同一个

各个社区有不同种类的“吸引子”。在石头汤的故事里，吸引子是激发人们分享食材的那块石头。同样，其他社区围绕着代表他们的“目的”或一起合作的共同理由的象征构建。

地理位置而团结在一起（如，一个“山地社区”或“海滨社区”）。另外有些社区由于人们投入相似的行动或行为构建起来（如，一个“采矿社区”）。还有些社区的出现是基于共同的能力（如，一个“教育社区”），基于共同的信念和价值观（一个“宗教社区”或“乌托邦社区”），或者基于共同的身份（如，一个“艺术家社区”）。一个“生生不息的企业社区”是围绕着企业家的“精神”及社区成员的愿景构建起来的。

社区围绕着“吸引子”构成，这些吸引子是兴趣共同点，也许在几个不同的层面上。

一个“生生不息的企业社区”是围绕着企业家精神的“灵魂”及社区成员们的愿景构建起来的。

生生不息企业社区（GVC）的特征

一个生生不息的社区是通过其成员们个体的愿景、热情和贡献得以壮大和繁荣的。它是以在个体成长与社区成长之间建立正向反馈回路的方式建构起来的。

卓越元素程序的一个关键目标是创造一个生生不息的企业社区（GVC）。而生生不息的企业社区的目的在于使得企业家、团队成员、利益相关人和合作伙伴保持连接，并且保持持续的合作，以提升彼此项目的成功价值和机会。生生不息企业社区的成果在于让企业家及其卓越圈的成员们继续交换资源，包括引见、辅导、专业服务、投资人牵线等，并且直接从这些方面的努力中受益。此外，生生不息的企业社区提供了在某种程度上分享彼此项目的所有权的一个手段。

一个“生生不息的企业社区”的目的是使企业家、团队成员、利益相关人及合作伙伴能够保持连接，并且维护他们之间持续的合作，以增加彼此项目的成功机会。

生生不息的社区形成于一种让新的发展成为可能的文化，因为该文化会促进共振、协同和涌现的可能性，因而增加集体的“幸运因素”。新的成功产品常常是从计划外和预料外的相遇和连接中涌现出来的。

比如，便利贴的开发。1970 年，一个在 3M 研究实验室工作的名叫斯宾萨·西尔弗的化学家试图找到一种强力胶。西尔弗开发了一种新的胶，但它比 3M 已经在生产的胶黏性还弱。它可以粘住东西，但很容易揭下来。这种胶超级弱而不是超级强。对于制造强力胶来说，这是一次“失败”的尝试。

没人知道该拿这东西怎么办，但西尔弗没有抛弃它（也许是考虑到这会是“一个比他正在解决的问题更大的问题的解决方案”）。4 年后的一个星期天，另一位叫亚瑟·弗里的 3M 科学家正在教堂唱诗班唱歌。他用几个纸标签在赞美诗集上标记他唱的那一页，但这些标签总是从书上掉下来。弗里想到了西尔弗开发的胶，他涂了一些这种胶在标签表面。由于这种胶很弱，标签纸粘住了，揭下来时却不会弄坏纸张。这引发了制造背面有一条弱胶、易贴易揭的小便利贴的想法。便利贴这个产品的主意就来自西尔弗的弱胶和弗里用它来把纸标签临时粘到赞美诗集上这个想法的协同作用，或者说生生不息的合作。

1980 年，3M 开始在全美发售便利贴——这是在西尔弗开发出这种超级弱胶 10 年以后了。今天，这种便利贴已经是最流行的便利办公产品之一。如果没有这两位科学家之间的互动，弱胶和便条纸之间的“幸运”关联也许就永远不会发生。生生不息企业社区的目的就是增加这种出乎意料的协同出现的机会。

便利贴的开发故事是一个很好的范例，说明新的成功产品往往是从不曾计划且无法预期的交汇与连接中浮现出来的。

集群智能

生生不息的社区往往通过利用“集群智慧”原理发挥作用，通过集群智慧，个人的行动能够产生集体决策或解决方案，而无须中心化的控制。

一个生生不息社区的基础是所谓的“集群智能”。科学上“集群智能”（SI）被定义为“一个系统的属性，该系统凭借其中众多的（简单）个体与所处环境局部互动的集体行为，促使一致的功能性全局模式出现。集群智能提供了一个基础，有了这个基础，就有可能探索不用集中控制或预备一个全局模式去集合（或分散）解决问题。”

集群智能的一个经典样本就是，蚁群中每一只蚂蚁在并不知道最近、最丰富的食物来源的情况下，整个蚁群却可以找到它。

蚂蚁会在离队和归队时留下化学信息素痕迹。每一只蚂蚁出去寻找食物和资源带回巢，这么做的过程中，它们会跟随最强的（最新鲜的）信息素痕迹。信息素最强的痕迹就是最多蚂蚁最频繁走过的路径。当一个食物来源消耗殆尽，蚂蚁们会重新去找，而不会回到蚁群中去。如此一来，通往已耗尽的食物来源的痕迹就会变得弱下来，而更新鲜的痕迹会引向新的食物来源。

结果，绝大多数的蚂蚁会继续向最近、最丰盛的食物来源移动，即使蚁群中的单个蚂蚁并不知道这食物来源在哪里。

从某种意义上说，蚂蚁的信息素痕迹就是一个类比，好比卓越元素解码及标杆管理和分享最佳实践这些流程的结果后面留下的虚拟“痕迹”。那些最容易也最快导向最大成功的痕迹就是被最多个体最频繁遵循的痕迹。由于这会带来社区作为一个整体的成长与成功，因此当每一个个体成功达成其愿景时，社区将会受益。

卓越元素案例：兰迪·威廉姆斯的 Keiretsu 论坛——一个生生不息的企业社区

充满好奇心的机遇文化

兰迪·威廉姆斯在 2000 年 9 月创立了 Keiretsu 论坛（http://www.keiretsuforum.com），这是一个“天使投资人”群体。威廉姆斯本人就是一名成功的企业家和投资人，他想要创造一个探讨投资机会的社区。他的愿景很简单：社区成员们在投资前都和其他成员们谈谈。“我之所以创办 Keiretsu 论坛，就是因为作为一个股权投资者我缺乏训练。”威廉姆斯自嘲道。

威廉姆斯在 20 世纪 90 年代中期靠房地产赚了钱，他想要将他的投资多样化，

兰迪 · 威廉姆斯
Keiretsu 论坛创始人

因而进入科技领域。如他所说，“我不会投资那些没有足够信息或者足够品牌知名度用以有效决策的生意机会。”威廉姆斯的基本目标是创造一个决定是否投资的有效氛围。“我想要创造一个社区，在这里大家都没有既得利益，都享受伟大的思想领导力和伟大的心灵分享——就是我所谓的‘集群智慧’——这样我们可以做一些有效的决策。”

这是个好主意。Keiretsu 论坛在 21 世纪初期成长和繁荣起来，那是一个大多数“天使”投资资金化水、许多投资人在互联网泡沫破灭危机中倾家荡产的时代。写作本书的时候，Keiretsu 论坛已经是全世界最大的天使投资人网络，有遍布三大洲的 46 个分会，拥有公认的投资人会员超过 2500 名。迄今为止 Keiretsu 论坛会员已经在科技、消费者产品、生命科学、房地产和其他高增长的板块为超过 485 家公司投资超过 4 亿美元。

威廉姆斯启动 Keiretsu 论坛的时候第一批会员只有他的 50 个朋友，最终发展到 150 人就不再招会员了。“我想要保持这份亲密。”威廉姆斯说，“我们的社区创造了许许多多的亲密和友情。”

由于 Keiretsu 在北加州旧金山地区取得的成功，它在全世界拓展了许多其他分会。每个分会的投资人会员都只限 150 个。

这些分会构成了一个社区，其最初的目的就是：

兰迪 · 威廉姆斯的愿景是建立一个这样的世界：在这里，天使投资人们可以聚在一起，享受伟大的心灵分享和伟大的思想领导力，利用“集群智慧”彼此支持并做出更好的决策。

- 在不同的资本市场支持 Keiretsu 投资组合公司，并为企业家们提供权益和资源。
- 为不同地理区域的会员建立额外的高品质交

易流程。

- 让会员享受各分会之间的协作业务和社交关系。

为了选择投资，每一个 Keiretsu 分会每个月都会举办一次筛选会议。这些会议在做投资决策的月度论坛会议之前一周召开。在 25 ～ 30 家候选公司中会有 10 家公司被邀请参加筛选会议。这些公司是通过 Keiretsu 的网络引进的，并且由 Keiretsu 会员中有相关行业知识和专长的委员会预先挑选过。

大约会有 25 ～ 30 个 Keiretsu 会员出席筛选会议。“我们想要这个会议保持亲密感。”威廉姆斯解释道。企业家们在小组成员面前有 15 分钟交流时间，其中有 7 分钟演讲，8 分钟与出席的 Keiretsu 会员问答互动。威廉姆斯说：“所有公司讲完后，演讲者会离开，然后我们投票。”不过，在投票之前，会就每一家公司进行讨论，而这正是小组内的集体专长的价值所在。出席的会员们受到鼓励，先就每家公司发表“正面”意见，然后再谈“顾虑”。

兰迪·威廉姆斯为 Keiretsu 论坛设立的雄心一直是创造世界上最大的天使投资人网络，拥有遍布三大洲 46 个分会，超过 2500 名公认的投资人会员。

Keiretsu 的一系列会议是与科技和商业模式领域最新创新保持齐头并进，并且向慷慨的成功人士学习知识和经验的诱人机会。

收获集体心灵分享

讨论引出的丰富专业知识和经验，以及小组成员们进行的每一个反思，使大家都有机会变成知识更渊博的投资人。的确，Keiretsu 的会议对于了解科技与商业模式领域创新的最新情况，以及学习慷慨的成功人士的知识和经验是一个非常好的机会。

兰迪·威廉姆斯对Keiretsu论坛的独特贡献在于“在团体中带动了集体的心灵分享”。

“任何人都可以就一家公司发表评论，”威廉姆斯解释道，“我要设立Keiretsu论坛让大家优雅地谈论公司。”

威廉姆斯在会议快结束时引导有关公司的讨论，他总是会说他不仅仅是一位论坛版主。“我为反馈而感到兴奋，”他说，“所以我不是在主持会议，而是在带出小组中的集体心灵分享。”

讨论之后，Keiretsu的会员会投票决定邀请哪些公司出席论坛会议。“每个会员有一票，赞成、反对或‘泡泡’，”威廉姆斯解释道，“‘泡泡’的意思是我们对该公司的主张或技术并非真正足够理解，需要派人出去帮助我们理解他们的业务或报价。”

如果一家公司得到的是“反对”票，就会派一个团队过去向他们简要说明为什么会做这样的决定，以及如果他们想要进入下一步还需要做什么。威廉姆斯指出，风险资本家们因为不给人反馈名声不太好。“如果你听取不到反馈意见而只能靠猜，怎么可能成长？”他问道。“我们的谦和体恤非常重要，因为我们深切关心着企业家社区。”威廉姆斯指出，“有些得了‘反对’票或‘泡泡’票的公司，按照我们的建议进行改进后再回来，现在拿到了资金，这着实令人激动。”

威廉姆斯举了个例子：“有家做红酒瓶软木塞替代产品的公司来找我们。产品在这儿了，但市场对此还没有接受度。我们便派了一个团队过去帮他们做市场营销计划。现在他们就要来论坛了。”

做出明智决策

月度论坛会议会有100～175人出席。从前一周筛选会议做过演讲的公司中会选出4～5家公司。在论坛会议上，这些公司有10分钟演讲，另外还有10分钟与在座会员问答互动。与筛选会议很相似，演讲者在演讲环节结束后会先离开，在座会员会讨论每家公司好的方面和令人担心的方面。

在每家公司演讲结束后，会有一张“黄金”表格给大家传阅。如果一个会员有兴趣讨论给这家公司投资的可能性，就把自己的名字和联系方式写在表格上。没有强制投资，把名字和联系方式写在表格上只是表示有兴趣后续跟进，与这家公司讨论投资条款并履行尽职调查流程。

潜在投资人可以在会议结论性的讨论后在表上删除或添加他们的名字。威廉姆斯鼓励Keiretsu会员们果断一些，这样就不会浪费企业家的时间。“如果你想给他们投‘反对’票，那现在就告诉他们。”他说，“如果你的答案是‘有可能’，那么给你30天时间，然后告诉他们。”

Keiretsu论坛的流程促进了企业家和投资人双方的自主权与独立性。威廉姆斯想要确保每次交易对交易双方都是双赢的。“Keiretsu论坛的会员们给企业家的不只是钱，”他说，“他们还会给企业家带来导师经验和人脉关系方面的好处。”

Keiretsu 论坛的会员们的角色超越了“投资人”这个角色。他们还担当了合作伙伴，给企业家们“比钱更多的东西”，并且为他们提供“作为导师的经验和人脉网络”。

Keiretsu论坛作为一个投资集团，其成功之处还在于它的选择性。“我们只给我们见的15～48家公司提供资金，”威廉姆斯说，“但目前这已经比世界上其他天使论坛做得好了。”

一家公司即使被论坛集体拒绝了，如果会员个人愿意，还是可以自行投资给这家公司。Keiretsu不会从任何投资中抽成。论坛只会向符合资格，被接收成为会员的人及向被选上做演讲的公司收取费用。

即使一家公司没有被论坛团体选中，会员个人如果愿意，也可以自己给这家公司投资。

有一个典型的成功故事是关于T.S.制药公司的。这家公司开发了一种有效治疗艾滋病人腹泻的产品。有 17 位 Keiretsu 会员参与了一个为期 6 周的筛选回合。“为真正支持和帮助人类的东西投资是很棒的。”威廉姆斯说，“这个项目是 3 个会员引来的。由于其他人很尊敬他们，而且事实上对他们也没有任何既得利益，这 3 个人带动了 17 个会员来支持这家公司。”由于这 17 个会员的投资和支持，T. S. 制药公司能够向前发展，而且很快就被收购了，这将有助于加速将他们的产品送到有需要的病人手中并且为投资人带来利润。

运用“集群智能”

显然，Keiretsu 论坛获得成功的一个关键是“集群智能”。这种类型的智能来自一群人，他们拥有各种各样不同领域的专长和经验，专注于共同的目标，并且将他们的集体知识汇集到一起。“我的整个投资哲学是挑选比我聪明而且完全专注于手头任务的人。”威廉姆斯说，“一群人形成了一个很棒的心灵分享的数据库，不论引发的是什么，都会成为专业知识。”

举个例子，有一次，一家法国著名的商业杂志的记者打电话给威廉姆斯，问他对数据存储的看法。他回应道：“我对数据存储一窍不通，不过我会把这个问题放到我们的 Keiretsu 社区去。”他发了一封邮件给北加州的会员们。30 分钟内他收到了 27 个来自数据存储专业领域的人的回复，包括两三个已经在这个领域创业的人。记者深受震动，她决定将文章的主题换成 Keiretsu 论坛。

Keiretsu 论坛的使命是“高品质交易流的伟大联盟”。

据威廉姆斯说，这种集群智能降低了投资人的风险，而且由于会员们除了能够贡献钱以外，还能够贡献“智力资本”和其他资源，集群智能还创造了价值。“资源比金融资本更强大。”威廉姆斯说。

威廉姆斯还着重强调了 Keiretsu 成功的另一个关键，那就是 Keiretsu 的会员们“对于玩得开心和做出好的投资有着共同的信念。”实际上，Keiretsu 论坛的使命是“高品质交易流的伟大联盟”。（交易流涉及潜在投资者所看到的，以新创立企业的形式呈现出来的投资机会的数量和多样性。交易流的品质极大地影响着投资者们投资成功的程度。）“这一切就是好人们聚在一起，奉献激励的力量。”威廉姆斯说，“如果你没有合适的会员制，就发挥不了作用。”

为创建社区建立指导原则

威廉姆斯围绕四个核心价值或者说“指导原则”建立起了 Keiretsu 社区：

要确保 Keiretsu 论坛会员以及他们所支持的企业家获得成功，合作是最基本的。

1. 完全合作

“我们真的热爱与其他天使论坛和投资集团合作并一道工作。”威廉姆斯说。实际上 Keiretsu 这个名称是合作的象征。Keiretsu 是一个日本术语，代表“一群有广大能量和通达范围的联营公司”。

威廉姆斯解释说，“天使投资人是那些在他们有所了解的领域投资并通过他们的人脉网络帮助项目公司成长的个人。”因此，合作是确保他们获得成功的基本元素。据威廉姆斯所说，成功合作的基础是大家聚到一起并问：“我们可以一起做些什么帮到你？”

Keiretsu 论坛会员在审查和甄别必要的关键信息以准确评估风险方面进行合作，但在投资决策方面则是个人去做的。

2. 智力投资

Keiretsu 论坛会员们提供 25 ～ 200 万美元的早期资本，每个会员投入 2.5 ~ 3 万美元。Keiretsu 论坛不是一个基金，不会以一个单独实体进行投资。会员们在“尽职调查”（尽职调查是由调查者们执行的调查流程，调查深入一项投资的种种细节，以精确评估投资风险，比如对运营和管理进行考查及对重要事实进行查证。）方面互相合作，但会各自做投资决定。Keiretsu 论坛会考虑各种各样的投资机会，包括软件、卫生保健、电子通讯、媒体娱乐、仪器仪表和房地产或传统企业。投资较小，主要给早期的货币化提供机会。“作为天使投资人，我们愿意在 3 ~ 5 年内看到我们的投资获得利润或者某种回报。”威廉姆斯说，“我们不是在等 8 ~ 10 年的回报。我们的投资 28% 在房地产或者其他非科技领域。”

3. 会员们的付出天性

威廉姆斯说 Keiretsu 的一个核心目标是“教导和鼓励其他人付出。”比如，每年 Keiretsu 都会搞一个“温暖大衣”活动。“去年我去了一家学校跟一位女生谈这件事，”威廉姆斯说，“结果她发动整个学校收集了 Keiretsu 捐赠的 900 件大衣。”

> Keiretsu 会员本身是一些感觉想要“回馈社会”的成功人士。当进入 Keiretsu 的各种会议时，出席者都要“在门口检视他们的小我”。

Keiretsu 会员本身都是成功人士，他们都很想“为社会付出点什么”。这来自 Keiretsu 会员与他们所帮助的对象之间“亲切而勇敢的分享”。迈进 Keiretsu 的会议室前，出席者都会“在门口检查他们的小我”，威廉姆斯说。

Keiretsu 作为一个社区，坚持着“不准拉客”的政策。举个例子，Keiretsu 论坛的嘉宾被告知，除非给别人提供帮助而不请求任何回报，否则不可以给别人派名片。“我们很在乎这点，”威廉姆斯说，“我们想要保持彬彬有礼。”

> Keiretsu 论坛的嘉宾们被告知他们不可以向别人递名片，除非他们只是在提供某样东西而不要求对方回报什么。

Keiretsu 还建立了强大的由 Keiretsu 论坛慈善基金授权的慈善基金分会。威廉姆斯自豪地说，最近这一年“我们很幸运捐出了 25 万美元”。其中包括给受到家庭暴力的女性以支持的团体捐赠的 5 万美元。

威廉姆斯主张，“我们的口头禅是‘付出得越明智，送出的礼物就越大’。”

4. 玩得开心

在威廉姆斯看来，不可能在一群只是想赚钱的精明势利之人中间建立起一个社区。“我们聚在一起，一起玩，”威廉姆斯说，“信任直接带来友谊。”在 Keiretsu，信任是通过“重点放在玩得开心上的关系建立活动”培养的。“我们每个月有 3 ～ 5 次主要活动，”威廉姆斯说，“从滑雪之旅和高尔夫比赛，到飞行俱乐部和晚餐聚会。”

Keiretsu 有一个参与委员会，它的成立是为了帮助大家找到与他们感兴趣和有激情的领域最相符的参与方式。

按照威廉姆斯的说法，“参与是创建社区的本质。”Keiretsu 有一个委员会系统，会给大家提供很多参与的方式。“无论哪种方式让你产生了共振，是房地产、电讯、慈善、软件、仪器仪表还是生物科技，你觉得好就好，只管参与进来。”威廉姆斯加重了语气。Keiretsu 甚至成立了一个参与委员会来帮助大家找到与他们感兴趣、有热情的领域最吻合的参与方式。威廉姆斯指出，“每个分会都有一个参与委员会来展示和分享，并指引每个会员走到他可能想要互动的地方。”

这些指导原则在 Keiretsu 的各种会议互动中充分展现出来。有位新会员说，“我参加过那么多人际交往会议，但这次会议的体验非常不一样，因为它有灵魂。”

“Keiretsu 论坛是一种充满好奇心的机遇文化，”威廉姆斯总结道，“另一个成功标志是有一颗平和的心，在 Keiretsu 有许多平和的人。”

愿景

天使投资人在投资之前与其他天使投资人谈谈

一个聚集天使投资人的社区，大家可以享受伟大的心灵分享，利用“集群智能”相互支持，并做出更好的决策

雄心

建立世界最大的天使投资人网络，拥有遍布三大洲的 46 个分会和超过 2500 名公认的投资人会员

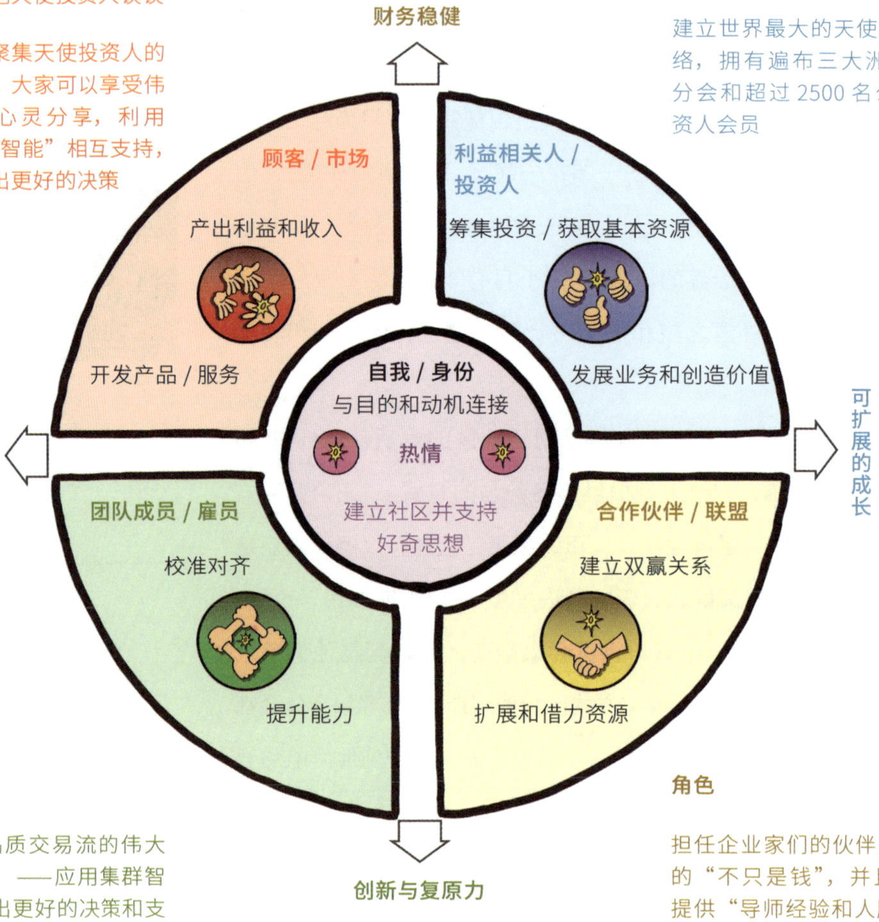

使命

“高品质交易流的伟大联盟”——应用集群智能做出更好的决策和支持企业家们

角色

担任企业家们的伙伴，给他们的“不只是钱”，并且为他们提供“导师经验和人脉关系方面的好处”

兰迪 · 威廉姆斯的卓越圈

愿景

- 天使投资人在投资之前与其他天使投资人谈谈
- 一个聚集天使投资人的社区，大家可以享受伟大的心灵分享，利用“集群智能”相互支持并做出更好的决策

雄心

- 建立世界最大的天使投资人网络，拥有遍布三大洲的 46 个分会和超过 2500 名公认的投资人会员

使命

- “高品质交易流程的伟大联盟”——应用集群智能做出更好的决策和支持企业家们

热情

- 建立社区并支持好奇思想

角色

- 担任企业家们的伙伴，给他们的“不只是钱”，并且为他们提供“导师经验和人脉关系方面的好处”

兰迪·威廉姆斯的卓越圈

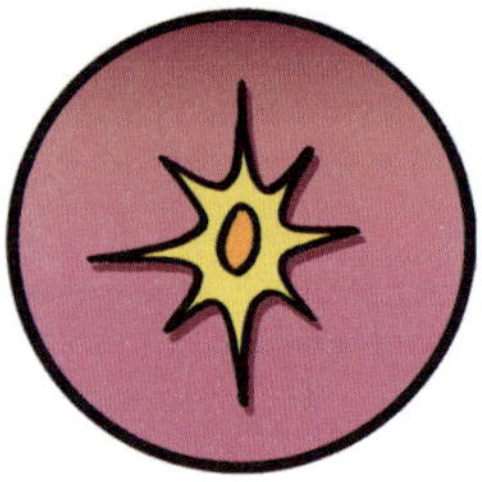

小结：对建立社区和支持好奇心的热情

那么，创建一个像 Keiretsu 这样的社区需要什么？“热情，”威廉姆斯说，“需要一份创造社区的热情。而且你必须要得到你带来的人的尊重。你还需要有一颗好奇心。我每天都从 Keiretsu 的会员和企业家身上学到新东西。”

兰迪·威廉姆斯创造的 Keiretsu 论坛是源自他建立社群和支持好奇头脑的热情。

Keiretsu 论坛成功的一个主要因素是应用了分享和云集集体智慧的流程来帮助投资人和企业家，一来帮助他们为成功投资制定

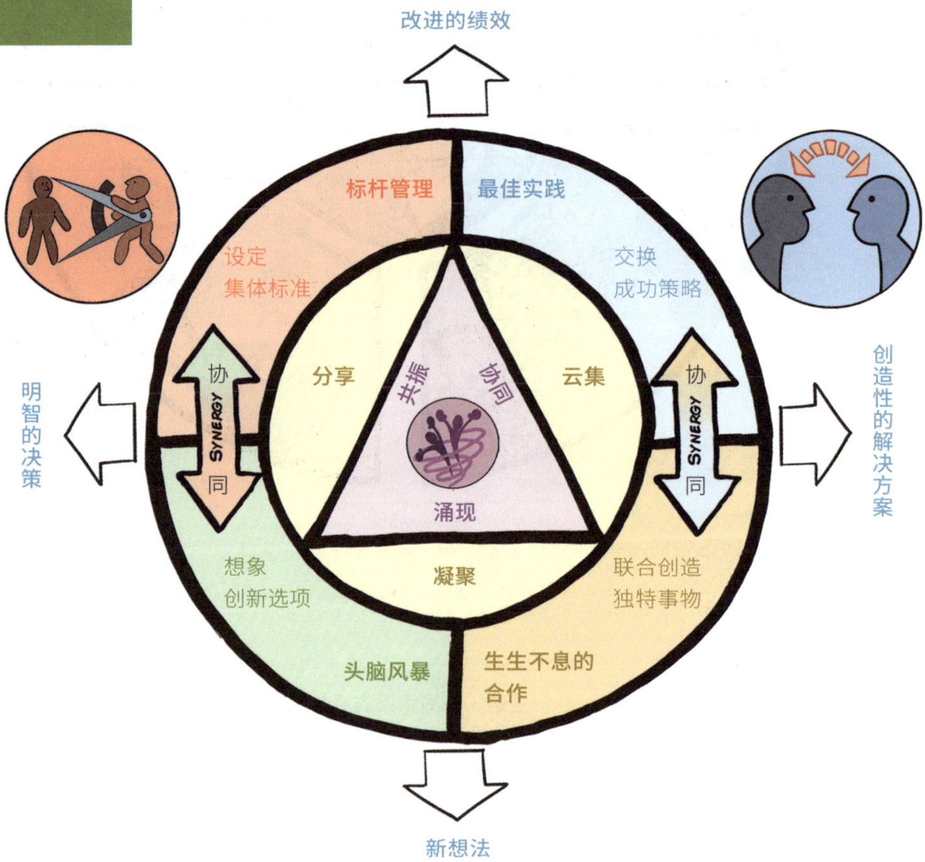

兰迪·威廉姆斯的 Keiretsu 论坛将标杆管理和最佳实践的行动协同起来，使投资人和企业家们产生改进的绩效和做出更明智的决策

基准的集体标准，二来帮助他们交流最佳实践，以支持成功策略的实施。这种协作为投资人和企业家双方都带来了更好的表现和更明智的决策。正如威廉姆斯指出的，在成功启动项目或企业时，这种“智力资本”比仅靠金融资本力量要大得多。

Keiretsu 论坛的一个主要成功元素是应用了分享和云集集体智慧的流程，来帮助天使投资人和企业家获得更好的表现，做出更明智的决策，以及找到创造性的解决方案。

兰迪·威廉姆斯的 Keiretsu 论坛是建立生生不息的企业社区的强大榜样。威廉姆斯要为投资世界和企业家世界开创一个双赢框架的愿景，明显吸引了来自投资领域和企业家领域的成功人士，并且为他们创造了支持彼此愿景、使命和雄心的机会。Keiretsu 社区由怀有共同信念和价值观、能够平衡小我与灵魂的需求与渴望的人组成。这就是我所说的“致胜文化”。

“致胜文化”的特征

“致胜”最普遍的意思是“成功到达一个地方或一种状态”。win（赢）这个词在古英语中写作 winnan，意思是“奋斗”。因此，这个词的原意是“通过付出努力获得财产”或者“通过工作获得财产”。“奋斗”的概念还意味着“在竞赛中获胜”。不过，很重要的是要注意 winnan 一词还和名词 wynn 有关，意思是“欢乐、高兴和愉悦”。

因此，“致胜文化”就是能够达到一种想要的状态，为达成那种状态而努力，能够调动合适的动机，能够成功地与其他想要达成相同目标的人竞争，并且能够在成就中得到快乐与愉悦。从这个角度看，致胜文化是“顺应未来”的。因此，致胜文化能够支持：

- 一个对正向未来的期望。
- 一种有能力和负责任的感觉。
- 一份自我价值和归属感。

因此，致胜文化具有乐观的特征，它聚焦于想要的成果，以及建立同样支持“灵魂”与“小我”的清晰并始终如一的价值观。致胜文化能够在热情、创新、创造力与技巧、实用之间保持平衡。致胜文化还能够从团队或企业每个成员会有所贡献的前提入手，拥抱和借力多样性，因而每个参与其中的个体的最佳特色都能得以最大化。

文化一词在《美国传统词典》中定义为“在社会上传播的行为模式、艺术、信念、制度和所有其他人类作品或思想的总和。”《韦氏词典》则将文化定义为“合乎习俗的信念、社会形态，以及人种的特质特性、宗教或社会团体。”和“描绘一家公司或社团的整套共同态度、价值观、目标和实践”。因此该词可以用于小到家庭大到整个国家的一个群体。

文化的概念最早在 1871 年由英国人类学家爱德华·B. 泰勒明确定义。他用这个词指“包含知识、信念、艺术、道德、法律、习俗和其他一切作为社会一员的人所必备的能力和习惯的复合整体。”这个文化的定义既意味着个体内在自带的思维模式、信念和对世界的设想等形式的软文化，还意味着包含器具、美术、陶器和其他手工艺品等这类价值观与行为的具体表现这样的硬文化。

文化的总和或“本质”是其软硬两种成分的综合体。文化是其环境、该文化所支持的行为模式、该文化所反映的思维模式、文化上的信念与价值观、惯例、艺术以及其他该文化产物的集成。这些因素汇集在一起创造出一个一致的整体，即我们所说的“场域”。

自我价值感和归属感

有能力和有责任的感觉

向往正向的未来

致胜文化的特征

当这个场域很强时，它对置身其中的人们有着自组织的影响。就好比人们游泳的水。史蒂夫·乔布斯在皮克斯和苹果建立的追求卓越的文化，就是这种场域力量的最好样板。如乔布斯所说，“如果（人们）在一个追求卓越的环境中工作，他们凭自我驱动便可做出卓越的工作。我说的是一种卓越受到关注和尊重的环境，并且卓越体现在文化中。如果你有了这点，你不需要让人们去做出卓越的工作。他们从自己的周围就可以明白这一点。”

文化是其所处环境、该文化所支持的行为模式、该文化反映的思维模式、文化信念和价值观、仪式、艺术及其他文化输出的综合体。

实际上，文化一词源自拉丁文 cultura，字面意思是“被照料、保卫和培养的东西”。

从这个角度来说，文化的正面目的在于：

文化在互动人群之间发挥了很强的自组织影响。

- 创造凝聚力——培养一种归属感并给人们的行动赋予意义。
- 保持好的 / 高效的状态——积累和传递知识给后续几代。
- 保持身份 / 根——提供稳定性。
- 支持和回报成功行动。
- 提供安全性。
- 促进成长。

猴子实验的寓言

不过，与石头汤的故事所阐明的一样，成为致胜文化的潜力总是有的，但并非所有的文化都是致胜文化。逆境和匮乏会导致与致胜文化相反的品质，因为其会将人们推向无意识间深深根植于文化中的求生存策略。

在造成无意识的文化模式方面有一个极具启发性的实验，就是将 6 只猴子一并关到一只大笼子里。一串美味的香蕉挂在一段台阶的顶上。笼子上连接一个操控装置，被放出来的一只猴子一开始爬台阶，笼子里其他的猴子就会全部被高压水枪喷出的冷水淋得浑身湿透。

很快，猴子们就学会了远离台阶，并且让小伙伴们也不要太靠近台阶。有意思的是，这种躲避行为会一直延续，即使水关掉了也一样。猴子们永远不会意识到水已经关掉，因为它们之前被淋湿的经历引起的负面预期彼此传递，导致它们再也不敢靠近台阶了。

六只猴子被一起关在一只大笼子里。一串美味的香蕉挂在一段台阶的顶上。

当我们将其中一只猴子用新的猴子换下，新来的猴子自然会认为可以去拿挂在那里的香蕉，于是开始向台阶走去。其他猴子由于害怕之前经历过的情况再发生，会联合起来阻止新来的猴子爬台阶。新来的猴子试了几次未果之后，最终也学到了“禁止靠近台阶”这个规则，尽管它不知道为什么要这样做。

接下来，原来 6 只猴子中的另一只再被带走，换上一只新的猴子。这第二只新来的看见香蕉也会去拿。结果其他五只猴子都会再度阻止它，包括后来新来的那只——它似乎对加入大家一起阻止第二只新来的猴子相当热心。这无疑在说，“如果我不可以去爬台阶，你也不可以！”

一只猴子爬上台阶去拿香蕉，笼子里其他的猴子就会全部被冷水淋得浑身湿透。很快猴子们就学会了不要去爬台阶。

第三只原来的猴子也被换成了新的。这个新成员还是被阻止靠近台阶。跑去阻止这个新成员的五只猴子中间的两只完全不明白为什么不许它们爬上台阶（它们从来没被淋湿过，因为水一直是关着的）。它们只是从与其他猴子的互动中学到了谁也不许靠近那段台阶。

最后，所有经历过原来与爬台阶相关联的负面后果的猴子被一只一只从笼子里换下来，新猴子顶替上。群猴会教导每一只新来的猴子“禁止靠近这些台阶”，而且不许爬台阶去拿香蕉的禁忌会永远保持，尽管原来那群猴子被水枪喷的时候，现在笼子里的这些新猴子没有一只在场。

水枪关掉而且曾经被淋湿过的猴子全部被换掉后，不许爬台阶去拿香蕉的禁忌会完全不被质疑地继续存在。因为对这群新猴子来说，“这里一直就是这样。”

如果用一只新猴子代替第一组中的一只猴子，其余的猴子会联合起来阻止新猴子爬台阶去拿香蕉，因为它们害怕被淋湿。新猴子也很快学会了“禁止爬台阶”这条规则。

尽管这个实验极有可能不足凭信，它还是清楚说明了我所说的“思维病毒”是如何产生的。思维病毒就是已经脱离了造成它的经历和预期的限制性信念或者叫“信念障碍”。思维病毒特别难以改变，因为它不再根植于原来形成它的那些经历。

打破猴子案例中的这种模式的唯一途径是，将一只蔑视习俗、挣脱阻止、爬上台阶吃到香蕉的“流氓猴”引入笼子。群猴在惊恐地看了一会儿后，也开始试着爬上台阶。很快，它们都爬上台阶去拿香蕉了，大家都从“流氓猴”的行动中得到了好处。

如果再用一只新猴子代替原来组中的一只，第一只换进来的新猴子会跟其他猴子一起阻止它去爬台阶，因为“这里的情况就是这样”。最后，原来组中的所有猴子都被换了下来。笼子里的猴子没有一只被淋湿过，但它们还是会继续避免去爬台阶，尽管它们并不知道为什么要这样做。

鼓励企业家特质

新一代企业家有点像前面那个寓言里的“流氓猴”。他们想要绕开信念障碍和评论家去达成自己的目标和雄心。在这个过程中，他们往往转化了对“什么可能发生”及“什么被允许”在文化方面的新一代企业家有着与众不同的特征。他们发现自己可以发挥影响，让事情变得更好，从逆境中复原，甚至做些其他人认为“不可能”的事情。他们以创造性的方式看待问题，而且能够找到不同方式克服或转化困难。

感性认识。

石头汤的故事中的陌生人也是一个例子，说明企业家和企业家特质可以如何唤醒他人并转化已经被匮乏思维“感染”了的文化。

对企业家态度与特质的鼓励在本书所呈现的每一个卓越元素案例中都起着重要作用。斯蒂夫・菲尔和他在 CrossKnowledge 公司的搭档把“企业家精神”定为他们公司的核心价值观之一。斯特凡・克里森在 EDHEC 的管理硕士计划是他自己的企业家精神的产物。该计划饱含这种态度，而且支持和鼓励参与者发展许多企业家技巧和态度。兰迪・威廉姆斯的 Keiretsu 论坛的成功也清晰展现了在培养企业家特质的基础上创建社区的力量。

我们已经看到，新一代企业家具有与众不同的特点。史蒂夫・乔布斯就指出过，企业家们有着活出自己梦想的渴望，而且能够避免被其他人意见中的“教条”或“噪音”困住。他们发现自己可以创造不同，让事物变得更好，从逆境中重新振作，甚至做别人认为“不可能”的事情。他们有创造性看待问题的方法，而且有能力持续寻找克服或转化障碍的不同方式。

在第一卷《卓越元素》中，我谈到约瑟夫・坎贝尔所说的“村庄”原型。村庄代表“小我”，以及由我们的传统社会和文化为我们规划好的人生。它是建立在安全、控制、自利和适应这些小我特质之上的。我们通过遵守规则在村庄中如愿以偿，如史蒂夫・乔布斯说的，“别太冲撞，享受美好的家庭生活，玩得开心，存点钱”等等。村庄的生活在给我们安全保障和确定性的同时，也会是一种“局限的人生”。就好像石头汤的故事和猴子的寓言所证明的，这种生活也会把由无意识的“思维病毒”和信念障碍制造的限制强加在我们身上。

另一方面，企业家们则倾向于找寻“旅程”的原型。走在旅途中，我们跟随自己的心，自己的愿景和召唤，去寻找属于我们自己的发现新事物的方式。这是所有伟大的领导人、企业家和开发者所走的路。通过沿途的挑战和发现，我们收获勇气、洞察、智慧、复原力，以及对自我和世界的更大觉察。然后，当我们回到村庄的时候，能够给其他人做出我们自己独特的贡献，并且会让大家认识和接纳真实的我们。由于我们的成长，我们给村庄带来了新的观念和新的生活，使之更加繁荣兴旺。

虽然“小我”和“村庄”都是必需的，但危险的是，如果它们不能与“灵魂”“旅程”及企业家所表现出来的互补特质取得平衡，那么就可能造成心理定势和不必要的局限。

企业家的旅程，用现代舞先驱玛莎·葛兰姆的话说就是，学习“打开你的管道活着”。旅程关乎发现你的愿景和使命，活出你的梦想并且让世界变得更美好。下面这张表对比列出了企业家与“村民”的关键特质。

企业家和“村民”的关键特质比较

特质	企业家	村民
总体态度	朝向目标	远离问题
责任落点	积极指向自我	反应性指向“他人”
完成任务的方式	机会和选择	遵循流程
时间框架	现在与未来	过去
比较模式	差异点	相同点
格局大小	宏大愿景	细节

村民式的人生充满安全感和确定性，但只会是一种“局限的人生”。

英雄之旅的人生需要追随你自己的心、你的愿景和召唤，找到你自己的路，并且发现一些新的东西。

鼓励彰显企业家特质，不仅对小型创业公司很重要，对大型组织也很重要，大型组织会很容易陷入“村民”文化特质。

致胜文化通过鼓励和回报个人的以下行为促进企业家特质：

- 思考想要朝什么方向走（而不是相反，想要避开什么）。
- 积极主动，亲自做更多决定。
- 寻求多种选项，考虑多种可能的选择。
- 专注于将未来带入当下（而不是简单地复制过去）。
- 寻求差异点并努力寻找形成差异的方式。
- 根据宏伟蓝图和愿景来思考（而不是迷失在细节里）。

鼓励这些特质不仅对小型创业公司来说很重要，对大型组织也很重要，大型企业可能很容易陷入“村民”文化特质。这些文化特质在史蒂夫·乔布斯的评论中讲得很清楚：“（我们的文化）明确奖励独立思考，而且我们经常发生有建设性的争论——在所有层面……我们的态度是我们想要最好的。不要为是谁想出这种想法而惴惴不安。挑出最好的想法，然后开始干吧。”

打造一种致胜文化

鼓励企业家特质是创造我们所说的“致胜文化”的根基，是建立生生不息企业社区的基石。正如兰迪·威廉姆斯 Keiretsu 论坛的成功所证明的，要建立一个成功的生生不息的企业社区，企业家和领导人们建立并培养一种文化，能够有效支持达成企业愿景、为利益相关人创造价值、促进企业参与者的参与和发展、为顾客和客户提供高品质的产品和服务，这一点非常重要。

这种文化创造出一种社区，身在其中的会员们：

- 在共同的愿景和价值观上对齐一致。

- 尊重多样性。
- 富于创新精神。
- 敏捷——快速反应和适应。
- 灵活——内在与外在都积极响应。
- 高效——寻求减少浪费和优化资源。

致胜文化的特质

卓越元素解码对成功的定义是建立在达成双赢结果的基础上的。致胜文化很明显也是建立在“双赢”互动的前提下，与“零和”互动相反。我在《卓越元素》中定义过，零和互动就是在互动中一方赢而另一方输——比如在一场比赛中竞争或者冲突。这个词的含义是赢（+1）加输（-1），彼此抵消结果是零。

正如石头汤故事中的村民们和寓言实验里的猴子们所展示的，零和互动通常在那些感觉到，或者预料到，生死攸关的资源会匮乏到只够让一方生存下来的情况下发生。零和互动导致其中一方掌握支配地位和权力。另一方面，双赢互动，由于预计可能有足够所需资源供应，或者双方都会以某种方式受益，往往会创造出带来发展和成长的正向自我强化反馈回路。

也有可能发生“负和”或“双输”互动，在这类互动中，双方都无法从中受益。这类互动出现在出于恶意或出于无知，一方把另一方拖垮的情况下。由于负和互动完全没有理性可言，其发生比想象的要多得多。这往往是因为出现了一种短期的赢转变为长期的输的情况（即赢了一场战斗却输了整个战争）。

与零和或负和互动形成对比的是，双赢互动试图为当事各方制造互利。比如，在致胜文化中，大家都把行动目标定为给尽可能多的系统要素制造正面效果。用亚伯拉罕·林肯的话说就是，我们行动的目标应该是“为最多数的人民做最大的好事”。

致胜文化既具支持性又高效——这种文化支持人们并且达成高品质的成果。

总而言之，致胜文化是生生不息企业社区的基础。致胜文化既具支持性又高效——它支持大家并达成高品质的结果。在致胜文化中，大家改变、成长并变得越来越有能力，而且在完成任务的过程中持续提高。这一文化是支持性的，因而是高效的，而且其支持性就是为了达成高效的结果。兰迪·威廉姆斯的 Keiretsu 论坛清晰说明，在致胜文化中：

- 大家一起平顺而迅速地一起工作——带着“正面能量”。
- 所有成员都参与其中并受益。
- 所有成员都做贡献并被重视。
- 大家的互动产生出创新的结果。

前面提到的“合作催化剂”“集体创造力催化剂”“教练容器”和接下来会提到的“活力团队”开发练习，都是有助于创造致胜文化的有力实践。

卓越元素解码之合作催化剂：团体肯定练习

在一个生生不息企业社区的致胜文化中，人们彼此信任并且相互肯定对方的能力，以实现梦想和达成目标。下面是我们经常在卓越元素解码课程与教练环节中和团队一起使用的合作催化剂，用来创造团队成员之间，或者合作者之间的支持“场域”。这是应用我所谓的“聚集”概念的一个例子。

这个流程是对第一卷《卓越元素》中“寻求支持和赞助及聚集你的同盟”的应用，同时也是对本书第一章中所描述的“培养一个联合赞助场域”的很好跟进与补充。赞助需要创造一个空间，在这个空间里别人可以行动、成长和超越。赞助人提供一个场景、一些人脉和资源（包括但并不限于财务资源），使得团体或个人得到资助去专注于最大限度地发展和运用他们自己的能力与技巧。赞助不仅涉及很投入地去激发某人或某个团体本身已经具有但尚未最大限度展现出来的特质，还涉及挖掘、支持和保护另一个人内在的潜能，以便使其完全展现出来。

通常我们会使用一些简单而有力的肯定，通过真诚而和谐的沟通来做到这一点，如：

- 对你来说这是值得拥有和很重要的。
- 你是可能成功的。
- 你有能力成功。
- 成功是你应得的。

> 赞助包括投身于提升一个人或团体内在已经具备但尚未充分展现出来的特质。这需要寻找、支持和保护另一个人内在的潜力，以使之得以完全展现。

团体肯定练习是一种在小组或团队中应用信息深化和增强联合赞助的方式。通常我们会在 5 人左右的小组里做这个练习。其中一个小组成员是企业家 / 演讲者，其他人就是“赞助者”。赞助者们和演讲者围成一圈，一半站在演讲者左边，一半站在其右边。每个人充当一个表达上述肯定句的角色。

- 小组成员一起进入教练状态，并创造出一个教练状态容器。然后演讲者开始做关于他的项目或企业的“电梯演讲”。小组成员会以高品质的关注状态倾听，并且体验演讲者的项目或企业哪个部分引起了自己的共振。

- 方法一：每次一名小组成员，真诚而和谐地说出其为赞助演讲者而选择的肯定语。
- 方法二：当每个赞助者口头说肯定语时，他可以（以顺时针方向）围绕演讲者转圈，在另一个位置重复这句肯定语，一直这么做，一直到回到起始位置。
- 方法三：每个赞助者重复他的肯定语 3 ～ 4 次，与此同时，其他赞助者说各自的肯定语，顺序不拘，他们什么时候想说就说。
- 当他们完成几个回合的重复之后，赞助者和演讲者都静下来。小组保持沉默，直到演讲者点头，表示他已经接收并内化了

别人与我们一致且支持性的信念提升了我们的信心和动力，使我们能够完成说明项目和企业的必要步骤。

在致胜文化中，合作者之间的相互信任创造出一个支持彼此获得成功的场域

这些信息。

- 然后演讲者与小组分享在他的自信感及对自己项目或企业的投入感方面有什么转变或加强。
- 接下来另一个小组成员自告奋勇做演讲者，大家再重复上面的流程，直到所有的小组成员都做过演讲者，并且体验过每一个不同的肯定位置。

有一个简单而动人的事例证实了这种集体肯定的力量。那是一个短视频。视频中一个小男孩在一个公开的儿童体操示范表演中正在努力跳马。他试了好几次都没能跳过去——那跳马障碍物比他还高——这时候他明显变得灰心丧气起来。他准备好再跳的时候开始抹眼泪了。突然，他的整个团队从座位上站起来，走过来把他围在中间，所有人同时鼓励他，给他加油。在队员们的信心和力量激励下，小男孩在下一跳中轻松跃过了障碍物，全场为之惊呼、鼓掌。

建立带来生生不息合作的生生不息关系：如何从“无名小卒”变成“重要人物”

从一无所有中创造出一些能力，深深扎根于关系的建立。建立支持性和有生产力的关系是生生不息企业社区的基石，特别是构成带来生生不息合作的“生生不息关系”的基石。生生不息的关系是指创造了比各组成部分相加的总和还要大的结果的关系，是 1+1=3 原理的体现。我们发现，生生不息的关系比任何一种形式的协同与合作都有更多空间让一个人的身份获得重大扩展。

生生不息的关系使一个人的身份得到重大扩展。

在卓越元素解码的课程和教练环节中，我们常常发现人们会因为把自己变得“很小”而限制了自己对梦想和愿景的追求。人们说，“我有这个伟大的愿景，但我是谁？我就是个无名小卒。我只成功人士与一个广泛的朋友和伙伴网络保持着联系，这个网络起到创造一个新的好运网络的作用——这些朋友和伙伴会支持他们和提供新机遇的信息给他们。

不过是‘无足轻重的小人物’。我可以造就什么不同？如果我是‘史蒂夫·乔布斯’，那也许我还能干点儿什么。”

事实是，最成功的企业家和领导人一开始都是“无名小卒”。以史蒂夫·乔布斯为例，他是一个大学生的私生子，由一个工薪家庭抚养长大，而且在大学第一个学期就辍学了。他最后又是如何创造世界上最大的科技公司并成为 CEO 的呢？

当然，我们已经知道“幸运因素”的重要性。像史蒂夫·乔布斯这样的成功企业家很容易被人说成仅仅是“运气好”。然而，建立关系正是“最大化你的幸运机会”的一种途径。我们早已指出，成功和“幸运”的人与一个范围很广的朋友和伙伴关系网保持着联系，该网络正是起到了创造一个幸运网络的作用——那些可以支持你和让你了解新机会的人都在这里。

比如，史蒂夫·乔布斯的成功很大一部分是源于他为核心关系建立起一条重要通道的能力，他将他的愿景和想法的影响力延伸到一个越来越大的社区，这个社区包括顾客、团队成员、利益相关人和合作伙伴。正是这些关系的建立带来了生生不息的合作，而这些合作又构成了他所描述的“倒金字塔”，使他能够将他有关个人电脑的想法这一颗“小小的种子”发展为一项全球业务。生生不息的关系和生生不息的合作打开了从一无所有中创造些什么出来的可能性的大门。

乔布斯说（见第一卷《卓越元素》）只要他开口请求帮助，还从来没有发现谁不想帮他的。这真

史蒂夫·乔布斯的成功很大一部分来自他建立重要关系的能力。

是一个有力的证明，证明他是如何通过建立“幸运网络”来增加他的“幸运因素”的。乔布斯还进一步说，“当别人请求我的帮助时，我会尽力做到有求必应来偿还这份感恩债。”这说明态度是致胜文化和生生不息企业社区的基础。不过，建立关系需要主动性。如乔布斯指出的，“大部分人从不开口请求帮助。而这点恰恰把实干的人和那些只是做梦的人区别开来。”

像我们所做的氢原子与氧原子结合产生水的比喻一样，生生不息的关系和生生不息的合作将我们转化得比单个个体更大。例如，史蒂夫·乔布斯通过与史蒂夫·沃兹尼亚克合作设计出首台苹果电脑时，他就不再只是一名大学辍学生了，他变成了“电脑设计师”。在与那些懂得制造电脑的人建立关系后，他变成了“电脑制造商”。然后，通过与有法律和财务专业技能的人建立关系，他成了“一家小公司的 CEO”，等等。随着关系螺旋的扩展，他自己的身份随着他的企业和项目的身份一起成长起来。

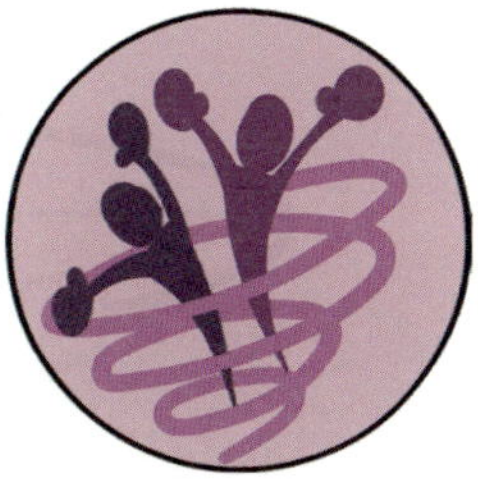

卓越元素解码之合作螺旋

生生不息关系的影响可以用一个上升螺旋来表现，在这个螺旋上，一系列关键合作以项目或企业形式建立起成功平台，这个平台扩大了企业家的影响力范围，并且使他沿着使命的轨迹走向更大的愿景。

生生不息关系的影响可以用一个上升螺旋来代表，这和史蒂夫·乔布斯的“倒金字塔”很相似，在这个螺旋中，关键的合作引发逐级平台的创造，这些平台又将你的影响范围延伸，并且让你沿着走向你更大愿景的使命轨迹前进。

我们发现，认识到建立生生不息关系的重要性的能力，以及主动追求这些关系的意愿，是企业家和领导人在创立成功项目和企业时最重要的成功因素之一。

很多时候，我们都是凭自己开始我们的企业家旅程的。一个“这个世界如何可能变得不同或更好”的愿景在我们内在被唤醒，我们感觉到一种要为这个愿景做贡献的使命感。当这份愿景和使命感与我们要在这个世界留下自己的印记的雄心和我们成长与精进的渴望结合在一起时，项目的“种子”或者说石头汤里的“石头”就出现了。一开始，我们是除了一个想法外一无所有的“无名小卒”，就像那个陌生人只有一块做汤的石头。如果我们带着一致性与热情跟其他人交流我们的愿景和使命，那么最终会有人会与这愿景和使命产生“共振”。如果我们“很幸运”，这个人会向其他也产生了“共振”的人介绍，并且可能提供关键的资源和支持。

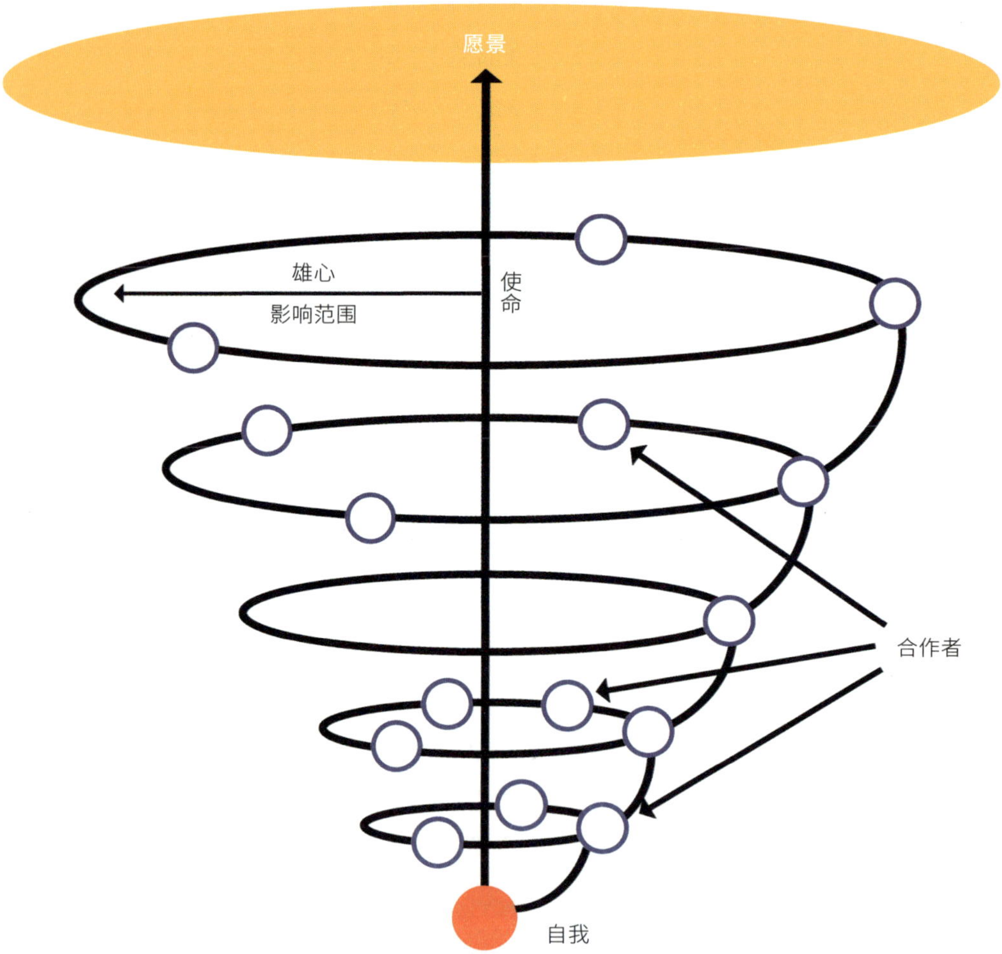

为了达成使命和实现愿景，合作使我们扩大了我们的影响范围

这些关系提供了一个基础，让我们去搭建一个扩展我们的可触及范围，并支持我们朝着将愿景变为现实的方向前进的平台。这个平台从由这些关系形成的生生不息的合作中浮现出来，这与氢原子和氧原子之间的互动产生水类似。由于我们参与了生生不息的合作，特别是参与了实现服务于更大愿景的使命的合作，我们的身份扩展到了比我们作为单独个体更多的范围。就像我在《卓越元素》中已经指出的，与那些怀有使命的人互动——比如拯救幼鼠的母鼠或者哈德逊河上的奇迹中那位机长——使得行动者有可能将身份扩展到比只是单个的老鼠或者单个的男人更大的身份。别人不再将我们看作单独的个体，而会将我们视为更大的角色与使命的体现，并据此对我们做出反应。我们也不再只是以分离的个体“小我”，而是以更大的身份和“子整体”来感知事物并做出回应。

举个简单的例子，参与出书这样的过程就将个体合作者们转化成“作者”“编辑”“出版人”“市场营销总监”等更大的身份。再举个例子，马克·菲茨帕特里克（《卓越元素》中有介绍）一开始只是一家大公司的“业务员”。他与公司一名软件工程师的合作将他从一名“业务员”转化成了“软件开发商”，而且最终他扶摇直上，成为一家拥有数百万美元资产的公司的“首席执行官”。

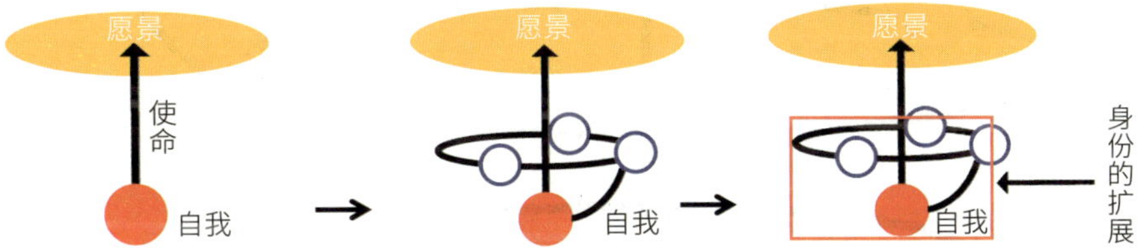

生生不息的关系为扩展我们身份的合作与支持网络打开了大门

一旦我们建成了朝着我们的愿景前进并实现使命和雄心的平台，一个超出我们所建平台边界的新的，或者扩展了的愿景就会出现。这种情况屡见不鲜。为了达成更大的愿景，成长、精进和关系建立的循环必须重新开始。不过，我们一般不会“从头开始”，又倒退回我们作为分离的“小我”的个体身份。我们从之前已经扩展了的身份为起点开始建立新的平台。换句话说就是，如果我已经是一名“作者”，我可以从这个身份开始建立我的下一个平台。

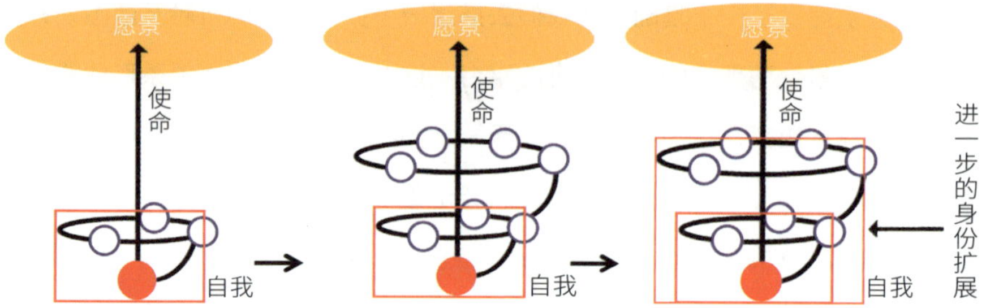

当我们已经通过生生不息的合作建立起一个平台，我们新的愿景就浮现出来，引领我们去创造将会扩展我们的边际和身份的下一个平台

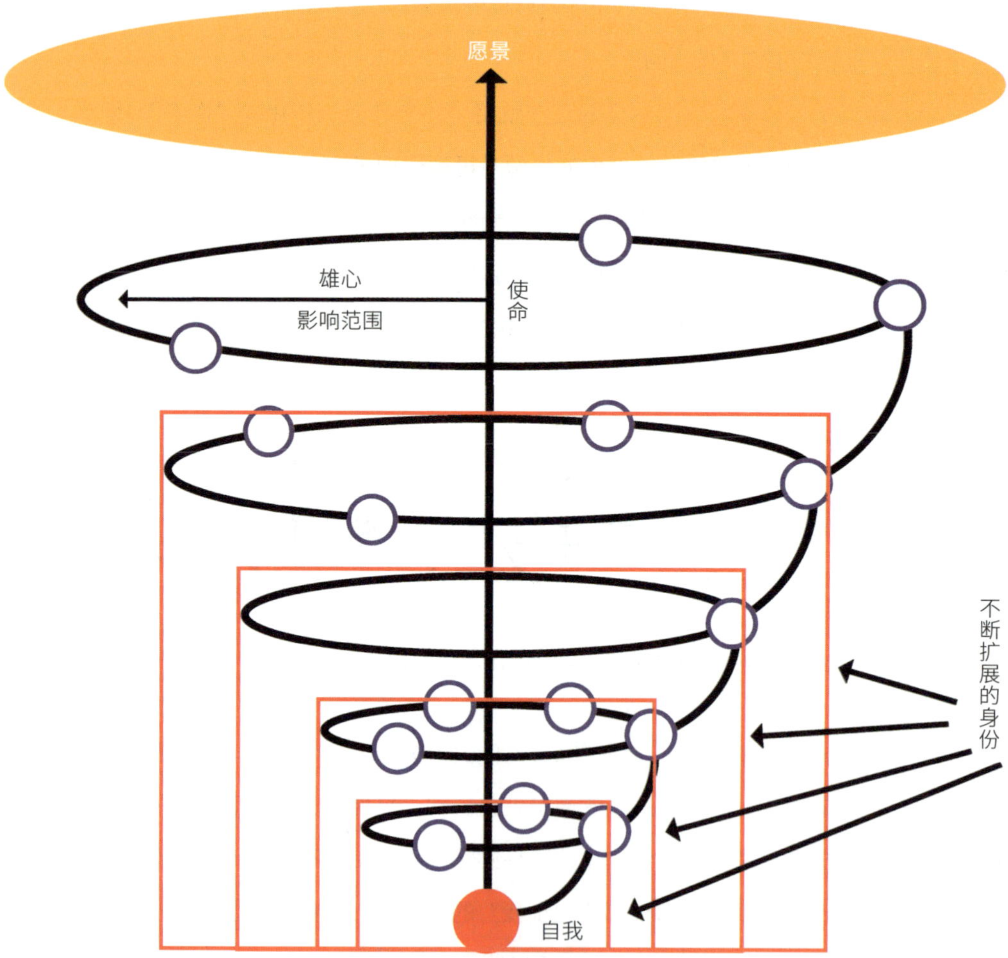

为了达成使命和实现愿景，合作使我们扩大了我们的影响范围

当你有一个大的愿景，你需要一路致力于建立一系列连贯的平台，形成一种扩展式的螺旋。在螺旋的中心是企业家自己的自我感，以及随着个体不断追求达成其最终愿景而建立的每一个平台持续成长和扩展的身份。

在每个平台上，个体都会成长到超越其感知到的现有身份“框框”的边界。如果企业家附属于或者等同于这个“框框”，则这个“框框”会经常拖他的后腿。一旦平台的边界被达到并超越，企业家必须继续努力为新的潜在合作做好准备，并且扩大平台，以达成其愿景、使命和雄心。

在一个人已经开发的合作伙伴关系及其感知到的身份感不断扩展的各层次之间的相互影响方面，常常存在着一种张力。比如，一个人可能拥有使他能够跳到下一个影响力平台的现成的合作关系，却因为感觉到不被允许担当与下一个影响力层次相关联的身份而止步不前。

有时，一个人也许会渴望跳到一个能够扩张身份级别的平台，但所需的，可提供影响力范围的合作伙伴却没有就位。

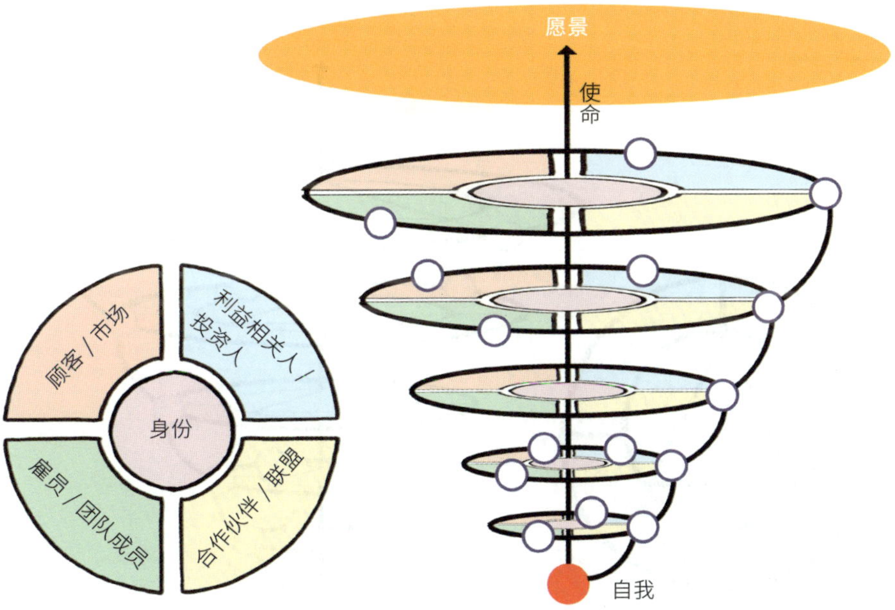

合作螺旋中逐级上升的平台是通过建立一系列关系构成一个新的或者扩大的卓越圈而搭建起来的

建立新平台

实际上，要建立一个稳固的平台，企业家必须建立与卓越圈所有维度的重要关系。这个螺旋的每一个新层次通常都是以项目或企业的形式体现出来，并且需要创造其自己的卓越圈，企业家必须与新的顾客、团队成员、利益相关人和合作伙伴充分建立关系。

如果在某个平台上构成卓越圈的各种关系不够强，该平台就可能不足以坚固到支持螺旋上新的一层平台的产生，而且还可能开始崩溃或者垮掉。

每一层平台的强度很大程度上取决于企业家与其卓越圈中各成员一道发展和促进相互之间集体智慧的能力。这需要不断致力于标杆管理、头脑风暴、最佳实践，以及与顾客、团队成员、利益相关人和合作伙伴生生不息的合作。

决定某个平台稳固度的另一个因素是企业家对与该平台相关的不同层面（身份、信念和价值观、能力、行为及环境）的掌控和校准对齐。从这个角度看，我们也可

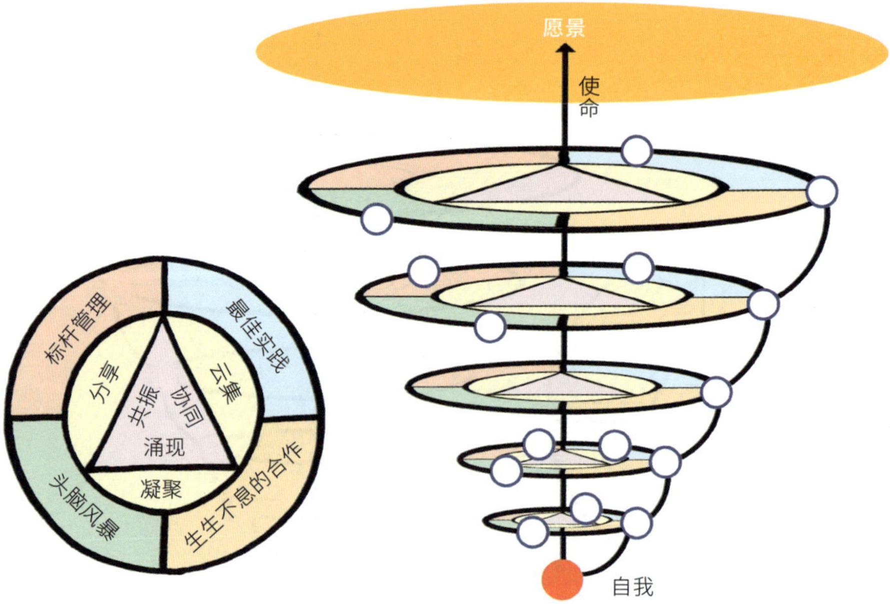

你投身和促进集体智慧和生生不息合作的能力决定了平台的强度与稳定性

以说合作螺旋的每个层次是建立在企业家的“内在游戏”的发展和预备水平的基础上的。

每个新的平台会将企业家带入一个新的或者说扩展得更广的环境中，这要求他将自己的全部技能和行为扩大并且多样化。反过来，这需要发展新能力，以及在以下方面进行相应深化及强化：自身价值观与信念、他正在做的事、他的团队等等。这些卓越元素的丰富和对齐，对于支持与新平台相关联的、扩展了的身份感是非常必要的。

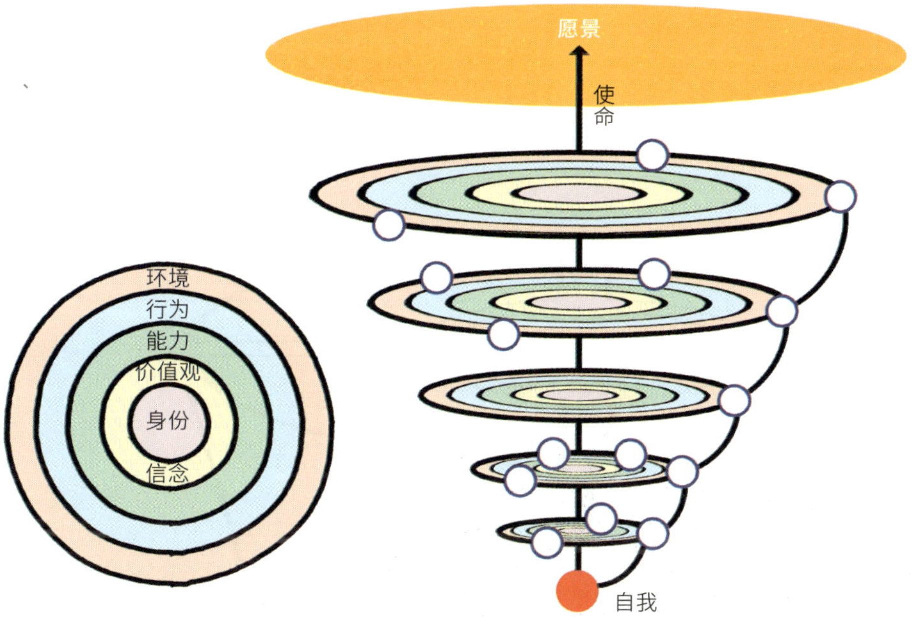

每一个新平台的建立都需要把握和对齐在该平台环境和影响范围内取得成功所需的卓越元素的所有层面

如果我们的雄心或所处的环境迫使我们要尽力跳到新的身份和影响力层次，而我们却还没有准备好，也没有能力扎根于该身份和影响力层次所要求的信念、价值观、能力和行为，此时如果我们非要跳上去，那么后果可能非常严重，甚至会是灾难性的。

想想那些一夜成名和暴富的童星们，他们根本还没有成熟到可以处理这一切。

> 在从一个身份和影响层次向下一个身份和影响层次攀登前，重要的是在本身份和影响层次必备的信念、价值观、能力和行为方面打牢基础。

他们往往没有能力应对那种形势下的要求和压力，而这些可能导致他们的职业生涯或者是人生出现重大崩溃或倒退。

这种动态出现在史蒂夫·乔布斯的职业生涯中。在短时间内非常快速的崛起并获得成功后，他被迫离开了苹果，因为他的利益相关人们（董事会和股东）对他失去了信心，把他赶出了他自己创办的公司。直到他从打造 NeXT 公司和皮克斯公司中成长起来，才具有了运营苹果及将苹果带入上升螺旋的新一层平台所需要的方方面面的成熟度和掌控力。通过更加充分地发展卓越元素的所有层面及加固他的身份，他才能够回归苹果，并带领苹果走上成功的新层次。

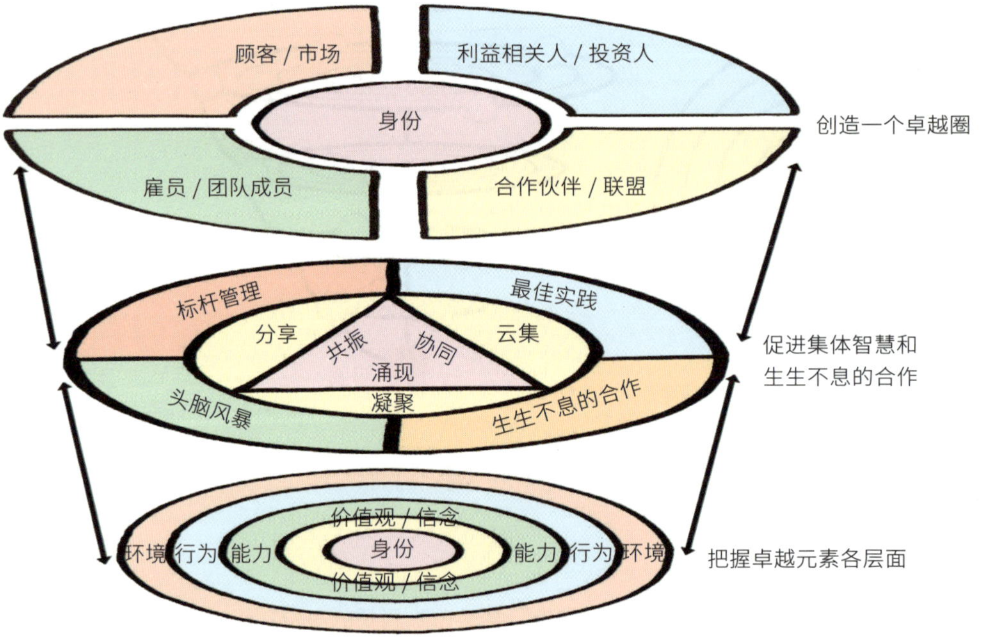

合作螺旋中每一层平台的牢固度取决于：

（1）企业家对相关卓越元素的把握。

（2）企业家投身与促进集体智慧和生生不息合作的能力。

（3）创造一个强有力的卓越圈所必需的各种合作关系的建立。

和发生在个体身上一样，因扩张太快而没有发展充分的稳固性和没有立足于一个平台上卓越元素的所有层面，这种痛苦的动态，也可能发生在整个企业或组织中。

总而言之，卓越元素各个层面的发展、把握和对齐是卓越圈的基础，而且通过企业家的愿景、使命、雄心和角色与卓越圈的各个维度相连。实际上，我们可以说合作螺旋的每一个平台是由这三层建立起来的：

- 企业家对与该平台及其影响范围相关的卓越元素不同层面（身份、信念和价值观、能力、行为和环境）的内在掌控和校准对齐。
- 这种掌控和校准对齐以企业家发展、促进集体智慧和生生不息合作的能力的形式表现出来。
- 这种能力最终又通过与卓越圈的每个维度的相关合作呈现。

“守护者”和“看门人”

生生不息的关系就是对建立一个稳固的平台所必需的三个层次有帮助的关系。和我们一起进入生生不息的关系的那些人，除了在顾客、团队成员、利益相关人、合作伙伴方面提供实际的支持，还会给我们引导、辅导、教导、指导和赞助。每个新的平台代表了我们走向愿景的旅程上新的里程碑或者说“门槛”。这是一个全新的，在我们当前舒适区以外的，迄今为止尚不了解的领域，一片迫使我们成长和进步、要求我们找到支持和引导的领域。守护者是我们的赞助者和导师。我们与他们发展了重要的关系，这些关系支持我们打造自己的技巧和信念，并且专注于我们的目标。由于对我们来说门槛以外的领域是全新的，因此我们不一定会提前知道自己需要哪种守护或者哪些人会是守护者。有时候守护者会来自出其不意的地

守护者是我们的赞助者和导师，我们与他们发展出支持我们建立技巧、信任自己和专注于我们的目标的重要关系。

> 看门人是指为我们“打开大门”，让我们走向在影响层次上的新关系网的那些人。这些关系网正是我们为了在使命和愿景方面取得进步而寻求和需要的。

方。因此，我们必须保持开放和积极，在旅程中的每一步都接受引导和支持。

在合作螺旋方面，有一种最重要的生生不息关系就是和所谓“看门人”的关系。看门人是指为我们“打开大门”，让我们走向影响层次上的新关系网的那些人。这些关系网正是我们为了在使命和愿景方面取得进步而寻求和需要的。他们处在我们努力进入的下一圈螺旋回路的交叉点上。他们还常常是看到我们潜力的赞助者，会为我们引见创造和强化下一个平台所需要构建关系的人，并帮助我们在那些人眼中建立起信用。

> 在某些情况下，如果某个层次的看门人无法和我们一道或者支持我们的话，他们也可能试图阻止我们走向下一个层次。

找到这些关系并构建一个成功的合作螺旋显然是兰迪·威廉姆斯的 Keiretsu 论坛最重要的目的之一。和一些成熟公司工作时，我也会鼓励大型企业考虑如何给潜力很大的管理者们以机会，开发他们在组织内外的守护者和看门人网络，以便支持他们建立牢固的合作螺旋。

不过，必须指出的是，有些情况下，考虑到我们的愿景、使命和雄心的范围，我们已经准备好进入我们自己的下一层螺旋，而我们当前层次上的看门人也许还没准备好，或者还没有能力，又或者还不愿意在那个向上走的转变中支持我们。有点像是父母不想让孩子离开家一样，看门人也可能试图阻止我们走向下一个层次。

如同面临其他任何一种障碍一样，企业家绝不能让潜在限制性的关系拖自己的后腿。如果一个合作伙伴不再支持你，你也许需要绕过他或抛下他，这样有利于支持你朝自己的愿景前进的新的正向关系的建立。作为企业家，这也许是我们旅程中可能会经历的最困难和最痛苦的片断。

史蒂夫·乔布斯与约翰·斯卡利之间令人伤心难过的关系就是这种关系的一个讽刺性案例。斯卡利因为不同的愿景、雄心和角色背叛了乔布斯。

这类困境和转变在我们的个人关系和商业关系中都可能发生。

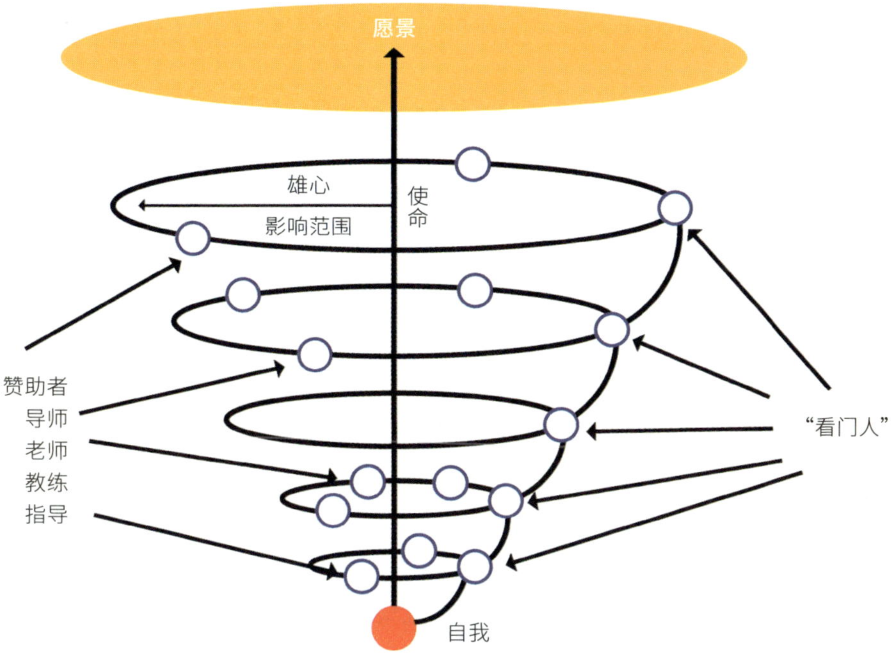

与“看门人”的关系构成了一个新的影响和成就层次的联结

为了前进而终止一段关系的决定应该出自我们与愿景和使命的深度连接，并且服务于愿景和使命，记住这一点很重要。在我的教练工作和企业家经历中，我一次又一次看到仅仅基于雄心的需要而终止一段关系的努力，几乎总是让当事人追悔莫及。

如我早前所说，在太快往上跳的过程中存在着很多危险。构建足够多的关系来让一个平台处于合适的位置，以防万一构成这个平台的其他关系出什么问题，这一点非常重要。例如，在上图中所示的第三层回路或者说平台中，“看门人”是唯一的重要关系，整个平台就靠这一点来保持其就位，这就使得这个位置负荷太重。如果这种关系有什么差池，则整个平台可能就崩塌了。

建立足够的关系以保持住一个平台，以防万一构成该平台的其他重要关系出现意外，这一点至关重要。

上图最上面的回路上有两个重要关系，需要看门人来将该回路协同增效成一个足够坚固的可以让身份扩展的平台。如上图所示，企业家需要在这个层次仔细寻找一个看门人。

下一节，我们会探索一些方法，让你做好准备识别或创造一些生生不息的关系和成功的合作。

卓越元素解码之合作催化剂：为成功的合作建模

在许多方面，找到生生不息的关系并建立一个成功的合作螺旋，很大程度上要靠运气。不过，我们已经说过，“运气”出自准备与机会的相遇。我们通过两种方式为建立成功的生生不息的关系做准备。首先，我们必须做好自己的“功课”。就是说，我们必须通过自我克制和继续走成长与精进的道路来发展我们卓越圈的中心。如成功企业家马克·菲茨帕特里克所说，“逐步提升自己”很重要。俗话说“学生准备好了，教师就出现了”。

其次，弄清楚我们在寻求哪种类型的合作及建立一段成功的“生生不息的关系”靠什么。这对我们的成功因素建模是一个很好的起点。

下面是一些问题和指引，帮助你反思曾经参与的一项成功合作。用这些指引来明确一段成功的生生不息的关系特征。

与你合作的是谁？你的合作伙伴的背景是什么？

你们合作的背景是什么？你们的合作所处的环境和形势具有哪些特征？

你面临哪些独特的挑战使这项合作变得非常重要或者说必要？

什么样的价值观和信念推动了你们的合作？

你采取了哪些步骤以确保你们之间的双赢互动？

你和你的合作伙伴之前主要的协作有哪些？你们通过合作将哪些互补的能力、资源或技巧结合起来？

这项合作为什么是成功的？你们一起取得了哪些你们各自单干无法取得的成就？

你们成功的标志是什么？合作的结果是什么？

卓越元素解码之合作催化剂：为一种生生不息的关系做准备

运用你已经做好的成功合作建模，使用以下问题来厘清你需要的，或者寻求的是哪种合作，以便在你的合作螺旋中走向下一步。你可以用这些问题来明确一项潜在的合作和暂时还不存在的合作需要具备哪些特征，或者反思你正在考虑建立的一项合作。

有关合作的螺旋式问题——问问你自己

1. 我目前的平台是什么？我此时是谁？

平台：________________________________

身份：________________________________

2. 我现在拥有的支持我目前身份的主要关系（看门人和守护者）有哪些？

________________ ________________

________________ ________________

________________ ________________

3. 就这个平台和身份，我的核心资源有哪些？

________________ ________________

________________ ________________

________________ ________________

4. 我的主要特质有哪些？

________________ ________________

________________ ________________

________________ ________________

5. 为了创建我的愿景的下一个体现，我需要建立的下一个平台是什么？我的扩展身份是什么？

平台：________________

身份：________________

6. 为了建立下一个平台我的主要需求有哪些？

________________ ________________

________________ ________________

________________ ________________

7. 为了建立该平台（行为、能力、信念、价值观、雄心、使命），我需要发展、强化或扩展哪些个人特质？

________________ ________________

________________ ________________

________________ ________________

8. 要创造我的新平台和身份，我需要哪些重要关系（看门人和守护者）的支持？

________________ ________________

________________ ________________

________________ ________________

关于你的合作螺旋，另一个要探索的问题是，当前是否存在拖你后腿的关系，阻碍你向下一个平台和身份扩展。

有关合作的螺旋式问题——问问你的潜在合作者

1. 我目前的潜在合作者是谁？

____

____

2. 哪些重要关系支持我的潜在合作者的这个身份？

这些关系中有没有可以帮助我搭建下一个平台和身份的？

3. 我的潜在合作者有哪些资源？我需要这些资源中的哪些？

4. 我的潜在合作者需要什么？我的哪些资源有助于满足这些需求？

5. 我的潜在合作者的特质（行为、能力、信念、价值观、雄心、使命、愿景）是什么？

6. 如果我们搭档或合作，我们在一起会是谁？

7. 我们可以在一起做成什么我们单干都做不成的事？

卓越元素案例：
约翰·迪尔茨，马华力天使投资创始人

让你的未来引领你前行

约翰·迪尔茨，
马华力天使创始人

约翰·迪尔茨，一家硅谷律师事务所的普通职员，他在4年之内成长为中国政府的特别顾问，就如何在中国各省发展创业文化建言献策。

本书接下来的卓越元素案例最合适的莫过于约翰·迪尔茨了。

约翰是卓越元素解码流程的联合创造者，也是迪尔茨策略集团的联合创始人。然而，约翰的成就远不止这些。

1999 年，约翰 35 岁的时候，相对而言还是个“无名小卒”，他只不过是硅谷一家律师事务所众多员工中的一员。但不到 4 年的时间，他就成了中国政府的顾问，就如何在中国各省发展企业家精神建言献策，而企业家精神正是将中国迅速推上当前全球经济地位的浪潮的主流之一。约翰的快速进步和转化正是合作螺旋巨大力量的实证。

约翰的专业背景是法律和金融。他和马克·菲茨帕特里克（见第一卷《卓越元素》）一样，原来也是追随父亲的足迹（我们的父亲是一名专利律师，他在 20 世纪 50 年代末搬到了硅谷，成为一名电子专家）。约翰从旧金山大学取得法律学位后，尝试着在旧金山湾区的各家律师事务所工作，但他始终无法全然拥抱法律实务。绝大多数法律诉讼的输赢本质让他的理想破灭了。约翰在法学院就已经很擅长谈判，他和我经常讨论合作的重要性及如何能够站在第二位置，设身处地为客户、为他们的对手和他们的代理人考虑。约翰展现出了对通过谈判使双方达成双赢结果的热忱与才华。

最终他发现商业法律对他最有吸引力，因为其具有建设性，而不只是简单地击败对手。他所工作的那家硅谷律师事务所代表风投支持创业公司，还处理并购、收购和首次公开发行股票事宜。结果，约翰在企业家和投资人、团队成员和合作伙伴之间的谈判中，两者的位置上他都积累了大量的经验。他开始注意到，一个潜在投资者在和企业家开了一个不成功的会议之后可能会说这样的话，“如果他们只是处理好了 X 或者说明白了 Y，我可能就有兴趣了。”约翰开始琢磨，“既然这样，你为什么不告诉他们呢？这样他们就会有机会对反馈做出回应，而且可以找到机会进行调整。”

由于参与过多次企业家与天使投资人之间的协调，约翰意识到投资人很少单纯为一个想法、产品或计划投资。他们是为企业家及其愿景、使命、雄心、热情和实干的承诺而投资。

在这些会议过程中，约翰还逐渐意识到企业家以鼓舞人心的方式传达自己的热情和愿景的能力，比只是展示他的产品或财务计划更重要。他认识到投资人很少单纯为一个想法、产品或计划而投资。他们为企业家和他的愿景、使命、雄心、热情和实干的承诺而投资。投资人不想投资一个产品或某个计划，他们想要投资一项事业，在一个快速改变的环境中投资一项事业会比投资一个计划或产品得到多得多的回报。计划和产品固然重要，但投资人最终投资的是人。

由于约翰对双赢谈判具有天然的才华与热情，他还见证了建立恰当的合作伙伴关系或联盟会如何直接提高一家举步维艰的初创企业的感知价值，基本上可以“从一无所有中创造出全新的东西来”。

所有这一切都始于桌子底下的一个盒子。

从法律助理到基金经理和创业教练

这些经历开始在约翰心中播下一种特别的“创业催化剂”的想法的种子。创业催化剂就是一个人或一群人（比如一个基金）将钱和其他资源投入一家初创公司，以加速其成长，并增加其成功机会。约翰的想法并不是只把钱投给高潜力的小型初创公司及在法律和财务计划方面支持他们，而是还要在企业家发展事业所需要的行为和管理技巧方面辅导

约翰辞去了他在硅谷一家律师事务所的工作，开始进入他自己建立的创业基金的早期阶段。

从法律助理到企业教练。

他们。这个想法最终发展成了建立一个生生不息企业社区的愿景。

作为迈向愿景的第一步，约翰开始梦想建立自己的风险投资基金，专注于投资给早期阶段的科技公司。他喜欢说这个梦想是以“桌子底下的一个盒子”的形式开始成形的。这个盒子装着他的想法、人脉和计划的档案。当他发现与律师事务所里负责公司投资的一个同事产生了共振时，他的盒子便冒了出来。随着他们对于该项目的热情越来越高涨，约翰的雄心和信念也会越来越强，此时桌子底下的那个盒子就会变成他关注的焦点。在某种程度上，约翰意识到这个项目不会再是一个小项目，而必须成为他注意力的首要关注点。这意味着他必须冒险离开这家律师事务所了。

除了管理基金及教练该基金投资组合内的公司，约翰还建立了迪尔茨创业公司，开始辅导其他初创公司的企业家和领导人。

他真的离开了，和他的搭档成立了 IPF 基金有限责任公司，这是一家私人股权风险投资基金，他担任总经理。约翰和他的搭档募集了 100 万美元，并将之投入 14 家初创公司，这些公司均属于互联网基础设施与应用、企业软件和电信领域。尽管他们的投资额按硅谷的标准来看并不算大，合作的结果却完成了他从律师事务所的一名“员工”成为一名“风险投资基金经理”的身份转变。这使得他能够开始建立一个可以更接近他的愿景的新平台。他作为基金经理的身份使他接触到了更多他在律师事务所不可能见到的人。约翰除了管理基金和辅导基金投资组合中的那些公司，还成立了迪尔茨合资企业，开始辅导其他初创企业的企业家和领导人。这将他的身份进一步扩展成了“企业教练”，同时还扩展了他的关系网，把他引向为多家跨行业的硅谷科技公司的董事会提供服务。

身份扩展至国际培训师和顾问

由于我在 NLP、建模、与较大型公司和组织就领导力和创新领域工作的背景，约翰和我经常会讨论哪些类型的辅导、培训和工具会成为有效的创业催化剂。我们也会就如何在一个大型组织中催化出更强烈的企业家态度进行讨论，这将我们导向了卓越元素解码流程的开发。约翰作为基金经理和创业教练的新身份为我们在几个项目上的合作打开了可能性。约翰不仅是一位优秀的创造性双赢谈判家，还是一位出色的演讲者。由于我们的成功合作，我们成立了迪尔茨策略集团。我们俩关系网的结合使我们俩的影响力范围产生了重大变化，而约翰的身份也再一次扩展，现在他的身份又包括了“国际培训师和顾问”。

约翰和我开始合作并成立了迪尔茨策略集团，将我们两个的网络结合在一起，这极大地扩大了约翰的影响范围，并且将他的身份扩展成了国际培训师和顾问。

我们合作的项目之一是菲亚特集团。菲亚特集团在整个 20 世纪 90 年代一直高速发展，在 90 年代后期，两年之内收购了差不多 1000 家公司。整个集团有超过 600 位董事。控股公司的领导们觉得他们需要建立一种共同的文化和共享的领导力方式，为在集团内的所有公司提供一种共有的身份感。我在伊斯沃尔菲亚特公司的企业集团人力资源和组织发展部及他们的集团公司大学中一直和几位高管一起工作。他们对硅谷发生的一切心驰神往，而且意识到需要在他们的文化里激励更强的企业家精神。

成为一家跨国培训公司的 CEO

迪尔茨策略集团和伊斯沃尔菲亚特公司之间的合作开始了，合作目标是应用卓越元素解码的方法论界定菲亚特集团内高绩效领导迪尔茨集团与意大利汽车制造商菲亚特之间的合作，将卓越元素解码应用于领导力发展，导向了一家合资企业的成立，约翰就此成为了一家跨国培训公司的 CEO。

人具备的技巧和特征。这项合作促成了卓越元素解码领导力模型（见“卓越元素解码”系列书籍第三卷）的开发。接下来的一步是将该领导力模型全面推广至菲亚特集团内的所有公司。我们两家公司成立了一家合资企业——“伊斯沃尔·迪尔茨领导力系统”公司来推进这个项目。鉴于约翰具有从法律助理到基金经理、企业教练、国际培训师和顾问的成长经历，而且还是一个独特的行为建模流程的联合开发者，他成为新合资企业 CEO 的不二人选。

从企业教练到国际培训师，再到跨国公司的 CEO。

此时，随着约翰的合作螺旋的发展，他在短短几年内从一个相对寂寂无名的律师事务所职员成长为一家受人瞩目的跨国领导力发展组织的 CEO。不过，这个新平台尚未使约翰完全实现他建立一个生生不息企业社区的更大愿景。

转型成为国际风险投资顾问和创业学院院长

担任伊斯沃尔·迪尔茨领导力系统公司首脑期间，约翰与一位生活在美国的中国女士建立起了合作伙伴关系。这位女士当时正在帮助中国大陆引进西方管理方法。他们一起成立了环球天使公司，这是一家跨国顾问公司，旨在促进亚洲和美国之间的全球商务和风险投资。这更进一步将约翰的关系网扩大至一个对他所具有的专长求之若渴的社区。在一次访问中国期间，约翰的搭档将他介绍给了浙江理工大学嘉泰学院的董事会。嘉泰学院是一家坐落在中国杭州的著名新建私立商学院。他们正在建立

约翰与来自中国的一位同事结成合作伙伴关系，帮助将西方管理方法引进到中国大陆。这使他被选为嘉泰学院创业学院的院长，并且最终成为中国政府的创业文化顾问。

一家创业学校，服务于在国家改革开放转型期进入劳动力大军的年轻人。

由于约翰具有多重身份背景，不仅是初创企业背后的风险投资法律顾问，基金经理和企业教练，经验丰富的顾问和培训师，一家跨国领导力培训组织的 CEO，还是一位与许多公司合作整合美国管理流程的中国女士的合伙人，他受邀担任这家创业学院的院长。他接受了这一邀请。

约翰 · 迪尔茨的身份从 CEO 最终扩展成为创业学院院长，成为中国政府顾问，成为生生不息企业社区的创始人。

为中国政府建言献策

之后不久，中国政府就如何在各省“强力发动”创业寻求建议，他们自然想到了最新最著名的商学院的“创业学院院长”。约翰沿着他的合作螺旋一路走来，使他成为这个角色的理想人选，而且这成为他的另一个平台，助力他推进在一个增长中的经济强国内创立生生不息的企业社区。

创立一个生生不息的企业社区

不过，这还不是约翰的愿景的终极体现。2004 年初，约翰遇到兰迪 · 威廉姆斯，了解了兰迪在 Keiretsu 论坛所做的事。约翰折服于论坛的架构，并且马上在洛杉矶设立了一个 Keiretsu 的分会。由于他具有卓越元素解码的背景，因此感到在为企业家和天使投资人提供工具、辅导和支持方面还有更多大有可为之处。

MAVERICK ANGELS

2006 年，约翰成立了他自己的生生不息的企业社区——马华力天使，专注于为处于创业早期阶段的公司提供资金和指导。

2006 年，约翰成立了他自己的生生不息企业社区“马华力天使”，专注于为处于创业早期的公司提供资金和指导。马华力天使的架构受到兰迪·威廉姆斯很多想法的启发，并加入了卓越元素解码的所有原理和工具，以支持其会员取得成功。约翰创立的马华力天使和Keiretsu论坛相似，也是一个天使投资人网络，汇聚了有许多好想法也很有远见的企业家及早期投资人。约翰建立了一个架构，那些被仔细甄选出来并接受过辅导的企业家会向一组合格投资人介绍他们业务的愿景和计划。之后企业家们会获得“卓越元素解码”系列书中中所介绍的各种工具、练习和教练技术方面的支持。

除了在南加州、犹他州和欧洲建立了马华力天使分会，约翰还借力他为大型组织做顾问和培训的背景，设立了一个马华力天使企业咨询部，旨在基于卓越元素解码为较大型的公司打造有竞争力的创新加速战略。其方法包括通过传递从成功企业家及其所在的企业生态系统建模得出的策略和催化剂，使天使投资网络流程适用于大型组织。在像雀巢、卡夫、安进、华纳兄弟、索尼和意大利联合圣保罗银行等这样的全球组织内，约翰成功地运用这一方法帮助建立了可持续创新战略。

到 2010 年 8 月约翰意外离世前，他还在几个国家的电视节目中推广创业和生生不息企业社区的原理，这些节目的形式就像《美国偶像》和《英国达人》。他预想到一种真人秀的形式，创业者向一组富有经验的投资人和成熟的企业家介绍他们的想法，投资人和企业家就他们的介绍进行评论。观众会投票决定哪家企业可以获得资金。这些节目现在

今时今日，约翰关于生生不息企业社区的愿景依然活在野马实验室，这是一个跨国投资加速器，专门指导创业公司应用卓越元素解码原理，吸引投资和建立成功企业。

在许多国家已经变成现实。

约翰的热情奉献还表现在创立像位于南加州的埃尔尼多家庭中心这类他亲身投入的生生不息的企业社区。埃尔尼多是一个支持贫困和处于危险中的儿童、青年和家庭的组织。约翰自愿付出时间，特别投入在帮助青少年和年轻人上。约翰的目标就像石头汤故事里的那个陌生人，希望用他所看到的“有什么是可以做的”这样的愿景，以及他相信“如果每个人为共同的事业贡献点什么，他们就可以联手创造些什么”这样的信念激发他们。在约翰的葬礼上，埃尔尼多家庭中心的主任含泪述说了约翰为年经人们付出的大量时间如何改变了他们的人生。

今天，约翰对于生生不息的企业社区的愿景仍然活在野马实验室里，这是由约

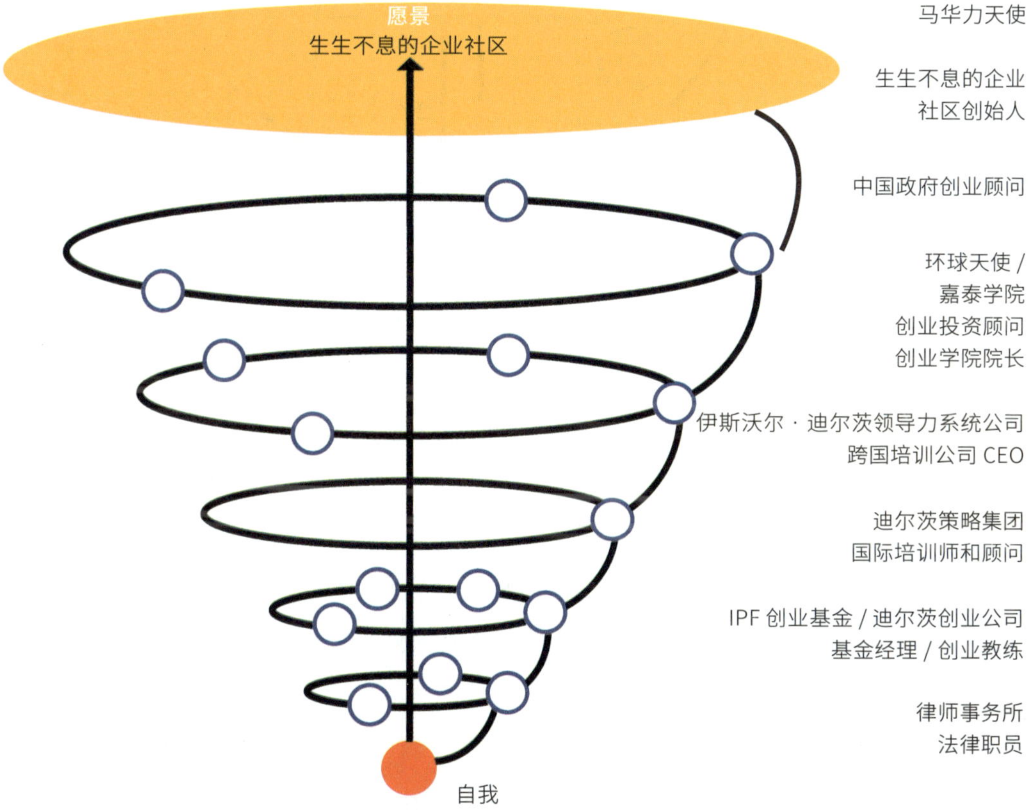

约翰 · 迪尔茨创造有效的合作螺旋的能力，使得他五年之内从一个相对默默无闻的硅谷律师事务所的法律职员，成长为中国政府的创业顾问和一家跨国企业社区的创始人

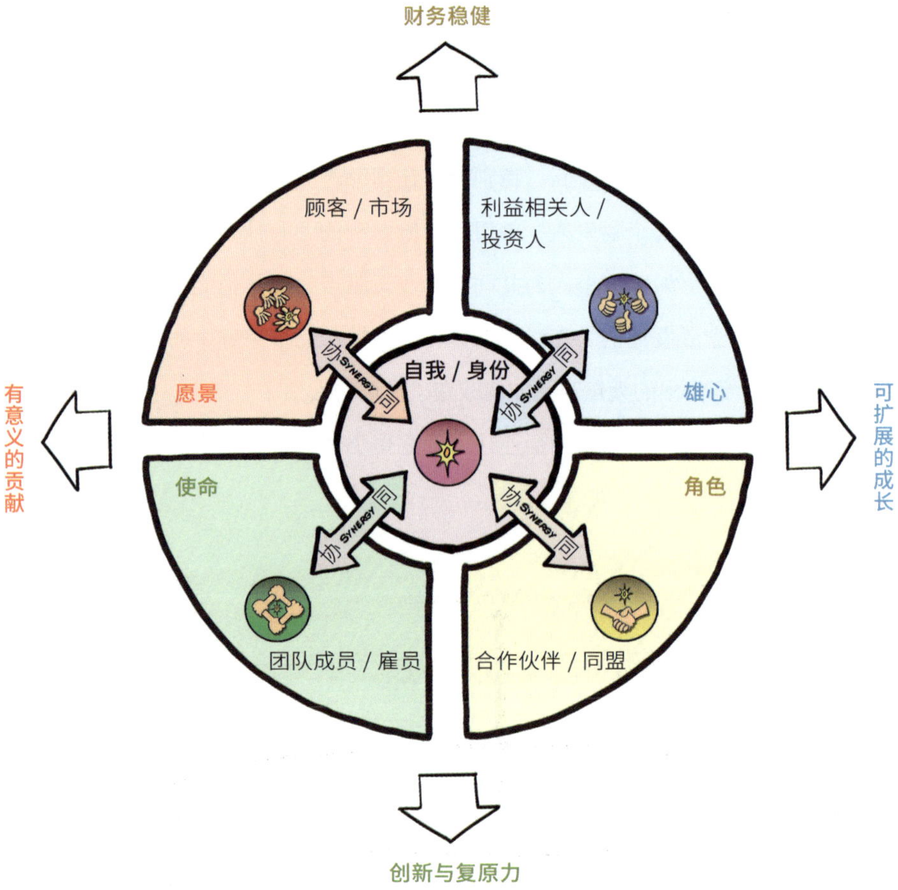

和兰迪·威廉姆斯一样，约翰·迪尔茨也相信，通过与天使投资人这类利益相关人建立牢固的关系来加强企业家卓越圈的中心，将会丰富他们的卓越圈的其他部分

翰和他的太太茱丽叶·大卫·迪尔茨联合创立的。野马实验室由马华力天使演变而来，是应用卓越元素解码原理，辅导初创公司吸引投资并建立成功企业的国际投资推动者。

小结：创建一个生生不息的企业社区的关键卓越元素

约翰和兰迪·威廉姆斯一样，在增强企业家及股东之间的协作方面投入了极大的关注。在他们“生生不息的企业社区”的愿景中，股东既是投资人，又发挥着赞助者和守护者的作用，为企业家提供金融资本的同时也提供支持和智力资本。约翰尤其相信通过与天使投资人这样的股东的牢固关系强化卓越圈中心，也会让企业家与卓越圈所有其他部分之间的协作得到加强。

约翰·迪尔茨明白一个卓越圈其余部分的强度、清晰度和创造力取决于其中心的强度、清晰度和创造力，那就是企业家及其热情和愿景。

约翰还相信由企业家们所表现出来的强烈的身份感和热情是他们获得成功的根本。一个卓越圈其他部分的强度、清晰度和创造力取决于其中心的强度、清晰度和创造力，即企业家及其热情和愿景。

根据卓越圈的逻辑，规模增长主要是通过拓展业务及为股东和投资人创造价值，并且与合作伙伴和同盟者建立双赢关系实现的。

他充满热忱地相信，创造出活出自己梦想的新一代企业家将会对创造一个更美好的世界做出贡献。

我之前提过，约翰的天赋在于双赢合作思维。他觉得合作伙伴关系是常常被企业家和组织忽视的一个特别重要的合作领域。他把双赢合作视为有力的杠杆，就像乔布斯在苹果与微软之间建立起的合作伙伴关系所展示的一样（详见《卓越元素》）。我多次见证了约翰通过谈判帮初创公司与大型或有背景的公司建立一种简单的合作伙伴关系，来联合开发双方都不用花费什么成本的项目，就将初创公司的估值提升到了 100 万美元以上。

约翰通过他在马华力天使和埃尔尼多家庭中心的工作证明，他深深地、全身心地投入在将生生不息的企业社区的好处传播到全世界。他热诚地相信创造活出梦想的新一代企业家会对创造一个更好的世界做出贡献。

下面是约翰为企业家创造一种双赢文化和生生不息的企业社区的哲学和公式。

关于生生不息企业社区力量的思考：“让你的未来引领你前行”

- 开始确认你未来的资产。识别出这些资产，并运用你所学的工具和模型，以你的方式朝这些资产的方向努力。
- 利用你个人生生不息的力量及你为之热情付出的社区的力量和资源。
- 通过确认你对你的想法的力量及准备好促成这些想法的真正催化剂的信念来克服限制性信念。
- 对社区中其他人正面及建设性的观点保持开放，并且让他们的赞助以双赢的方式支持你——他们需要并仰仗于你的想法。
- 不要过于粗暴地评判你自己，不要让社区以外那些缺乏你的理解力、能力和热情的其他人的限制性信念拖你的后腿。
- 当你感觉到被拖后腿的时候，专注于追随真实自我的强烈热情，并回想你已经从这个社区里得到的赞助和合作。这是真的，相信它而不要放弃。
- 这会使你有能力充分认识到你的想法、技巧和社区生生不息的力量可以带来的诸多可能性。
- 你有责任与世界分享这独一无二的力量——它非常特别。
- 当你把自己交给那股力量，那股在社区里推动你的个人才智、能力及热情的力量，就没有什么会阻挡你。

让你的未来引领你前行。

• 你所创造的这股生生不息力量，其未来的潜力绝对是永无止境的。

但愿你已经发现了你的限制性信念的真相——它们本身就是“有限的”和不真实的。

房间里的其他人在你身上、你的想法中、你的能力中看到更多，而且实际上大家很仰仗这些。所以，集体对你的需求和看法，现在成为你的现实，而不是你躲在自己的“洞”里创造的关于自己的谎言。这个新的现实就是你的未来和这个强大新社区的未来的起点。

卓越元素解码之合作催化剂：梦想守护者练习

“从一无所有中全新创造”的关键资源来自看到你的愿景并相信你有能力达成的那些人的支持和鼓励。正如约翰·迪尔茨在上文评论中所表达的——这是一个生生不息企业社区的礼物和益处之一。在我们与团队和新企业所开展的卓越元素解码计划和教练课程中，我们邀请参与者完成的关键练习之一便是“梦想守护者练习”。梦想守护者是指帮助我们在我们的合作螺旋上建立新平台的人，他们支持我们克服干扰和转化障碍，以辨识出实现梦想所需的各种资源。也就是说，他们帮助我们拥有创造性看待问题的方法及找出克服和转化障碍的不同途径。

这个练习最好在 7 人小组里做：1 位演讲者 / 企业家和 6 位守护者。守护者们选择专注于卓越元素的一个层面，如环境、行为、能力、信念和价值观、身份或精神（愿景和目的）。

首先，全组以进入教练状态开始，演讲者向一组“守护者”介绍他“不可能的梦想”或者 BHAG（惊险大胆的大目标）。这一步最易完成的方式就是，做一个在引言里描述的“电梯演讲”。演讲者把他要努力建立的合作螺旋的下一个平台的说明包括进去也会很有用。

其次，演讲者和小组开始探索哪些类型的问题或障碍可能会出现，并会阻碍或干扰演讲者创造平台的进展和朝梦想前进。整个团队应当探索所有层面潜在的阻碍

在梦想守护者练习中，团队在环境、行为、能力、信念和价值观、身份和愿景或目的等多个层面探索潜在的障碍和所需的资源

或干扰：环境、行为、能力、信念和价值观、身份和愿景或目的。

再次，守护者一个接一个就他们选择重点关注的层面询问或提议可以应付或绕过障碍的可能资源。

- 你的环境中是否存在你绕过或转化这个障碍所需要的资源？
- 你或其他人的哪些行为或采取的行动会有助于绕过或转化这个障碍？
- 你或你的团队具有或需要哪些技巧或能力，来绕过或转化这个障碍？
- 哪些信念和价值观会支持你和你的合作者绕过或转化这个障碍？
- 厘清或强化你与你的身份的连接（如使命或角色），可以怎样支持你和你的合作者绕过或转化这个障碍？
- 如果你和你的团队能够与你们的愿景和目的保持深度连接，哪些绕过和转化这个障碍的可能性会出现？

最后，重复这个流程，直到对演讲者的梦想造成阻力的所有重大障碍被辨识出来，并且所有层面的资源或解决方案都探索到了。

本章小结

石头汤的故事说明，人们怀着未来可能是什么样子的愿景，并且每个人都尽力做出贡献，通过一起努力就可以用一开始毫无明显实在价值的东西制造出美好的东西。这是我们在卓越元素解码中所指的生生不息的企业社区的本质。

生生不息的社区通过个人愿景、使命和社区成员的贡献发展与繁荣，而且以在个人成长和社区成长之间的正向反馈回路的方式构建。生生不息的社区由充满新的发展可能性的文化构成，该文化促进个体成员之间共振、协同和涌现发生的可能性，因而增加了集体“幸运因素”和提升了“集群智能”。

兰迪・威廉姆斯和 Keiretsu 论坛这一卓越元素案例证明，这些原理可以应用于创造一个“生生不息的企业社区”，在这个社区里企业家和潜在的投资者可以互相支持以增加大家成功的机会。这样的社区是由一种基于促进慷慨、分享和支持的双赢价值而创造的“致胜文化”建立起来的。

文化创造了一种场域，就像社区里的人们在其中“游泳”的“水”。表现或未表现出来的文化价值有意无意间都塑造和指引着社区里人们的思想和行动。“致胜文化”是一种促进对正向未来的期待，促进社区成员的能力感、责任感及自我价值感和归属感的文化。

并非所有的文化都是致胜文化。很多文化是由生存策略构成的，生存策略则源于对匮乏和威胁的感知，就像石头汤的故事和猴子实验寓言说明的一样。那些限制了人们的可能感、自由感和许可感的行为模式会在社区成员间无意识地、无觉察地形成和传递。当这些行为模式与它们最初形成的条件断开连接时，就会起到像“思维病毒”一样的作用，即使在条件改变之后仍然在不停地制造限制性。

鼓励企业家的特质，比如目标明确、积极主动、以未来可能性为导向及不断寻求支持向共同愿景前进的新选择，是打造致胜文化和建立一个能从一无所有中创造出全新东西的生生不息企业社区的关键策略。

打造致胜文化涉及强调双赢互动与合作及从正向意图的原则出发的重要性。这既富于支持性又非常有效。大家支持彼此改变、成长和变得更能干，而在这个过程中大家的持续提高使任务得以完成。在生生不息企业社区的致胜文化中，大家互相信任，并且肯定彼此的能力可以实现梦想和达成目标。像团体肯定练习这样的流程会有助于创造一个赋能的“场域”，使团队成员和合作者之间相互支持，从而提升每一个人成功的机会。

建立引向生生不息合作的生生不息的关系是从“无名小卒”变成“重要人物”的一个途径。好像氢和氧结合生成水这个比喻一样，生生不息的关系和生生不息的合作将使其参与者变得比一群独立个体更强大。卓越元素解码合作螺旋是一个模型，用来说明建立重要关系和合作如何以项目或企业的形式，创造出逐级上升的一系列平台构成的螺旋，扩展着我们的影响力范围，并且使我们沿着自己的使命轨迹向终极的愿景前进。

这一系列平台是通过一系列生生不息合作构成的网络建立起来的，这些合作帮助我们建立起卓越圈，并丰富和强化卓越元素各个层面（环境、行为、能力、信念和价值观、身份），这些层面都是在与平台相连的项目或企业中发挥作用所必需的。

成功建立一个新平台会扩展我们的身份和影响力范围，新的影响力范围超越了我们一直以来的身份。想要打造一个有效的合作螺旋，与对我们起到老师、导师和赞助者作用的“守护者”和为新的关系网打开大门的“看门人”建立起关系最为重要。并非所有的关系与合作都是生生不息的，有些甚至会从支持性的关系变成拖我们后腿的关系，我们需要绕过或舍弃这类关系。

卓越元素解码的联合开发者约翰·迪尔茨的卓越元素案例，说明了他如何应用合作螺旋，在短短几年时间里，从硅谷一家律师事务所里相对籍籍无名的职员，成长为风险投资基金经理和企业教练，然后成为国际顾问和一家有背景的国际领导力开发组织的 CEO，以及中国一家知名大学的创业学院院长和中国政府在促进创业方面的顾问。这些平台中的每一个都象征着他在接连表达关于生生不息的企业社区的愿景。马华力天使的创立是这一愿景的最终体现，他非常渴望分享自己的见解，利用如何驾驭生生不息企业社区的力量，以便让更多的人掌握，用他的话说就是“让你的未来引领你前进”。

作为说明一个生生不息的企业社区如何发挥作用的例子，梦想守护者练习可以帮助我们在我们的合作螺旋上建立新的平台，并且通过支持我们识别出所需的资源，克服干扰和转化障碍以在项目或企业上取得成功，并达成我们的梦想，帮助我们从一无所有中创造出一些全新的东西。梦想守护者和我们的生生不息企业社区就像“儒商”三宝中的“僧团”——他们是一群支持者，帮助我们成为最好的自己，并且坚持走自己的道路。

参考书目与深入阅读

- *Stone Soup*, Marcia Brown, Simon & Schuster, New York, NY, 1979.
- History of Post-it® Notes, http://www.post-it.com/3M/en_US/post-it/contact-us/about-us/.
- Swarm Intelligence, http://en.wikipedia.org/wiki/Swarm_intelligence
- Keiretsu Forum, http://www.keiretsuforum.com/about/
- Edward B. Tylor, https://en.wikipedia.org/wiki/Edward_Burnett_Tylor
- *Stephenson, G. R. (1967). Cultural acquisition of a specific learned response among rhesus monkeys. In: Starek, D., Schneider, R., and Kuhn, H. J. (eds.), Progress in Primatology, Stuttgart: Fischer, pp. 279-288*
- *From Coach to Awakener*, Dilts, R., Meta Publications, Capitola, CA, 2003.

第五章

动态合作

团队合作是朝着一个共同愿景一起努力，是将个人成就引向组织目标。它是使普通人达成不寻常的结果的推动力。

——

安德鲁·卡耐基

如果你想要造一艘船，不要把人们赶到一起收集木材，也不用给他们分派任务和工作，只要教会他们去畅想无边无际的大海。

——

安东尼·德·圣-埃克苏佩里

如果每个人一起努力向前，那么成功就会触手可及。

——

亨利·福特

05

CHAPTER FIVE

动态合作

创建一家成功的企业需要我们在达成我们赖以建立企业的梦想和愿景的过程中寻求他人的支持和能量。要在今时今日的商业环境中取得成功必须越来越着重于基于生生不息合作原则的高效“团队合作”。本章我们会探索支持“动态合作”的一些必要原则和流程。

团队通常定义为“在工作或活动中联系在一起的一些人”。更明确地说，一个团队可以被看作“一小部分具有互补技能、共同目的、相互担责和集体对结果负责的人”。团队来自古英语，源于 teon 一词，意思是“拖或拉”。“team（团队）”一词最早用来描述“套在同一驾车或同一个工具上的两匹或以上牲口”。因此，一个团队可以被理解为朝同一个方向“一起拉”的一群个体。这样便产生一种生生不息的效果。

要成为成功的新一代企业家，重要的是要能够快速而高效地组建团队。动态合作需要以某种方式整合不同的技能和个性特征，让每个团队成员都对团队的目标、角色和责任及运行原则了然于心。在一个高效团队里，小组成员分担对结果的责任，并且通过汇聚个人努力，为取得更大的成果而一起工作。如我早先举过的 20 人的团

在一个高效团队里，团队成员分担对结果的责任，并且一起努力达成比个人努力之和更大的目标。

两头骡子一起拉，可以拉动的重量比它们分别拉时能拉动的重量之和高出 50%。

队如何战胜 1000 人团队的例子所说明的，“具有互补技能、共同目的、相互担责和集体对结果负责的一小部分人”就可以取得非凡的成果。

关于生生不息的合作效果有一个具体例子就是，1 头骡子能拉动约两倍于它自身重量的东西，也就是说，1 头 1000 磅（约 450 公斤）的骡子大概能拉动 2000 磅（约 900 公斤）。这样，两头骡子分别拉一辆车，总共可以拉动 4000 磅（约 1800 公斤）。

然而，如果把这两头骡子套在一辆车上让它们组成一个团队，它们就能拉动至少 6000 磅（约 2700 公斤）！这就意味着，当两头骡子一起用力时，每头骡子突然能够拉至少三倍于它自身的重量，而不只是单独拉车时两倍于它自身的重量。这是“1+1=3”这一原理在行为层面的具体例证。一头骡子不可能单独做到的事，当它和另一头骡子合作时就可能做到了。

在拖拉机、卡车和火车出现以前，一支 20 头骡子组成的团队能拉动 73200 磅（约 33.2 吨）的货物，几乎将它们单个拉力之和翻了一倍！

尽管骡队的例子说明了一个团队可能将业绩提升到超出个体努力之和的水平，但这还不算真正的“动态合作”的例子。骡子们显然是由赶车人驱动的，他把这群骡子套在货车上，让它们去实现赶车人的目标。在动态合作里，所有团队成员都有一个共同的愿景，并且会以一种元领导力的框架一起合作，共享“共同目的、相互担责和集体对结果负责”。

20 头骡子组成的骡队能拉动的重量差不多是它们分别拉时能拉动的重量之和的两倍。

向大雁学习动态合作

大雁以 V 字队形一起飞行，这将使它们的飞行范围比各自单飞可以达到的范围远了 71%。

关于“动态合作”，一个自然存在的例子和象征就是大雁的迁徙。有些鸟类一年一度在它们的繁衍地和越冬地之间大规模迁徙，这真是自然界的一个奇迹。世界上大概 29 种大雁中的绝大部分每年都会迁徙，而且有些飞行距离远得惊人。比如，在亚洲，斑头雁通常会飞越喜马拉雅山脉，甚至珠穆朗玛峰，飞行高度达到 30750 英尺（约 9373 米），那里空气稀薄，气温也下降到华氏零下 60 度（摄氏零下 50 度）。雪雁则每年来回飞行超过 5000 英里（约 8000 公里），从北美洲的北极地区到中美洲，时速达到 50 英里 / 小时（约 80 公里 / 小时）甚至更高。

正是这些鸟类的动态合作能力使这些非凡的壮举得以实现。思考以下所谓“大雁经验”提供的动态合作的示范和比喻。

每一只大雁在扇动翅膀时，会给紧随其后的同伴们带来一股“浮升力”。当一只大雁能够让自己排在前面队友身后的正确位置上飞行时，就能够借助前面那只大雁制造的动力飞行。

事实 1

每一只大雁拍动双翼时，会为紧随其后的同伴创造一股“浮升力”。当一只大雁能够跟在它伙伴身后并保持正确的位置，就可以借助前面那只大雁飞行时产生的能量，自己少花一些力气。整个雁群以 V 字队形飞行的范围比每只雁单独飞行要大 71%。

经验

具有共同方向和团体感的人会更快、更容易到达他们的目的地，因为他们是在借力彼此的灵感和能量。

事实 2

当一只雁掉队时，它会马上感觉到单独飞行的阻力，飞起来很费力。它会迅速飞回并保持正确队形，以利用前面那只雁拍打翅膀产生的升力。

经验

如果我们拥有和大雁一样的感知，就会与带领我们去想去的地方的那些人保持队形。我们会愿意接受他们的帮助并且给予别人帮助。

大雁的年度迁徙为我们提供了一个自然存在的“动态合作”范例和寓言。

事实 3

当头雁累了时，会退到队里并利用它前面那只雁提供的升力。

经验

轮流承担艰巨的任务和共享领导力是有好处的。像大雁一样，人们可以互相依赖彼此的技巧、能力和特有的天赋、才华或资源。

事实 4

编队飞行的雁群会发出叫声，鼓励那些飞在前面的雁保持飞行速度。

经验

我们要确保我们的叫声是鼓励性的。在充满鼓励的团体中，生产力要强大得多。鼓励的力量（支持一个人的心灵和核心价值观，并且鼓励他人的心灵和核心价值观）是我们寻求的叫声品质。

如果一只大雁病了、受伤了或者被击落，两只大雁会离开队形并随着它落地，去帮助和保护它。

事实 5

当一只雁病了、受伤了，或者被击落，会有两只雁离队跟着它落地以帮助和保护它。它们会一直和它在一起，直到它死去或者重新飞起来。然后它们会跟上另一队大雁或者追上原来的雁群。

经验

如果我们拥有像大雁那么多的感知，无论是艰辛时光还是强大之时，我们都会支持彼此。

由成群的鸟儿组成的复杂图案是一个动态合作的例子。

群集和程序的力量

当然，大雁并非唯一成群结队飞行的鸟类。众所周知，燕八哥成群聚集成非常复杂的图形，称作“壮丽的鸟群”（http://www.huffingtonpost.com/2013/02/01/starling-murmuration-bird-ballet-video_n_2593001.html）。这种聚集行为正是动态合作与集体智慧的一个绝妙样板。

尽管鸟群的运动看起来非常复杂，还是可以通过几个简单的流程指导原则在计算机上再现到一种令人印象深刻的程度。请按以下指令来做：

- 单只鸟儿的动作大体是随机的。
- 鸟儿们能够认出其他鸟儿（鸟群小伙伴）。
- 鸟儿们尽力靠近其他鸟儿，但又不会太近。
- 鸟儿们跟随着鸟群的总体方向。

这些简单的原则使得鸟儿们开始形成一个综合的“子整体”。

最早的群集模拟之一，叫作“Boids”，产生于克雷格·雷诺兹对动物协同运动的研究结果。

每一个“boid”都遵循以下几个基本规则：

- 规则 1——凝聚（朝向当地鸟群小伙伴们的平均位置移动）。
- 规则 2——分离（避免与当地鸟群小伙伴们拥挤）。
- 规则 3——对齐（沿着本地鸟群小伙伴们的平均航向飞行）。

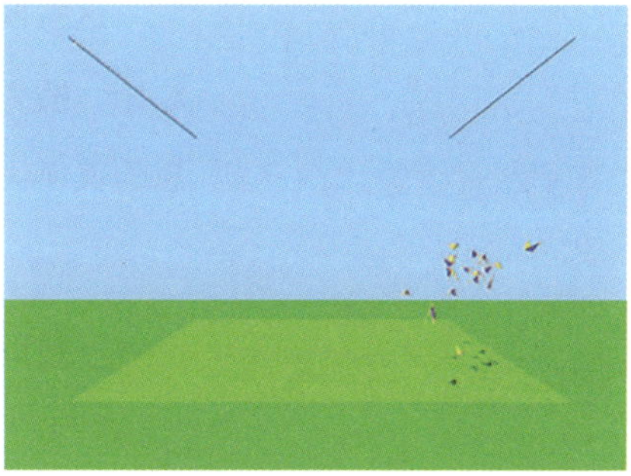

克雷格·雷诺兹的“boids”遵循几条简单的规则就能够模拟出真实鸟群复杂集结行为的方方面面。

每一个“boid”都设计得像一个独立存在的自主单位，但又遵循这套共同的规则，使得它们发挥着一个协同群体的作用（http://www.red3d.com/cwr/boids/applet/）。

源代码群集模拟（http://black-square.github.io/BirdFlock/）是一个稍微复杂的群集现象 3D 版。该模拟遵循并丰富了雷诺兹呈现的模型：

- 每只鸟都单独模式化并保持着它自己的状态。
- 每只鸟都遵循同样的流程指引，排序如下。

  首先，避免与坚硬（非鸟类）物体碰撞。

  其次，避免与其他小伙伴碰撞。

  再次，与附近小伙伴匹配速度。

  最后，朝向鸟群中心移动。

当鸟群遇到障碍物时，每个成员都会根据其当下的环境应用这些原则。结果，鸟群便作为一个紧密结合的整体成功绕过了障碍物。

GitHub 鸟类群集模拟

这些模拟为我们培养集体智慧和动态合作提供了有力的样本与原则，指引鸟儿们群集行为的规则与我在第二章中列出的“生生不息的表现状态”所需要的三个注意力焦点类似：

- 与作为一个个体的自我及其独特的热情和动机连接。
- 与一个共同的意图（一个人的团队伙伴共同的方向）连接。
- 与资源的“场域”（与一个更大的团队子整体的凝聚感）连接。

从中途岛之战中学习动态合作

群集行为不仅仅适合于鸟类。在达成一些非常严肃的目标方面，群集行为也会是一种极为有效的方式。想想中途岛之战，这个第二次世界大战期间太平洋战役中的转折点，我和同事在我们合著的*Alpha Leadershis*（2003）一书中引用过这个事件。

在作为第二次世界大战太平洋战役转折点的中途岛之战中，日本舰队的数量对美军的数量超18:1。

1942年6月初，美国海军侦察机发现了一支由185艘军舰组成的大型日本舰队，包括9艘主力舰和4艘航空母舰，正朝太平洋中部的中途岛方向前进。在日本海军总司令、偷袭珍珠港的总设计师、海军上将山本五十六的指挥下，该舰队的使命是占领这些岛屿，作为日本发动对夏威夷的侵略基地。

日本舰队在数量上大大超过了驻守中途岛的美军，美军只有10艘军舰（3艘航空母舰和7艘重型巡洋舰），以及驻扎在各岛上的战斗机。6月4日早晨，日本航空母舰上的飞机袭击了中途岛上的机场。与此同时，在海军上将切斯特·威廉·尼米兹的指挥下，从中途岛和太平洋舰队的3艘航空母舰上起飞的美军飞机袭击了日本舰队。日军的袭击造成了中途岛空军基地的损失，但美军的俯冲轰炸机有效得多，在一个5分钟的袭击中就摧毁了3艘日军航空母舰。美军总共摧毁了山本五十六4艘航空母舰、两艘巡洋舰和3艘驱逐舰。美军只损失了两艘军舰：约克城号航空母舰和一艘驱逐舰。

尽管在舰只数量上超出 18:1，但美军凭借其动态合作的能力赢得了这场战斗。重要的是，在为期两天的战斗里，两支舰队尽管彼此能看见对方，却从未靠近到足以交火的位置。借用我们在前文中采用的比喻，可以说这场战斗是“蝙蝠”对“青蛙”的战斗，并且“蝙蝠”赢了。

这场战斗一个重要的成功因素是：尼米兹作为一名狂热的“微弱信号”窃听者，一直在监听日军的电台信息，结果发现了即将发生袭击的预兆，因此得以做好战斗准备。当时很重要的是，美军在战斗期间比日军更有效地使用了电台。两位指挥官与他们的空中打击力量相距遥远，难以直接指挥部队。日本的军事传统迫使山本五十六竭尽全力亲自指挥，但空战中的战斗速度意味着他的电台指令完全令飞行员们一头雾水。

美军通过动态合作，在中途岛之战中击败了日本舰队。

尼米兹和美军航空母舰特遣队的指挥官、后方的海军上将雷蒙德·斯普鲁恩斯采取了完全不同的做法。他们完全不去尝试直接指挥战斗，而为他们的战斗机飞行员之间的沟通建立了几条简单的规则：

中途岛之战的胜利不是通过集结优势兵力或者才华横溢的指挥官，而是通过由集体智慧和对微弱信号的敏感性驱动的动态合作取得的。

- 保持所有电台频道向其他飞机开放。
- 只听不说，除非：你受到了敌机的攻击；你处在攻击敌方舰只的位置上。

这些规则在美军飞机之间产生了强有力的自组

织动力，他们通过在极其关键的空域快速集结而高效达成了“群集”效果。虽然在战斗力量上严重悬殊，但美国飞行员将压倒性的力量集中到了最需要的地方——这正是“动态合作”的一个强大榜样。

与我在第二章开篇举的那个 20 人团队战胜 1000 人团队的例子相似，中途岛之战的胜利不是靠优势兵力的集结或是出类拔萃的指挥官，而是凭集体智慧驱动的动态合作及对微弱信号的敏锐捕捉赢得的。尼米兹认识到在一个快速移动和不断变化的情况下命令的局限性，因而给予他的团队在扮演一个协作子整体时发挥其个人主动性的意义、自由与信任。

动态合作的开发

团队是由“关系”（“联合在一起的人”）和任务（他们的“工作或活动”）构成的。动态合作的开发需要推进团队开发的这两个方面。就是说，动态合作开发要求参与其中的人在活动中要么着重于促进和强化关系，要么明确和厘清任务及完成这些任务所需要的技能和行动。

> 发展动态合作需要让大家投身到既能加强关系又能厘清任务的活动中去，还需要明确协作完成这些任务必需的技能和行动。

我们在前面几章探索过的那些合作催化剂是动态合作开发的重要基础。例如，像“创造一个教练容器”这类流程，就是促进团队成员间的关系强化的。另外，像“通过卓越元素解码探索和分享最佳实践”“发展生生不息的表现状态”“通过互视促进协同”“采取第二位置进行分析”，以及“通过第三位置创造双赢合作”这类合作催化剂则对促进动态合作非常有实用价值。

我们在本章中涉及的动态合作开发的其他关键元素包括：

- 识别共同价值观并与共同愿景和使命相关的各种能力和行动

进行校准对齐。

- 通过明确动态合作和生生不息的合作所必需的关键卓越元素，以及在团队互动中着手实践并持续反思这些卓越元素的出现，建立一个“沟通基本框架和创造力基本框架”。
- 鼓励承认团队成员的强项与挑战，帮助团队成员欣赏他们之间的差异并且为他们共同的使命和愿景运用这些差异。

因此，本章的一个主要目标是提供一些工具和技巧，可以帮助你创造为了实现共同使命而在一起高效和创造性地工作、充满活力及生生不息的团队。

发展动态合作的目的是要建立有能力在一起高效而创造性地工作，以达成有共同使命的、充满活力和生生不息的团队。

我在《卓越元素》中提到过，企业家精神和企业家成功并非仅适用于小公司或硅谷初创公司。许多应用在新公司的卓越元素也可以应用于成熟组织，以促进高效的企业家精神。本系列书籍的目标之一便是说明，通过为成功企业家们建模而解码出的原理与实践，如何应用于帮助更大的传统公司保持创新性和更好地应对变化带来的挑战。

接下来的卓越元素案例揭示了卓越元素解码的原理和一些关键的合作催化剂，如何在更大、更传统的组织背景下为企业家带来成功。

卓越元素案例：Comau Pico 公司定制产品团队

2002 年，查克·杜德克、戴夫·雷迪斯、约翰·万斯和麦克·默瑟面临着一个巨大的挑战。作为 Comau Pico 公司新组建的定制产品团队的成员，他们基本上承担了重塑公司的重任。

Comau Pico 公司（现在的 Comau 集团）成立于 1973 年，当时

他们为自己建立了一个强大的利基市场，为汽车制造业提供自动焊接作业。Comau Pico 已经发展成为一家极为成功的企业，主要为美国当时汽车制造“三巨头”通用、福特和克莱斯勒提供精品焊接服务。

从管理者转变为“内部创业者”

到 21 世纪初期，世界已经发生了相当大的改变。Comau Pico 公司客户群的思维模式已经转变。实际上“三巨头”也不复存在了，三巨头之一的克莱斯勒变成戴姆勒-克莱斯勒，并最终变成菲亚特-克莱斯勒。市场变了，而公司收入也不再如往昔。

Comau Pico 公司的定制产品团队成员基本上承担了重塑公司的重任。

公司不得不开发新产品和寻找新客户。查克、戴夫、约翰和麦克被赋予了这项责任。他们被分配的任务本质上使他们成为内部企业家，或者叫作“内部创业者”。

他们凭着直觉由卓越圈的中心开始着手。查克是这么说的，“我们必须要确定及重新确定我们是谁。”他们还凭直觉理解到他们的成功会取决于高效的生生不息的合作。于是他们聚到一起，基本上由以他们自己的形式做互视开始。他们一开始做了一个“大脑清空”，问一些这样的问题：“什么是成功？”“我们现在有什么以前从未曾有过的东西？”

该团队凭直觉，由卓越圈的中心开始，致力于“明确和重新明确我们是谁”和探索“我们现在有什么以前从未曾有过的东西”。

跳出固有的思维模式

他们知道必须“跳出固有的思维模式”。他们无法用传统思维与顾客成功相处。他们需要丰富他们的卓越圈。“因为我们处在一个未知的领域，我们请了销售人员过来帮我们。”戴夫说。他们发现可以为他们拥有的许多技术、诀窍和其他资源重新定位，开发出新用途。比如，他们可以为除自动化生产以外的一些行业的公司提供管理顾问服务，这些公司拥有许多复杂的项目，但内部又没有能力去协调盘根错节和极其复杂的设备与流程组合。他们还可以利用他们的油漆和焊接资源帮助那些制造工艺复杂、但缺乏或负担不起有效或廉价的工具的小型公司。

查克一度说起，他钻进车里，开着车到处“寻找有烟囱的地方”。他会走进这些地方，问他们在干什么，以获取灵感。

源于这类生生不息的思考，他们形成了一份长长的市场目标清单，并制作了一份文件，开始设定进入这些新市场的流程。

他们的愿景是将他们的技术、诀窍和其他资源改作新的用途。他们开始通过“寻找有烟囱的地方”来寻找新的顾客。

建立团队

他们开始组建处理好这一切所需要的更大团队。他们没有到外面招聘人才，而是采取了一种“内部外包”的形式。“为什么要重新来过呢？”他们想。他们并不想重新发明轮子，于是他们在公司内部“挖掘资源”。“我们在选择上有优势”，戴夫说，“我们可以选择那些有着相同人生哲学的人。”

他们从市场策略开始，并且为每个业务单元开发了商业计划（明确了他们在努力达成的是“什

该团队将他们的使命视作“内部外包”，并且创造出一种“服务型领导”文化。

么”及“为什么”要这么做）。每个总监都制定了预算，然后是细化到如何达成他们的目标的明确行动计划。

定制产品团队知道，为了取得成功，他们需要从“制造工具”向“管理合同”转化。到此时为止，他们的基本业务方式一直是“先干活后结账”（像是“比赛结束时计分”）。而新的方式必须要从项目管理变为合同管理。这意味着除了要有执行能力，还要有“竞争”能力。

公司必须要将企业的技术和商务两方面结合起来。“工程师必须要像企业家那样去思考，”麦克·默瑟说，“每一个人必须理解他的责任，并且想方设法去做。”

该团队把自己的角色改为“具有企业家思维的工程师”，并且专注于“管理合同而不是制造工具”。

为了实现愿景和使命，他们需要使用一种开放的方式，“打破工程设计与制造之间的壁垒”。

设立“合作催化剂”

他们开了一个启动大会，描述了愿景和一系列计划，并开始得到认同。为了建立和支持团队，他们需要用一种开放的方式，“打破工程设计和制造之间的壁垒”。这有助于拓宽他们进行生生不息合作的能力范围。

他们还需要设立持续的“合作催化剂”来支持他们成功转化。于是，他们设立了每周会议制度，每周一早上 7:30 开会。为了理顺合同管理的流程，他们和团队一起重新审视一张张采购订单。他们讨论合同范围，并将关系管理的一系列问题梳理一遍。

此外，他们还每个月开一次内部员工会议，每次会有一位“嘉宾发言人”——通常是来自其他团队的人，来分享想法和“最佳实践”。这些会议的主要目标是给大家一个整体画面，让大家知道销售进展到哪一步了，谈谈当季的情况，就主要的关系和供应商展开讨论。

Comau Pico 公司的定制产品团队设定了一个雄心——“除了有所表现还要竞赛”。两年之内，公司车间的工作量比他们以往任何时候都要多了。

创造一种服务型领导文化

他们的座右铭是“不要把你自己看成一个管理者，而是一个赋能者”。他们在“服务型领导”的原则上建立起一种文化。服务型领导人的工作是“让其他人的工作变得轻松些”。约翰·万斯是这样描述的：“这是一种赋能的经商方式和一种开放的关系。”“让大家感觉好他们自然就会疯狂工作。”他补充道。

Comau Pico 定制产品团队的生生不息合作策略在“把蛋糕做大”方面极为有效。他们的努力为 Comau Pico 带来了一半的业绩。到 2002 年底，Comau Pico 车间的工作量比他们以往任何时候都要多。

他们与著名的摩托车制造商哈雷–戴维森的关系是他们成功的一个绝佳事例。他们从一个陌生拜访开始，两年内将销售额做到了 1500 万美元。

定制产品团队的成员必须一起努力，通过跳出基本合作的固有思维，以一种完全不同的角度观察他们自己、他们的工具、他们一起工作的方式，才能创造出某种新的出乎意料的东西。

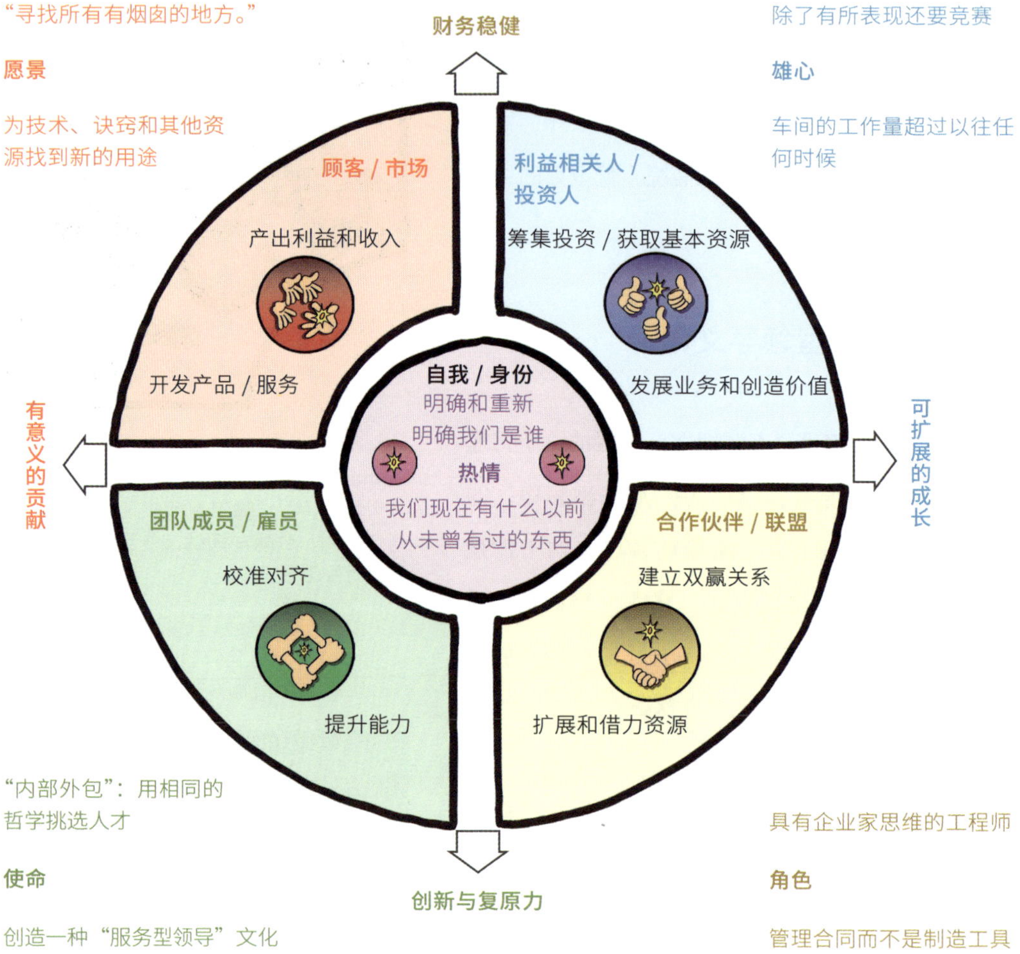

Comau Pico 公司的卓越圈

愿景
顾客 / 市场

- “寻找所有有烟囱的地方。”
- 为技术、诀窍和其他资源找到新的用途

雄心
利益相关人 / 投资人

- 除了有所表现还要竞赛
- 车间的工作量超过以往任何时候

使命
团队成员 / 雇员

- “内部外包”：用相同的哲学挑选人才
- 创造一种“服务型领导”文化

热情
我们现在有什么以前从未曾有过的东西

角色
合作伙伴 / 联盟

- 具有企业家思维的工程师
- 管理合同而不是制造工具

Comau Pico 公司的卓越圈

关于 Comau Pico 公司定制产品团队案例的思考

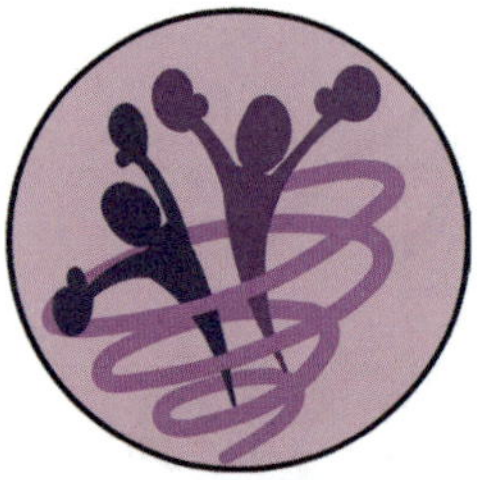

Comau Pico 公司定制产品团队的案例为多种“合作催化剂”提供了一些很好的样本。

Comau Pico 公司定制产品团队的成功故事是有效管理卓越元素解码之卓越圈的另一个榜样。通过反思和重新审视卓越圈的中心（即重新明确他们是谁），他们能够“修正”他们在顾客及公司其他部门面前的角色，提升团队的能力，与公司的其他团队和部门建立内部合作伙伴关系与同盟，并且为他们的股东（母公司）创造了新的价值。最重要的是，他们能够通过采购和借力来自公司股东的现有基本资源，并从新顾客处产生利益和收入，达到了财务稳健的新高度。

这个成功故事显然也是生生不息合作与动态合作的样板。定制产品团队的成员们必须一起努力，通过跳出基本合作的固有思维模式，以一种完全不同的角度观察自己，观察他们的工具及他们一起工作的方式，才能创造出新的、前所未有的东西。他们不能只是简单地继续在基本合作层次上开展工作，完成他们的任务。他们必须要创造出一种新的“群体思维”，并且找到一些创新方法，把他们的技巧和资源结合到一起并加以应用。

这个案例还为多种“合作催化剂”提供了一些很好的样本。“清空头脑”和与“销售人员”开展头脑风暴正是互视的天然形式。他们还在内部、外部都应用了我们称之为“资源挖掘”的方式，为顾客和组织内各部门的人，在需求与资源方面寻找匹配之处。这创造出了有效“群集”的可能性——一

标杆管理

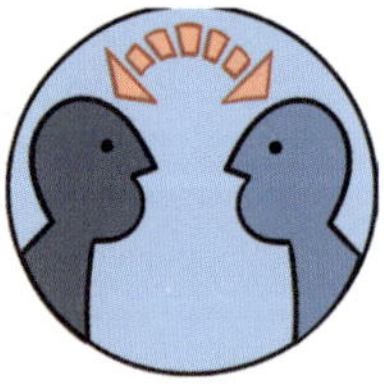

最佳实践

头脑风暴

生生不息的合作

起努力将有效资源运用到最需要的地方。我们会在本章稍后部分深入探讨“资源挖掘”的流程。

Comau Pico 定制产品团队开发和应用的其他合作催化剂包括：

- 通过“将企业的技术和商务两方面结合起来”协同目标和资源。
- 让工程、制造和营销各职能的人员彼此互动，来打破相互间的壁垒。
- 通过辨识具有共同人生哲学的人并和他们一起努力，分享合作的标准。
- 通过举行不同间隔的周期性会议，回顾关系管理问题，在不同团队间分享最佳

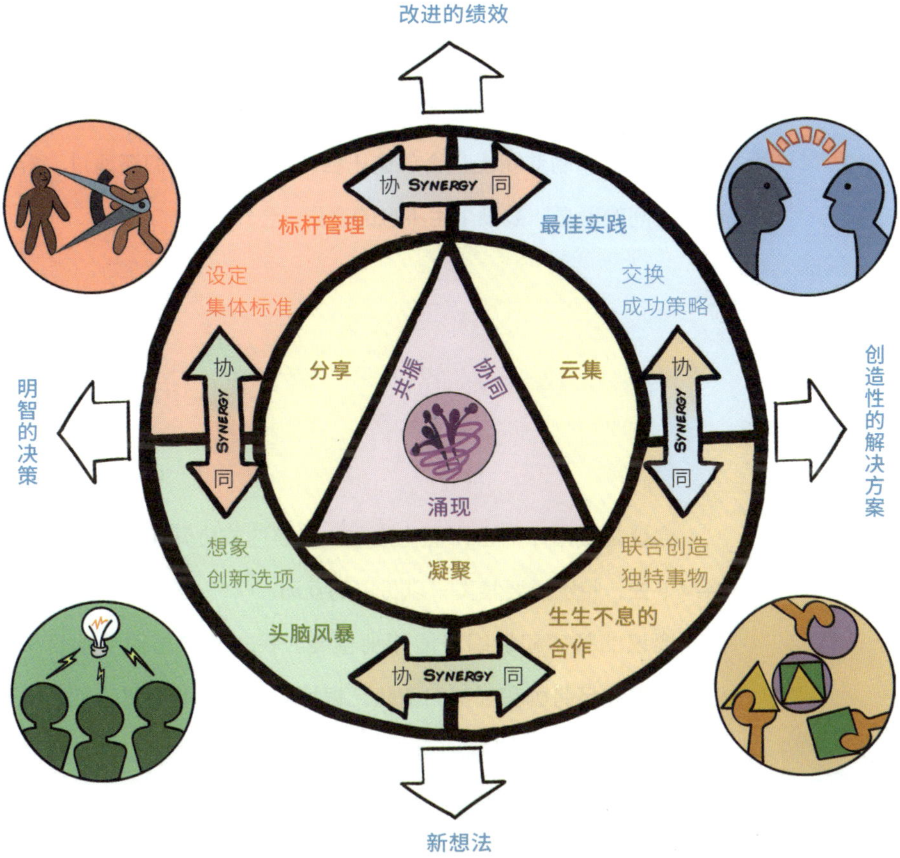

Comau Pico 公司的定制产品团队在创造协同方面提供了一个绝佳的范例，他们在应用动态合作带来集体智慧的所有步骤之间创造出了协同

实践并讨论主要关系和供应商，在卓越圈的几个核心区域建立起反复沟通的机制。
- 通过强调每个人的工作都是要“令别人的工作更轻松”这样的思维模式，促进合作伙伴心态与“服务型领导”心态。

Comau Pico定制产品团队的案例很好地证明了卓越元素解码之集体智慧模型的各个领域如何结合起来，促成了动态合作。定制产品团队的成员们通过想象创新性的方案，运用头脑风暴来确定新的市场。他们通过问“什么是成功？”和“我们现在有什么从未曾有过的东西？”这类问题来进行标杆管理。而且他们在月度管理回顾时持续设定集体标准。定制产品团队的成员们在月度内部员工会议上与嘉宾发言人分享最佳实践，与其他团队交换成功策略。为了促进工程设计和制造职能联合创造出独特的东西，他们还通过“拆除他们之间的壁垒”鼓励生生不息的合作。

卓越元素解码之合作催化剂：动态合作会议模板

会议是最常见的合作催化剂之一。要达成协同和涌现，并使之持续下去，特别需要某类一以贯之的互动。

会议的频率和组织可能特别重要。我一直参与很多项目和创业，频繁涉足跨国和虚拟的团队。根据项目或创业的紧迫性、复杂性和所处阶段，会议频率可能是两个月一次、每月一次、每周一次，甚至每天一次（或者一天几次）。

一个高效的会议模板必须在条理性和开放分享、协同和涌现的机会之间保持平衡，以制造“有纪律的流动”。

当然，会议涉及的内容和会议的结构将决定会有多少协同、涌现、集体智慧和生生不息的合作发生。如果会议没有条理性，则可能开得非常混乱和低效。条理性太强又可能限制了互动和阻碍了协同和涌现发生的机会。如我们在对鸟类群集的反思中所发现的，在两者之间保持平衡以制造一种“有纪律的流动”非常重要。看看下面史蒂夫·乔布斯所描述的他如何管理他的团队，以便“精心策划创新”：

我们每个星期一都会回顾整个业务。我们看看前一星期都卖出了些什么。我们看每一种开发不足的产品、我们遇到麻烦的产品、需求大于我们的能力的产品。所有开发中的东西，我们都会回顾。我们每个星期都这么做。我列了一份日程表——80%的日程安排和上星期一样，我们只是每个星期都按照日程表进行工作。在苹果没有太多流程，但这是少数几件我们为了让所有人都保持步调一致而做的事情之一。

乔布斯对团队周会的描述概括出了一种“开放结构”，在此结构中已经有足够的流程让所有人都保持“步调一致”而又不至于细化到阻碍了自发性和灵活性。转化性的五律禅舞的创始人加布里埃尔·罗斯指出，“要心灵自由，必须要自律。”

类似于乔布斯描述的周会，我们给我们辅导的企业家和领导人建议的会议简单模板如下：

- 简要描述你将主持的会议和谁会（需要）出席。
- 本次会议的目标或者期望的成果是什么？——即，议程是什么？
- 你会做什么以达成目标（解决议程中的事项）？你会用哪些特定的步骤和活动在会议过程中达成你的目标？（如，讨论、陈述、举手表决等等。）当然，这只是各种不同类型的合作催化剂的一个领域。我们会在本章和接下来的章节里讲述更多可能的做法。
- 需要在会议期间解决的问题领域或困难有哪些？你会在你的会议模板里添加哪些特定的活动或步骤以最高效率地处理这些问题？这也是某些类型的合作催化剂的一个领域，我们会在本章和本书余下部分讲述。
- 你会用什么作为了解你是否达成这些目标的反馈？证明目标（议程）已经实现或充分处理过的依据是什么？

我们发现，无论你是在和团队成员还是顾客，还是利益相关人或者合作伙伴开会，从头到尾回答这些问题是非常有用的练习。即使你不会正式宣布或展示一份议程，这个模板也有助于你做好高效合作的准备。

议程中的某些事项可能通过基本合作就轻松解决了。有些事项则需要更高程度的集体智慧和生生不息的合作。在本章接下来的部分，我们会进一步深入探讨提高共振、协同和涌现，以制造动力十足和强有力的、生生不息的合作所必需的原则、步骤和合作催化剂。

卓越元素解码之合作催化剂：资源挖掘

Comau Pico 定制产品团队的卓越元素案例所展示的卓越元素之一是促进开放沟通，以便大家能协同目标与资源，并建立合作的共同标准。如戴夫·雷迪斯指出的，如果要建立有效的生生不息的合作，挑选具有共同人生哲学的人非常重要。

跳出固有思维模式，寻找让不同需求与资源可以互补或结合，以丰富合作可能性的方法也非常重要。我们把这个流程称作资源挖掘。

资源挖掘流程的目的在于帮助团体找到在需求、资源和标准方面与潜在合作者重叠和协同的领域。

- 开始，写下你的企业或项目的名称。

  项目／企业：____

- 做一份《需求与资源分析》。彼此提供所需资源的能力是所有高效合作的基础。我们指出过，在个人层面上成功的基本标准是感恩与慷慨——感恩从别人那里获得对你的成就有贡献的机会和资源，以及与他人慷慨分享你所拥有的资源。这也是有效地创造与他人双赢合作的基础。当别人为我们提供了我们所需的资源时，感恩就产生了。慷慨则是我们心甘情愿提供资源满足他人的需求。

项目 / 企业需求评估工作表

在下表空白处，列出你为了实现项目或企业的愿景、使命和雄心“需要拥有”“想要拥有”和“有也不错”的资源。

需要拥有 实现你的愿景、使命和雄心的基础
想要拥有 对实现你的愿景、使命和雄心非常重要
有也不错 如果有，会使你的愿景、使命和雄心更好或更轻松实现

卓越元素检查表

使用下表确认你已经将与你的项目或企业可能相关的卓越元素的所有层面包括在内了。你还可以用这份表来探索你可能提供给别人的资源。

我需要…… 我拥有……

环境 如，物理及社会支持、时间、空间、指导
行为 如，你和他人要采取的行动
能力 如，诀窍、技术、技巧、老师等
信念 如，动机、自信、信任、辅导等
身份 如，赞助者、厘清角色、人生方向、边界等
灵性 如，使我与更大的某样东西连接起来的人、体验、想法等

资源挖掘工作表

现在，在下面两列中，总结你需要的关键资源，然后列出你认为你可以提供给别人的资源。

需求	资源

与潜在合作者相遇时，你可以分享你的需求与资源清单，并且询问潜在合作者他们的需求与资源。这将有助于你们辨明如果要更加成功，你们可以相互帮助和互补的领域。

记住，在和潜在合作者交流的过程中，你可能发现你还有其他的需求或你还可以提供其他资源。确保把这些新发现都加到你的清单里。

- 在开始和潜在合作者检查合作领域前，列出你的合作标准。你为什么想要合作？合作提供或体现了什么使你感兴趣和想要参与？（如“增加资源”“有乐趣”“支持性的”“分享共同价值观”等。）

  合作标准：

  ____

  ____

  ____

  ____

- 与几个潜在合作者聚在一起。从分享你的合作标准开始。确保明确表达你的主要合作标准，特别是你们共同提到的那些。这些是你们合作的“底线”。

  在这个阶段，你不知道有哪些合作的想法可能会冒出来，但你知道无论这些想法是什么，都必须满足这些特定的标准。例如，你和潜在合作者也许决定你们的合作必须是“财务上有赢利的”或者“很好玩”，也许这需要利用到某些资源，也许这必须在一个特定的时间期限内发生。换句话说，你们的合作必须要满足哪些特征，即使你还不知道该合作会是什么。

- 接下来，每个人读他的需求和资源清单。做完后，在小组成员之一的需求和其他人的资源之间寻找可能重叠的地方。

  当你做完时，你应该已经能够在所有小组成员间辨识出一些潜在的协同与合作领域。

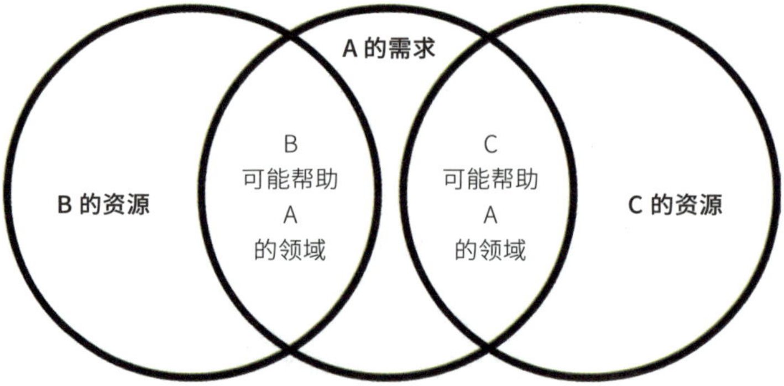

在需求与资源之间找到协同之处

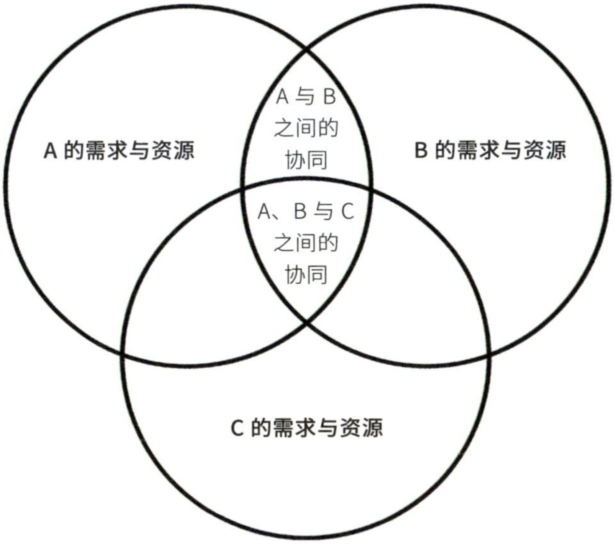

资源挖掘需要在潜在合作者的需求与资源之间寻找协同领域

- 最后一步，确保可能的合作领域符合你的合作标准。你也许需要完善或微调这些协同，使之符合你在本流程伊始所明确表达的标准。

由于是一个小组在一起做，你尤其需要回顾在资源挖掘阶段你提出的每一项提议，对照你的每一条标准，弄清楚潜在合作是否满足这一标准。如果满足，则继续看下一条标准。如果不满足特定的标准，不要立即抛弃这个想法。相反，要试着去弄明白你必须就这个想法添加什么或改变什么，以使它符合这些标准。设法逐步修改最初的提议，以使它符合之前不符合的标准。对照你的标准检查每一个可能协同的领域，直到你把它们全部调整到满足每一条合作标准。

从愿景到行动

创造任何一种类型的成功企业都必须要有构造一个愿景，然后建立将愿景与特定行为及行动连接的道路并沿着它前进的能力。按照卓越元素解码的说法，这条道路由支持创造项目或企业的卓越元素的各个层次组成，包括：

• 愿景：为所有相关资源和活动提供“精神”或最高层次目的的画面或梦想——对于我们的能量、技能和行动指向“为了谁？”和“为什么？”这些问题的回答。

• 使命：人们关于愿景所具有的身份感、角色感和召唤感——关于愿景的表现形式“我们是谁？”或“我们需要成为谁？”这些问题的回答。

• 激励：愿景和使命所表达或包含的“价值观与信念”，为实现愿景和使命提供动机——关于“为什么我们有这个特别的愿景和使命？”这一问题的回答。

• 策略：表明愿景和达成使命所需的“能力”和技巧——对于“我们将如何完成使命？”这一问题的回答。

• 条理和计划：操作计划，或者组成表达愿景、使命和价值观的特别项目或计划的特定“行为”和“环境”——关于“我们会采取哪些明确的行动去达成使命？”及“何时何地（在什么背景下）我们会制订项目或计划？”这些问题的回答。

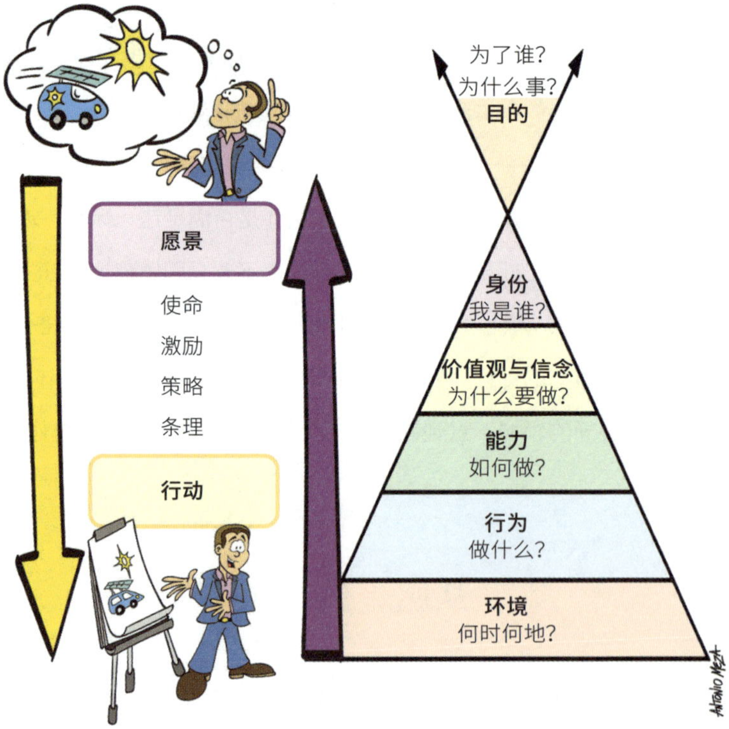

卓越元素的不同层面必须建立起来并且校准对齐，以便创造达成愿景和采取行动的路径

卓越元素解码之合作催化剂：用共同愿景使各角色校准对齐

整个团队朝一个共同的愿景校准对齐，是动态合作和创造有效的卓越圈最重要的卓越元素之一。在特定环境下的众多个体的行动和目标，必须与企业的策略和目标保持一致。反过来，这些目标需要与企业的文化、与其所处的更大环境相关的使命相一致。

> 将你的团队朝着一个共同愿景校准对齐是动态合作和创造高效卓越圈的最重要成功元素之一。

在一家新企业里，团队成员往往身兼数职。就像我们所举的鸟儿群集的例子一样，每个人都处在一种领导位置，常常要通过与其他团队成员互动和协调来自动组织自己的角色。通常没有单纯的“职责描述”来提供最终的指引。因此，动态合作的一个主要成功要素是帮助团队成员以便彼此的行动协调和对齐。

下面的工作表可以用来完成这个工作。每个团队成员都要填这份表。流程开始，要求每个团队成员都要理解团队的愿景和使命。为了使整个团队得以对齐，团队成员对团队愿景和使命的理解相一致就特别重要。

然后，每个人阐述他对自己的角色、价值观和优先排序、信念和假设前提、能力、任务及其为支持团队愿景和使命而发挥作用的背景的理解。接下来每个团队成员向其他人读出他的答案，其他人会核对这个答案与他们自己对这位团队成员在共同愿景和使命上担当的角色的理解是否相符。

团队校准对齐工作表

1. 我们的集体愿景是：

____

2. 我们的集体使命是：

____

3. 我在实现集体愿景和使命上担当的角色是：

____

4. 在该使命下担当这个角色，我的价值观 / 优先排序是：

____

5. 在该使命下担当这个角色，我相信 / 假设：

____

6. 参与完成这个使命的过程中，我会用到的能力是：

____

7. 我会用这些能力完成的任务是：

____

8. 我会在以下背景下完成这些任务：

____

团队成员可能想通过互相提问来进一步弄明白他们认为不清楚或不明确的答案。他们还应该核实以确保他们赖以合作的其他团队成员的任务和优先排序足够明确和条理清晰，这样他们才能从其他成员处得到所需要的支持。

卓越元素解码之合作催化剂：解码动态合作的卓越元素

一旦从愿景到行动的路径得以确定，并且团队成员都已经一致对齐，那么创造条件让团队成员们能够走在这条路上并充分利用当下的机会，就变得非常重要。这涉及通过明确动态合作和生生不息的合作所需要的关键卓越元素，然后持续反思团队互动过程中这些卓越元素的呈现状态和程度，建立一种“沟通基本结构和创造力基本结构”。

为你自己的企业做这件事时，首先要确定一支你已经有机会身处其中的充满活力且“生生不息”的团队。反思这支杰出团队的特征及它是如何被领导的，并且思考你关于以下问题的答案。

团队成员的互动方式对你最大的冲击是什么？这支团队是如何被领导的？它的表现如何？

哪些关键的行动和品质使这支团队及其领导力表现出这些特征？

- 大家在一起做什么？
- 大家如何对待彼此？
- 大家如何沟通？有没有现成的沟通基本结构？
- 创造力如何得到重视和促进？
- 这支团队及其成员、领导力具有哪些品质（内在和外在）最大程度影响了其成员的关系和表现水平？

确保考虑到本书一直在探索的卓越元素的所有层面：环境、行为、能力、信念和价值观、身份 / 使命、愿景 / 目的。

现在，将这支团队及其被领导的方式，与你个人在一支中等水平的团队里和在一支效率低下或“颓废”的团队里的体验进行比较。用以上相同问题检讨这些团队及其表现。[经过一段时间，你也可以在你曾经参与过的、表现方式或表现水平不同的（生生不息的、平均水平的、颓废的）团队里做这个练习。]

动态合作解码工作表

	生生不息的	中等水平的	颓废的
愿景 / 目的			
身份 / 使命			
价值观和信念			
能力			
行为			
环境			

到底是哪些差异造就了这种不同？使用以上表格来记录你的答案。

充满活力和生生不息的团队呈现出的哪些特质，在中等水平的团队只出现了一部分，而在颓废的团队里则完全没有出现或非常微不足道？

哪些层面的因素看起来对关系的活力及 / 或者完成任务的表现，给颓废的、中等水平的和生生不息的团队造成了更多或更少的影响？

看看你是否能将你的反思总结成 5 ～ 9 条基本的卓越元素。

如果你已经有现成的团队，整个团队一起以一种“集体智慧”的形式做这个练习是非常有力量的。我一般会这么做，首先让团队成员们逐个回顾他们的答案，选出 3 ～ 4 个，以“标杆管理”的互视流程来与大家分享这几个答案。团队成员会寻找与他们的答案之间的共振，不用太多关注句子本身，而是要把注意力放在语言所表明的更深层含义和体验上。

卓越元素解码之合作催化剂：制作一张动态合作计分卡

一旦你明晰和确定了动态合作与生生不息合作的关键卓越元素，那么通过制作一张“计分卡”来将这些卓越元素正式纳入一种“基本结构”就非常有用。

思考以下计分卡样板。动态合作的关键卓越元素列在表的左边。每一个卓越元素的呈现水平用 1 ～ 5 分表示，介于与较差表现（1+1=-1）相关的“低水平”及与高效、生生不息的合作（1+1=3）相关的“高水平”之间。

要用好计分卡，在项目或者团队互动过程中的不同关键点上，团队成员们要停下来，通过思考以下问题的答案，反思这些卓越元素的呈现水平：

• 项目目的

你们对项目的目标和优先顺序有多清楚？

• 讨论

在讨论你们所面临的问题、评估团队其他成员的强项和有待改进领域时有多开放与诚实？

• 互动

你们彼此间的互动和沟通有多频繁与充分？

• 支持

你们是支持其他人完成他们的任务还是倾向于把注意力主要放在个人任务上？

• 运用技巧

为了达成共同目标，你们如何充分运用你们的技巧？

• 默契

你们彼此间的默契程度有多高？

• 速度

在实现共同目的和目标时，你们如何感知你们的速度？

团队成员们分别就这些问题及相关卓越元素打分并进行比较，反思他们的长处和他们认为最可能提升的领域有哪些。

卓越元素	**低水平**	1+1=-1	1+1=0	1+1=1	1+1=2	1+1=3	**高水平**
项目目的	模糊不清	1	2	3	4	5	清晰
讨论	有所保留	1	2	3	4	5	开放
互动	避而不谈	1	2	3	4	5	全情投入
支持	只顾自己	1	2	3	4	5	每个人都
运用技巧	很少	1	2	3	4	5	充分
默契	低	1	2	3	4	5	高
速度	慢	1	2	3	4	5	快

创建你自己的动态合作计分卡

鉴于你已经解码了生生不息的团体和小组，你会在以上计分表样板的基础上，添加哪些不同或者额外的卓越元素来创建你自己的动态合作计分卡？

使用下面的表格列出你认为动态合作和生生不息的合作所需要的关键卓越元素，并且为每个元素设立低水平和高水平的表达。

卓越元素	低水平	1+1=-1	1+1=0	1+1=1	1+1=2	1+1=3	高水平
1.		1	2	3	4	5	
2.		1	2	3	4	5	
3.		1	2	3	4	5	
4.		1	2	3	4	5	
5.		1	2	3	4	5	
6.		1	2	3	4	5	

现在，就每一个卓越元素，写出一个问题来帮助你和你的团队评估你们在哪个水平上运作。

1. ______________________________

2. ______________________________

3. ______________________________

4. ______________________________

5. ______________________________

6. ______________________________

作为一个集体活动，让团队成员们一起创建他们自己的计分卡，是发挥集体智慧一个非常有效的练习。我在这么做的时候，经常会建议每个团队成员选一个他感觉最有共振的卓越元素，让他成为该卓越元素的“捍卫者”。例如，在一个 8 人小组中，每一个团队成员会提议一个卓越元素，提出关键问题，然后在小组其他成员的参与下确定这一卓越元素高水平和低水平的表达是什么。

动态合作计分卡示例

下面这张动态合作计分卡是一个范例，它是我正在辅导的一个团队的成员们制作的，这个团队即将推出一项重大投资基金。这家公司在 2004 年从 6 个人 5000 万欧元开始推出投资基金。4 年时间里，他们发展到了 60 个人，并且投资超过了 60 亿欧元！

卓越元素	低水平	1+1=-1	1+1=0	1+1=1	1+1=2	1+1=3	高水平
1. 拥抱改变	被动 / 反应式的	1	2	3	4	5	主动
2. 计划	没有条理	1	2	3	4	5	有条理
3. 沟通	模糊不清	1	2	3	4	5	清晰
4. 互动	随意	1	2	3	4	5	协作性的
5. 技能提升	自满的	1	2	3	4	5	欲望强烈
6. 主人翁精神 / 投入程度	不参与	1	2	3	4	5	参与
7. 尊重 / 认可	不多	1	2	3	4	5	很高程度
8. 交流 / 慷慨	偶尔	1	2	3	4	5	成体系的

1. 拥抱改变 / 灵活性

在学习新工具、更新知识和对其他人的看法方面，团队成员们有多主动？

2. 计划

在保持专注于中期和长期目标方面团队如何有条理？

3. 沟通

团队成员之间的沟通有多清晰？

4. 互动

团队成员之间的互动有多具有协同性和生产力？团队如何突破肤浅的沟通达到知识与想法的创造性分享？

5. 技能提升

团队成员们在提升和整合运用他们的技能方面有多强的欲望？

6. 主人翁精神 / 投入程度

在主动达成团队愿景和形成一支团队方面，团队成员们参与程度如何？团队成员们是否无须提醒便会坚持到底？团队成员们是否花时间促进团队的形成？

7. 尊重 / 认可

团队成员们在互动中表现出多少相互尊重和认可？

8. 交流 / 慷慨

即使在不必这么做的情况下，团队成员们有多愿意出力和相互帮助？团队成员们有多系统性地投入时间以确保其他团队成员的发展？

本章小结

动态合作是一种（往往是自发的）团队合作的形式，在这种合作中，小组成员们的能力和个性特征互补，分担对结果的责任，并且一起努力达成比个体努力之和可能达成的更大的成就。动态合作是合作可以如何变得生生不息（即 1+1=3）的一个例证。

鸟类的群集行为动态合作呈现了很好的例子和隐喻。比如，大雁每年必须飞行几千英里作为其迁徙模式的一部分。通过一起飞行，利用飞在前面的小伙伴拍动翅膀提供的浮升力，大雁可以飞得比他们自己单飞远 70% 以上。

像燕八哥这种鸟类的复杂的“壮丽的鸟群”模式又是另一种群集的样本。通过遵循简单的凝聚、分享和对齐规则，成群的鸟儿能够一起移动和反应，并且避开障碍物，以一个综合子整体统一行动。

在第二次世界大战太平洋战役的转折点——中途岛之战中，美军战斗机飞行员运用了一套类似的规则取得了一个重要而几乎不可能的胜利。通过遵循简单的沟通和行动规则，美军飞机得以高效“群集”，在极为重要的空域快速集结。尽管对方部队数量远超美军，但美军飞行员以压倒性的力量飞到了他们可以发挥最佳战斗力的地方。

动态合作的开发需要创造条件，让致力于创业活动的团队能够“群集”到一起发挥最佳效果，服务于共同的使命和愿景。

Comau Pico 公司定制产品团队的卓越元素案例证明，许多合作催化剂可以运用于任何致力于创业活动的团体，促进其动态合作。这些合作催化剂包括协同目标，打破不同岗位人们之间的藩篱，分享合作标准，建立就卓越圈的关键领域反复沟通的机制，以及促进合作的态度和“服务型领导力”。

“动态合作会议模板”列出了简单的流程，可以用于组织与团队成员、顾客、股东或者合作伙伴之间的持续性的会议。这个模板提供了充分的结构来计划和主持会议，同时又留出了足够的灵活性和自发性让共振、协同与涌现发生。

“资源挖掘”是促进动态合作的强大的合作催化剂。在资源挖掘过程中潜在的合作者们会明确并开放地分享他们的需求、资源和他们的合作标准。这有助于大家找出建立牢固和有益的合作关系所必需的互补领域。

“用共同愿景使各角色校准对齐”流程和“团队校准对齐工作表”有助于团队成员明确共同价值观，并协调他们与共同愿景和使命相关的能力和行动。

“解码动态合作的卓越元素”流程则有助于通过确定动态合作和生生不息的合作所必需的关键卓越元素及制作“动态合作计分卡”，建立有效的“沟通基本结构和创造力基本结构”。在一个项目的关键时期和团队互动过程中，该流程还可用于持续反思重要的卓越元素的呈现程度。

参考书名与深入阅读

- http://en.wikipedia.org/wiki/Team
- “*Lessons from Geese*”, Robert McNeish,, 1972;
- http://www.team-building-bonanza.com/inspirational-short-story.html
- http://www.suewidemark.com/lessonsgeese.htm
- http://en.wikipedia.org/wiki/Flock_%28birds%29
- http://en.wikipedia.org/wiki/Flocking_(behavior)
- http://www.huffingtonpost.com/2013/02/01/starling-murmuration-bird-ballet-video_n_2593001.html
- *Murmuration*: https://vimeo.com/31158841
- “*Boids*”, Craig Reynolds, 1987; http://www.red3d.com/cwr/boids/applet/
- *GitHub flocking simulation* (http://black-square.github.io/BirdFlock/)
- *Alpha Leadership: Tools for Leaders Who Want More From Life*, Deering, A., Dilts, R. and Russell, J., John Wiley & Sons, London, England, 2002.
- *Steve at Work*, Romain Moisescot; allaboutstevejobs.com, 2012.
- *Visionary Leadership Skills*, Dilts, R., Meta Publications, Capitola, CA, 1996.

第六章

激活群众智慧

谁是智者？向每一个人学习的人。
谁很有力量？控制自己感情的人。
谁是富有的？满足的人。
他是谁？谁也不是。

——

本杰明·富兰克林

当人们足够勇敢到说出真相并且聆听别人说出真相，一些最伟大的进步就发生了。

——

肯尼斯·H. 布兰查德

智慧来自：坐在一起真诚讨论我们的差异——不抱改变他人的意图。

——

格雷戈里·贝特森

06

CHAPTER SIX

激活群众智慧

除了热情、愿景、使命和雄心，创立一家可持续发展的成功企业所需的与思维模式相关的元素就是一定程度的智慧。智慧在词典里的定义为“运用知识、经验、理解、常识洞见、思考和行动的能力”。这些“思维模式”的方方面面用于获得“应该采取哪些行动的最佳判断”。因此，智慧指的是拥有使一个人或一群人能够做出更好和更生态的选择与决定的开阔而平衡的视角。

开发智慧

开发智慧涉及对人、目标和形势，以及这些方面如何互动的理解，以确定一种最佳行动方案。开发智慧还需要不断探索知识以应用于特定的环境。

作家及沃顿商学院教授亚当·格兰特（本卷中已经多次提到过他）在他 2013 年发表在领英上的文章《如何像智者一样思考》(*How to Think like a Wise Person*）中列出了开发更高智慧的几个步骤：

- 认真反思从经历中获得的教训。
- 以灰色的色调看待世界，而不是非黑即白。
- 在个人兴趣与公共利益间保持平衡。
- 挑战现状。
- 以理解为目标，而不是评判。
- 关注目的多于快乐。

平衡自我利益和公共利益。

以灰色的色调看待世界，而不是非黑即白。

认真反思从经历中获得的教训。

开发智慧

本杰明·富兰克林所说的“谁是智者？向每一个人学习的人”，说明智慧还涉及征求和整合多重视角的过程。这在系统理论家格雷戈里·贝特森所说的智慧来自“坐在一起真诚讨论我们的差异——不抱改变他人的意图”这句话中得到了回应。

将格兰特、富兰克林和贝特森的见解结合起来，我们可以概括出开发智慧的几条原则和指导方针：

- 智慧并非来自经验本身，而是来自以不同的视角，对从经验中学到的教训进行彻底反思。
- 智慧源于拥抱细微差别和多重视角。如格兰特指出的，智慧的目标是“理解而不是评判”。
- 明智的人和群体愿意质疑规则。智慧涉及探索是否有一条更好的路可走，而不是接受事物一直就是这样。
- 智慧是“小我”与“灵魂”之间的一种平衡功能，即将“自我兴趣与公共利益”校准对齐。智慧来自鼓励和支持人们找到利益他人同时也促进自己的目标与雄心的方式。
- 智慧源自始终如一地关注全局与更大的目标。智慧需要与贝特森所说的一种“更大的心智”或场域智慧的连接。

显然，智慧是通过集体智慧而显著增强的。实际上，做出更明智的决定就是培养和应用集体智慧的基本成果之一。

挑战现状

以理解为目标，而不是评判

关注目的多于快乐

开发智慧

群众智慧

由人们基本上凭借自己私下获得的信息得出的多种意见达成的独立结论做出的集体决策，最有可能是正确的。

群众智慧的一个简单而真实的例子就是猜数量。一群人所猜测数字的平均值总是最接近实际数字的其中一个。

詹姆斯·索罗维基在他的《群体的智慧》（The Wisdom of Crowds）一书中大胆断言："在适当的环境下，团体具有非凡的智慧，通常比团体中最聪明的那个人还要聪明。团体无需由格外聪明的人来掌控以变聪明。即使团体中绝大多数人都不是特别见多识广或者充满理性，这个团体仍然可以集体做出明智的决策。"

实际上，索罗维基断言由部分"聪明"人和部分"不是那么聪明"的人组成的团体，总是会比只是由"聪明"人组成的团体做得更好。按照索罗维基的说法，由人们基本上凭借自己私下获得的信息得出的多种多样的意见达成的结论而做出的集体决策，最有可能是正确的。

索罗维基举了大自然中"群众智慧"表现在群集的鸟儿的智力行为（见第四章）和蚁群找到通往食物来源的最短路径的能力（见第四章）方面的例子。他还引用了市场的自我修正本质和计算机的开放源代码（像 Linux）来说明群众智慧的表现形式。他还举了另一个例子：2003 年流行的传染病 SARS 的解决方案是如何被发现的。当时并没有一家中央协调组织牵头，但世界各地许多医院和大学所做的研究和搜集的数据最终形成了解决方案。它是从某种更大的集体智慧中自然而然地冒出来的。

索罗维基还举了另一个非常实在的关于群众智慧的例子——数量估算。索罗维基引用了一个标志性的事例，是科学家、先锋心理学家弗朗西斯·高尔顿的趣事。高尔顿在一个乡村集市上，看到一个有奖竞猜大公牛重量的活动，说是谁猜的重量最接近真实数据谁就赢了。超过 900 个人参与了竞猜。高尔顿出于好奇，把所有人猜的数相加取了个平均值。他惊讶地发现，即使每个人猜的数字相距甚远，一群人猜的数字的平均值却几乎比所有个人猜的都要更加接近公牛的实际重量，而且比任何牲畜专家猜的都要准。

索罗维基断言同样的现象也会发生在任何种类的数量猜测中。比如，拿一满罐糖果，让大家分别在一张纸上写下他们猜的糖果颗数。把大家估计的数收集起来并全部相加，平均值几乎总是最接近实际数量的那一个。

我在我的集体智慧培训课程中通常会做这个实验。实验结果总是非常令人难忘。一群人所猜测数字的平均值总是最接近实际数字的其中一个。

下面这张表是来自我的一个研讨会团体的实际例子。你可以看到，个体的估算差别相当惊人。在 40 个猜测数字中，最低的估算是 150，而最高的竟然达到 5000！这种不一致的程度有力证明了我们个体的感知和判断可能会多么不同。然而，所有这些猜测数字的平均值（884.85）却极为接近实际的糖果数量（836）。只有两个人估算的数值略微比这个数值更接近真实数字一点。

这个例子也说明了考虑到团体中每个成员的意见有多么重要。比如，如果你剔除猜测的最高数字和（或）最低数字，平均值就会离罐子里糖果的实际数量更远一些。

个人估算

1000	1384	737	300
1515	522	623	1250
480	1253	150	603
……			

平均值：884.85
糖果实际数量：836 颗

群众智慧的一个例子是数量估算
团体估算数的平均值总是最接近实际数字的其中一个

产生智慧群体的必要条件

显然，并非所有的团体和群众都是明智的。实际上，同一群人也有表现得明智或不明智的时候，这取决于他们互动的条件。例如，对团体智慧最主要的干扰因素之一就是从众心理或者“群体思维”。从众和意见一致限制了对其他抉择和想法的可能性的探索，而不是提升群体的智慧。为了“合群”或者获得他们对自己的意见的认可或证实，大家常常会被别人的所说所想摆布。

一个高效的会议模板必须在条理性和开放分享、协同和涌现的机会之间保持平衡，以制造“有纪律的流动”。

比如，在猜糖果数量的实验中，大家在不知道别人估算的数字的情况下做出他们自己独立的估算非常重要。如果你做同样的实验，却让大家一个接一个大声报出他们猜的数字，前面那个人的猜测就可能影响到接下来的人。大家估算的数字之间的差异可能会小得多，但其平均值就会离真实数字更远。有影响力的团体成员猜的数字可能无意间影响了其他人的估算。

在群体背景下，人们往往不再关注自己的知识和想法，而开始基于他们认为团体里其他人知道的、思考的或认可的去做决定。

在群体背景下，人们往往不再关注自己的知识和想法，而开始基于他们认为团体里其他人知道的、思考的或认可的去做决定。团体成员们可能不再表达他们真实的想法，特别是在想法可能对团队造成打扰或者“破坏了良好的现状”的情况下。实际上，从众和要跟团体中其他人想的一样、做得一样的压力正是时尚、暴徒和法西斯的基础。

索罗维基阐述的产生群众智慧的四个条件是：意见的多样性、独立性、去中心化和某种将个人结论变成一项集体决策的公正机制。

索罗维基指出，同质化的团体很善于做他们擅长的事，但他们会变得越来越没能力探究新的选择，“他们花了太多时间一味地做，而没有花足够多的时间去探索。”多样性的贡献不仅仅在于增加不同的视角，还在于使个体说出真实的想法而变得轻松一些。

索罗维基总结了产生群众智慧的四个条件：

• 意见的多样性（大家表现出宽广的视角）。
• 独立性（大家的意见不被身边人的意见左右）。

• 去中心化（大家能够专门研究和利用当地信息）。

• 集成（存在某种公正的机制将个人结论变成一项集体决策）。

当这些条件都被满足时，团体作为一个子整体的智慧就会出现。

拥有共同愿景和目的也是打造智慧团体的一个关键部分。这为团体成员平衡自我利益和公共利益，并且找到既能推进他们自己的目标和雄心又能使团体受益创造出可能性。

索罗维基关于群众智慧如何发挥作用的观点，令人联想到政治经济学家亚当·斯密一个关于在自由市场中指引人们行为的“无形之手”的概念。根据斯密的理论，当人们以自我利益理性行动时，他们会“被一只无形的手推向一种完全不符合他们意图的结局”——就是说，他们在没有想要也不知道结局会是这样的情况下，促进了社会整体利益。斯密断言，人们在追求自己的利益时，往往比他们有意识去促进社会整体利益更加有效。

斯密关于“无形之手”的概念就是一个“更大的心智”，或者说场域智慧的例子，这是由一些与产生智慧个体相同的模式促成的：彻底反思从经历中获得的教训；以理解而不是评判为目标，拥抱细微差别和多重视角；探索选择性，并追问是否有更好的途径；把焦点放在“目的”上，并且找到自我利益与公共利益之间的平衡。

为此，我会在索罗维基的清单上加上“拥有共同愿景和目的的人”作为打造智慧团体的一个关键部分。这为团体成员平衡自我利益和公共利益（即“小我”与“灵魂”），并且找到既能推进他们自己的目标和雄心又能使团体受益创造出可能性。

谷歌公司对完美团队的追求

索罗维基表述的几个重要观点在谷歌主持的一项长达五年的关于如何创造完美团队的研究结果中得到了呼应。和许多今时今日最成功的公司一样，谷歌意识到分析和提升个人工作者——即著名的“员工绩效优化”还不够。随着组织的活动日益全球化和复杂化，影响一家企业成功的绝大部分因素越来越以团队为基础。实际上，发表在《哈佛商业评论》上的一项研究发现，在过去的 20 年间“管理者们和员工们花在合作活动上的时间激增了 50% 或以上”，而且在许多公司，员工一天有 75% 的时间花在与同事沟通上。

谷歌公司以一种卓越元素解码的方式，花了 5 年时间和数百万美元收集团队里表现出不同绩效水平的人的特征和行为模式数据，以确定如何提升团队的“集体智商”。

因此，谷歌开始专注于努力打造完美团队。他们花了数百万美元收集团队里表现出不同绩效水平的人的特征和行为模式数据。正如索罗维基可能已经断定过的，找到一个创造出重大不同的团队组合的依据几乎是不可能的。“我们看了全公司 180 支团队，”谷歌人力分析部门的一名时任经理阿贝尔·杜贝说，“我们有很多数据，但没有数据显示一种特定的个性类型，或技巧，或背景的结合会造成什么不同。看起来这些综合因素中‘谁’这个部分并不重要。”比如，两个团队可能有着差不多一样的成员，却展现出完全不同的效率水平。

对话中轮流说话次数的平等分配是提升“集体智商”的一个重要成功元素。

所有这一切将研究者引向构想出团队内出现的“集体智商”这一概念，与任何单个成员的智慧或个性区别开来，我们一直将其称为“团体心智”。我们可以说这种集体智商可以用来衡量团体的“智慧”。当然，大问题是：“一个团体如何促进了集体智商的发展？”

谷歌的研究人员在跟踪不同团队的过程中，发现了两个特征是所有优秀的团队看起来都具备的。第一是研究者们称作“对话中轮流说话次数的平等分配”现象。在优秀的团队里，成员们说话的比例差不多是一样的。也就是说，每个人有平等的机会出力。“只要每个人有机会说话，团队就会做得好，”该研究的第一作者安妮塔·伍利总结道，“不过如果总是只有一个人或一小撮人说话，集体智慧就会下降。”

其次，优秀团队的成员都有很高水平的“社交敏感度”，意思是他们通过他人的声调、面部表情或非语言暗示可以非常娴熟地感知他人的感受。这种能力是“同理心”和“情感智力”的表现，也与“第二位置”这种设身处地为他人着想的能力有关。

像“对话中轮流说话”和“社交敏感度”这些特征的组合制造了所谓的“心理安全”。心理安全是一种“信心感，在团队里不会因为某人毫无保留地把话说出来而让他感到难堪、遭到拒绝或惩罚……这描绘了一种以信任和相互尊重为特征的团队氛围，大家在这里都可以舒服地做自己”。根据谷歌的数据，让一个团队高效发挥作用，心理安全比其他任何因素都更加重要。

按照谷歌收集的数据，让一个团队高效发挥作用，心理安全比其他任何因素都更加重要。

社交敏感度、同理心的能力，以及情感智力是提升集体智商的其他重要成功元素。

心理安全也会因真诚的自我暴露而得到促进，大家在一起能够分享他们真实的想法和感受，能够袒露他们自己的私密信息。比如，在我的智囊团里，经常会以这种方式开始一次面对面的会议——整个小组每个成员轮流说出这样的句子：“人们最不了解我的一件事情是……”当人们分享有关他们自己的私密和有意义的某件事时，这就意味着也允许其他人同样这么做。

并不意外的是，从谷歌的研究中浮现的另一个因素就是让大家感知到任务意义的重要性。在高效团队里，团队成员了解他们的工作如何符合谷歌更

对于团队成员来说，了解他们的工作如何符合谷歌更大的使命也很重要。

大的使命。

考虑到本书中涉及的法则，心理安全与任务意义的结合似乎明显鼓励和使得团队成员们既是一个个单独的分离整体，又表现为更大子整体的一部分。

激活群众智慧的六个步骤

在我的集体智慧工作坊里及我和斯蒂芬·吉利根博士一起做的生生不息改变的工作中，我们概括了一系列制造高效、明智和生生不息的合作的步骤。这些步骤既结合了索罗维基发挥群众智慧的标准，也包含了谷歌从完美团队研究中得出的结论。这些步骤大体上包括：

基于卓越元素解码的原理，斯蒂芬·吉利根博士和我明确了制造高效、明智和生生不息合作的六个步骤。

- 创造一个 COACH 教练状态容器。
- 明确一个共同的意图 / 目标。
- 发展一种生生不息的表现状态。
- 将注意力集中在一个目标或问题上，收集不同视角的看法。
- 以一种尊重和好奇的状态抱持所有的看法。
- 允许新的想法和可能性浮现。

前面四步是靠我们已经在本书探索过的合作催化剂支持的。“创造一种 COACH 教练状态容器”和“明确一个共同的意图 / 目标”在第一章有提及。“发展一种生生不息的表现状态”和“将注意力集中在一个目标或问题上，收集多重视角的看法”则在第二章中讨论过。

以一种尊重和好奇的状态抱持所有看法无疑需要创造出谷歌研究人员所说的心理安全。智慧往往从最初看起来模棱两可和自相矛盾的状况中显现出来。下面的几个合作催化剂可以用于帮助团体以一种尊重和好奇的状态抱持所有看法，并且让新的想法和可能性浮现出来。

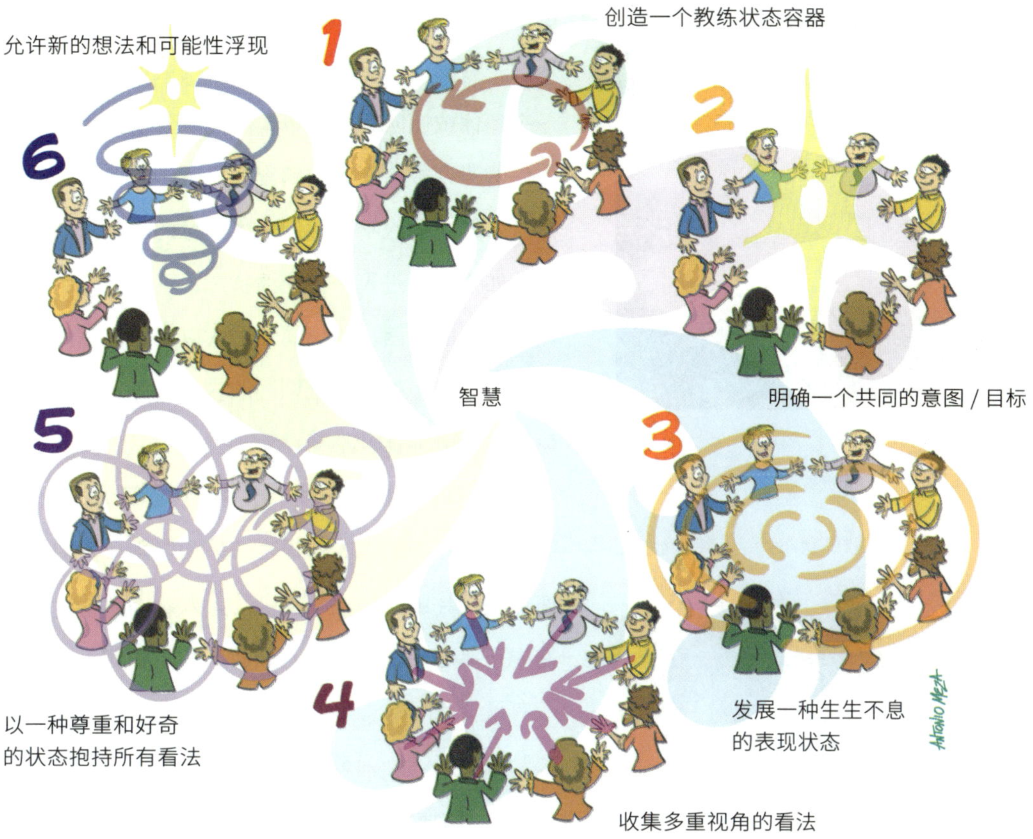

激活群众智慧的六个步骤

卓越元素解码之合作催化剂：从崩溃状态转入教练状态

在本书的词汇表里，我们会说心理安全即教练容器的产物。当人们处于中正、开放、觉察、与自我和彼此连接，以及能够以一种机智和好奇的状态抱持当下发生的一切时，就会对他们是谁，以及说出他们真实的想法感到安全。当人们处于崩溃状态时，相反的情况就会发生。而处于紧绷、反应性、过度分析，以及感觉被隔离和伤害的状态，对于集体智慧和激活群众智慧则是毁灭性的。

以第一章中金属盘上振动的沙子进行类比，我们可以说团体的心理和情绪状态

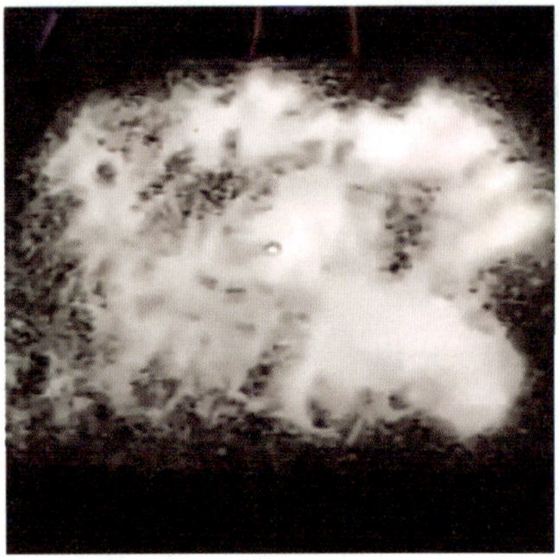

崩溃状态
与
教练状态

创造了一种振动的场域。正如这个声流学实验所显示的，振动的场域决定了沙子最终会如何排列。在一个团体或团队的背景下，我们可以说沙子就像是他们的讨论或者任务的内容，盘子则是他们互动的背景，振动的水平是他们生生不息的表现状态的品质。如果团体进入一种崩溃状态，就不会产生创造性或创新的东西。如果同一群人以生生不息的教练状态讨论或者处理完全相同的内容，则新的想法和可能性就更可能出现。

当一群人陷入一种“卡住”（崩溃）的状态，就会反映在互动中的非语言“乐曲”里——对话语速加快，呼吸不畅，节奏杂乱，大家不再处于自己的中正状态，而且人与人之间、句子和句子之间都没有了“空间”。

接下来的练习有助于小组成员练习“社交敏感度”，以及通过一些简单的非语言“指挥信号”帮助彼此回到教练状态。

- 小组确定一个大家都想要更具创造性合作的领域（比如，谈论预算）。
- 小组成员们选择一系列非语言的信号表示：慢下来、暂停、呼吸、中正。设置这些信号的目的是帮助小组回到教练容器和生生不息表现状态，或者强化其品质。
- 小组创造一个教练容器，就他们选择的话题设定一个创造性合作的共同意图，并开始互动。
- 在任何时候，任何小组成员意识到自己或者其他小组成员开始呈现出任何崩溃行为（紧绷、反应性、过度分析等等），小组成员可以发出自认为最合适的非语言信号。

• 小组成员们集体响应该信号，然后继续互动。
• 每 10 ~ 20 分钟小组暂停一下，反思他们的“场域”和互动的品质，确保所有的小组成员都有机会发表意见。

这种“仪式化”的练习是将诸如“社交敏感度”和“对话中轮流说话”这类动力带入小组成员的持续觉察中的一种强有力的方法。这种练习将对小组状态的责任交到每个小组成员手中。这种合作催化剂的终极目的是将这些动力融入小组自然和自发的互动中。我们发现，几轮有意的练习之后，小组成员会对他们的心理安全程度变得敏感许多。

用非语言信号帮助维护教练容器的例子

借助“四句破”转化潜在冲突

本章一开始，我引用了贝特森关于智慧来自“坐在一起真诚讨论我们的差异——不抱改变他人的意图”的论断。抱持多重矛盾的观点往往创造出最大的突破和生生不息的、“打破固有思维”的解决方案。

不过，当团体遇到团队成员间不同和（或）看起来矛盾的观点时，往往就会陷入崩溃状态。团队成员们忘了要彻底反思，以灰色而不是非黑即白的色调看待世界，并且以理解而不是评判为目标，大家开始就谁对谁错开始争论不休。他们企图强制达成协议和寻求一致意见。每个人也可能开始捍卫他们自己的观点，并且攻击或批评其他人的意见。不用说，这极大地减少了团体的智慧与合作的创造力。“四句破”则是一种合作催化剂，有助于团体练习将这种情况转化成让新东西出现的机会。

小组内的两难困境反映出不同的“真相”或者观点之间的冲突。“四句破”是感知每一个相冲突的位置的“正面价值”，从而让综合性的“元真相”浮现出来的方法。“Tetra”在希腊语中代表数字 4，“Di” 意思是 2。“Lemma” 是一个希腊词，意思是所处的一个特定的点或者位置。因此 Dilemma 字面上的意思是“两个位置”。Tetra Lemma 意思是“四个位置”。四句破的四个位置是：

- 第一位置：X 是真的。
- 第二位置：X 的对立面也是真的。
- 第三位置：X 和 X 的对立面都是真的。
- 第四位置：无论 X 还是 X 的对立面都不是真的。

抱持多重矛盾的观点往往创造出最大的突破和生生不息的、“打破固有思维”的解决方案。

显然，一种典型的两难困境发生在特定的位置或观点遭遇了它的对立面或反面时，例如一个小组成员声称“我们需要更多（支持、时间、资源等），而另一个人坚持说“不，我们已经有足够的（支持、时间、资源等）”，该小组就遭遇了经典的两难困境。两难困境并不总是针对和前面这些对话一样的相反陈述。一个小组成员可能说：“采取行动和成长很重要。”而另一个则说：“我们需要在已做的事情上变得更加稳定。”

“四句破”是一种合作催化剂，有助于团体练习将可能冲突的情况转化成让新东西出现的机会。

无论在哪种情况下，四句破都会给每一个位置一席之地，即“我们需要更多 X”“我们有足够多的 X”，或者“成长很重要”“我们需要在我们的现状下更稳定”。每一种看法的真相和价值都会被考虑和尊重。每个观点都会被认为具有价值和正向意图。

四句破的第三位置是在某种程度上，两个位置同时都是真的。“我们需要更多的 X，而且我们有足够多的 X。”或者“成长很重要，而且我们需要在现有位置更稳定”。这就是大家所知道的 NLP 中典型的“元位置”。元位置或者第三位置常常被视为“智慧”位置，因为这个位置给多重观点创造出空间。第三位置对于几乎任何类型的谈判或冲突化解都是基本的。

四句破的前两个位置创造了典型的两难境地。

四句破的第四位置是最令人着迷和不同寻常的。第四位置需要具有无论哪个位置最终都不是“真的”这种思维模式。就是说，“无论我们需要更多 X，还是我们拥有足够多的 X 都不是真的。”“无论成长是重要的，还是我们需要在现有位置更稳定都不是真的。”第四位置打开了一个也许从来未曾深思过，甚至想都没想到过的可能性的空间或场域。正是从这个位置可能冒出一些真正新奇和新鲜的东西。

四句破的第三位置承认前面两个位置都是正确的。

四句破的第四位置认为前两个位置都不是真的，打开了一个也许从未曾深思过，甚至想都没有想到过的可能性空间或场域。

四句破在许多方面反映了我们在第二章、第三章探索过的四个感知位置。有两个视角是被第三位置平等、中立地见证的。第四位置是一个“场域”的位置。在四句破中，第四位置是一个可能性的场域。

当斯蒂芬·吉利根和我将这个流程用在团体中时，我们喜欢让小组成员们在物理空间上排出四个不同的位置，然后一个个轮换，以便让所有小组成员分别采用每一种思维模式。我们还在其他中心加了第五位置来整合教练状态，这个位置同时抱持着其他四个位置，基本上是一个选择的位置。任何或者所有其他观点都可考虑，而不会附带其中任何一个观点。

卓越元素解码之合作催化剂：“四句破”小组流程

- 确定一个由小组内冲突的观点或意见造成的、引起了某种冲突或崩溃的两难困境。
- 在物理空间上以钻石形状摆出四句破的位置（如下页图所示），两难困境的两个位置一个在另一个的对面，而第三和第四位置在两者之间又超越两者。在四个位置中间还可以给一种整合的教练状态留出地方。
- 小组成员分别站到这五个位置上，让所有位置都有人。每个成员要运用与他的位置相关联的思维模式。
- 然后小组成员轮流站到不同的位置上，直到每个人在每个位置上都体验过与之相关联的思维模式。

  注意：如果小组中任何一个成员留意到自己或者其他成员开始进入崩溃状态，他可以使用在前面练习中约定的信号来提醒大家。
- 接下来小组讨论从这个过程中浮现出来的新的洞见和可能性。

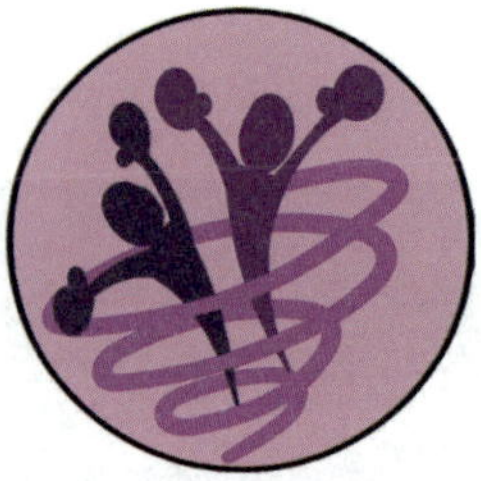

反复练习四句破有助于将该流程作为持续的资源，融入以生生不息的方式处理不同看法中去。

与前面一个练习相似，一个小组以这样一种有条理的方式完成整个四句破流程，有助于将该流程作为持续的资源，融入以生生不息的方式处理不同的看法中去。

当然，个人练习四句破也是可以而且有用的。和小组流程一样，你可以布置四个位置，在这四个位置中心留出教练状态的位置。让你自己站到每一个位置，并采取与该位置相关联的思维模式，有助于你获得对你所参与的团队或小组里出现的多重视角观点有更丰富和更明智的看法。

以下的卓越元素案例研究提供了一个很好的例子，说明能够明智地抱持和整合多个位置和观点有多么重要。

四句破流程涉及整合潜在的冲突性观点的练习

卓越元素案例：德鲁·迪尔茨与美国和平工作队，贝宁辣木树农场和养蜂项目

生生不息的赋能

德鲁·迪尔茨

德鲁·迪尔茨将他的生生不息的赋能概念定义为“通过用技巧和自信使人们具有成为引领社会进步的领导者的能力，而后他们以同样生生不息的方式为身边的人赋能。”

一份对赋能的热情

成功的企业家们是因为看到了一个他们想要解决的问题，或者他们梦想以一种更好的方式做事，才开始寻求创造一种新的产品或服务的。他们内心有一种“召唤”或者说一股热情，要去创造某种全新的、与众不同的东西。这种召唤感和个人热情驱使企业家们去冒险，并专注于面对他们遭遇的诸多挑战。

从很小的时候起，德鲁·迪尔茨就意识到内心有一种要改善世界的深层驱动力。他还觉察到自己有追求不朽这样一种基本的个人愿望。无论他的肉体是否还存在，他都想要感觉自己的一部分会因追求使命而继续活下去。这使得他具有更加深远的影响力而不再局限于他个人此生能够取得什么样的成就。

改善世界和让他的使命超越他的肉体继续存在这两种驱动力结合起来，在德鲁的内心生成了一股热情，他称为“生生不息的赋能”。德鲁是这样解释的：“通过用技巧和自信使人们具有成为引领社会进步的领导者的能力，而后他们以同样生生不息的方式为身边的人赋能。我就可以创造出一种‘生生不息的赋能’力量，从而取得比我独自一人能够取得的大得多的成就。这股力量对于全球发展具有感染力、可持续且至关重要，通过释放这股力量，我可以每天得到我的使命继续下去的满足感，即使我已经不在人世。”按照德鲁的说法，一个非生生不息的解决方案“随着你的死去也就终结了”，或者你一停下来它也就结束了。

正是德鲁对生生不息赋能的热情使他在 2012 年从圣迭哥大学

取得商业和国际关系学位后便自愿加入了美国和平工作队。他被派往西非的贝宁，帮助促进其经济发展。在这里，他对生生不息赋能的热情以愿景的形式呈现出来，这个愿景就是“建立许多以合作、创造性和赋能的方式成功解决自己问题的社区”。

带给顾客一个新的愿景

顾客是企业家的召唤与愿景的接受者和最初受益者。企业家通过他们与顾客的关系开发产品和服务，并最终发展他们的企业。要取得可持续的成功，企业家必须产出足够的利益和收入来支撑他们的企业——同时建立充分的“品牌知名度”和市场占有率。

德鲁对生生不息赋能的热情引领他自愿加入了美国和平工作队，他因此驻扎在了西非的贝宁。

以贝宁中部的格雷佐伊镇为基地，德鲁最初的“顾客”就是镇上的居民和住在小镇外的小型乡村社区里的贝宁村民。这些小村子当中还有许多相当与世隔绝，村民们几乎都没见过“白人”——白人通常都是教授人员。这些村民的生活方式还和几百年前的人差不多，他们住在小土屋里，没有电，只有一口井作为他们的水源。村里的家庭往往只靠相当于低于 4 美元 / 日的物资过活。德鲁还注意到村里许多小孩因为营养不良而肚子鼓胀。尽管这些孩子们普遍能吃饱，但他们的食物中都缺乏足够的蛋白质和其他养分。

这种相对贫穷与营养不良结合在一起的情况，使德鲁心中产生了一个愿景，那就是“利用当地自然资源，开发一个合作的、赋能的、可持续产生收

> 该地区相对贫穷与营养不良结合在一起的情况，使德鲁心中产生了一个愿景，那就是“利用当地自然资源”开发一个合作的、赋能的、可持续产生收入来对抗营养不良的整合了辣木树和养蜂的项目。”

人的项目来对抗营养不良”。

就德鲁对这个地区环境的判断，他已经了解在这片区域自然生长的辣木树。辣木树有时候被称作“神奇树”，其叶子富含维生素和矿物质，并且含有9种基本氨基酸，这使其成为能够提供全面蛋白质来源的非常稀有的植物之一。用干的辣木树叶制成的粉末，以重量计，其维生素A的含量是胡萝卜的4倍，钙的含量是牛奶的4倍，维生素C的含量是橙子的7倍，钾的含量是香蕉的3倍，铁的含量比菠菜还高。

德鲁的愿景是要创造一个能够以合作的方式自行解决诸如贫穷和营养不良这类社会问题的社区。

德鲁将他的愿景与他对当地的了解相结合，想出了以辣木树和养蜂农场的形式办一家企业的想法。这家企业会种植辣木树，这些树得益于交叉授粉和养蜂，几乎一直开花，而蜜蜂因为离辣木花很近，产蜜量得以翻番。由养蜂产生的蜂蜜还为当地人提供了一种比既昂贵品质又差的蔗糖更好的甜味剂。

不过，德鲁在发起他的企业时不得不处理许多障碍，包括当地人完全不理解“营养”这一概念，以及他们习得的对国外援助的依赖。

除了给村子里的家庭带来营养方面的好处，多出来的辣木树粉和蜂蜜还可以卖到附近的城市甚至是邻国，为村民带来额外的必要收入。

不过，德鲁在企业发起时遇到的挑战之一就是他的“顾客们”完全不理解“营养”这一概念。无论在他们的文化历史中还是在传统教育中都不会分析他们食物中的营养物质。如果德鲁试图向他们解释“维生素C对你的免疫系统有好处”，他们理解不了。他们会问：“什么是维生素C？”“什么是免疫系统？”

另外，村民们还会认为孩子们有胀鼓鼓的肚子很正常，甚至还想要这样，因为这意味着他们“吃饱了”。为了让村民们接受“营养”这一概念，德鲁用给村民们看那些肚子正常的非洲幼儿的照片这种容易理解的方式来解释。他用了房子的比喻（口头描绘了一栋用砖盖的房子）说明“我们的身体就像一栋房子，而食物就是盖房子的砖”。房子的“地基”就是德鲁所说的“建造者”——即肉、蛋白质等等；“墙”则是由玉米、大米、山药等“情绪兴奋剂”建造的；而“房顶”则是用“保护装置”——即水果和蔬菜做的。德鲁在讲完这个比喻后指出，每一顿饭都应该像盖“房子”。他问村民们：“你想让你家住在一栋没有屋顶、没有墙还是没有地基的房子里呢？”

德鲁遇到的另外一个重大挑战就是当地人相信“答案在白人的心里和脑子里”。于是，他们总是往外看，寻找指引和解决方案。德鲁观察到，在外国开发工作者和本地人之间的互动中，开发工作者并没有帮助本地人发展。许多本地人只是把这些开发工作者看作无所不知的拯救者，认为他们才掌握了本地人自己无法解决的某些问题的唯一解决方案。

实际上，德鲁发现贝宁经济的大部分依赖援助，这是他们的首要收入来源。他注意到最聪明的当地人会去找 NGO 组织（非政府组织），NGO 组织的钱都是来自政府或救援组织的——和开展一些新的生意相比，这不是一种可持续的情况。

为了消除这种态度，德鲁获得了一名受雇于和平工作队的贝宁妇女玛尔特的帮助，她来自一个村子而且说本地语言。她能够成为村民们的榜样和导师，因为她有可信度而且不是白人。她可以用他们自己的语言令人信服地跟村民说：“你们可以做得更好。”“我知道你们可以。”“我是你们当中的一员。”

使团队成员一致对齐并激励他们的挑战

团队成员是和企业家最紧密合作去实现企业使命的那群人。企业家要取得成功，必须发展一支由有能力的个人组成的团队合作努力，达成企业的使命。

德鲁需要一支由本地村民组成的团队去建造和执行辣木树农场和养蜂作业。他们必须清理要用的土地，建起围栏，撒下辣木树种子，开始搭建蜂房。辣木树农场最终由 1 名男子和 16 名女子组成。10 名养蜂人都是男的。这种劳动力的划分反映了德鲁需要一支由当地村民组成的团队来建造和实现辣木树农场和养蜂运作。

德鲁发现，虽然本地的村庄、部落和家庭之间的联系非常紧密，大家却无法作为一个团体很好地一起工作。

德鲁与一位和平工作队志愿者伙伴及两位村民在辣木树农场现场。

德鲁决定为每个团队成员分配任务。这在集体之内给了每个团队成员一种自主权，并让他们看到自己努力的直接结果。

贝宁文化中存在的实质性的性别不平等，而德鲁却不得不满足于此。

除了这一点，德鲁还发现，虽然本地的村庄、部落和家庭之间的联系非常紧密，大家却无法作为一个团体很好地一起工作。由于他们的文化里与时间、动力和无法预料的家庭义务的关系，团队成员不会在同一时间出现，也不会在一天里工作同样长的时间。结果，团队成员个人的工作安排就会相当混乱。

德鲁注意到，因为企业利润要平均分配，女人们尤其会在一起互相指责，批评那些她们觉得只工作了一半时间的团队成员。这也导致一些团队成员采取了这种态度，“如果无论我怎么干，每个人挣的都一样多，那我为什么要比别人更努力呢？”

德鲁的解决办法是为每个团队成员分配自己的任务。这在集体之内给了每个团队成员一种自主权，并让他们看到自己努力的直接结果。这样做将团队成员变成了局部的利益相关人。他们对自己包干的工作拥有了一种自豪感和责任感，而且不会再就别人的工作力度找借口。这个举措实际上起到了让大家在更大程度上真正成为“子整体”的作用——既是分离的独立个体，同时又是比他们自己更大的某样东西的一部分。

有意思的是，让大家拥有自己包干的工作也刺激他们发展了更多的集体智慧。这样做使他们做了许多比较，而且形成了“最佳实践”的自然分享。这有助于激励大家并鼓励他们相互模仿。当他们领到了自己包干的工作，团队成员们会看到谁来了，谁的工作干得好，还有“什么样的差异造就了不同”。如果一个人包干的工作产出比其他人的多，其他人会意识到，“我也可以想点什么不一样的做法，这样也许我就不必做得这么费劲了。”

由于利润是共享的，团队成员开始认识到“如果我们都更努力和更聪明地工作，大家就都可以赚更多钱”。任何人带来的微小增长都会给大家带来指数性的、正面的不同结果。举个例子，如果一个人开发出一种创新和高效的给每一棵树浇水的方法，在没有包干的情况下，所有人人同时在整个农场工作，那么能够因这种创新浇灌技术受益的就只会是这种方法的开发者浇的那几棵树。然而，有了包干制，每个人都能看到这种技术和“在自己包干的工作中实行最佳实践”带来的正面影响，因此将最佳实践的好处从 1 份包干的树木价值放大到了 17 份包干的树木价值。

企业的使命是让团队成员围绕社区健康一致对齐，并且在任务包干者之间培养“最佳实践”的交流和集体“标杆管理”。

至于养蜂人，他们需要照料他们自己的蜂房，这种“集体努力中的自主权”的概念同样已经深入人心。

挑选并满足利益相关人

利益相关人就是与一个项目或企业相关的个人和团体，他们影响决策，同时或正面或负面地受到决策后果和预期结果的影响。他们既能够阻碍或促进达成预期结果，也可能拥有可以严重影响结果品质的资源或技巧。利益相关人是掌握了企业取得成功所必需基本资源（如财务投资）的关键个人或团体。

对德鲁来说，除了给团队成员从他们自己的成功中获得股份的机会，挑选哪些外部利益相关人参与到企业中来也是至关重要的决策。考虑到要建立一个生生不息赋能社区的愿景，德鲁想要尽量减少对关键资源的外来提供者的需求。德鲁想要创建一家不拿“亿万富翁一掷千金捐款”，也不“需要一支医疗团队”的企业，而且不必从自己的账号拿钱为这家企业提供资金上的资助。

德鲁的雄心是确保基本资源最初来自社区内部，并且让辣木树农场项目可以长期自给自足。企业的主要利益相关人是当地的“赞助人”和外部的救援组织。

最终，资源有 60% 来自社区，40% 来自和平工作队和美国国际开发署粮食安全基金。援助组织的基金用于确保围栏材料和养蜂设备。社区资源，包括土地、劳动力、种子、材料的运输，都是在当地“赞助人”的支持下采购的。在贝宁社会里，赞助人是因获得了一定程度的财富和教育而取得身份地位与权力的人。赞助人通过对社区福利做贡献的行动或礼物的形式“回馈”社区成员，赢得他们的忠诚和尊重。

德鲁在当地一位名叫吕西安的赞助人的帮助下为企业获得了 3 公顷土地，吕西安有足够的地位为这块土地游说议员。在贝宁的乡村地区没有正式的政府土地或者房地产经纪人，而是由一位地方官员或者委托代表来决定谁有权使用哪块土地。吕西安能够说服对德鲁的项目进行评估的委托代表，并且拿到了毗邻村子的土地来建农场。作为回报，吕西安和委托代表都成为养蜂人，得到了蜂房和必需的设备。

确立关键合作伙伴和同盟

合作伙伴关系和同盟是使企业家拓展或借力资源、增加曝光度的双赢关系。最成功的合作伙伴关系中，潜在合作伙伴的角色彼此互补，在各自的资源之间创造出一种高效的协同。

德鲁的辣木树农场和养蜂企业要取得成功，确立一些关键的合作伙伴关系至关重要。德鲁的团队通过和当地一个养蜂协会合作，半价买到了养蜂设备。他们与当地一家健康中心和一家志愿者种子银行结成同盟，拿到了启动农场必要的种子。如果没有这些同盟，购买所需数量的辣木树种子会非常昂贵。与种子银行的合作使德鲁和他的团队想出了一个交换方案。种子银行提供种子启动农场，然后当企业生产出种子时，再将这些“借来的”种子补充回种子银行，以使种子银行得以维持下去。

德鲁在辣木树农场项目方面的主要角色是成为一名“出类拔萃的赋能者”，并且与当地养蜂协会、健康中心和种子银行这类机构合作，以获得关键资源。

德鲁说，愿景是任何企业活动的基础。“企业家精神是要创造新的东西，尚不存在的东西。你所拥有的唯有愿景。”

愿景的力量

愿景与人们对自己身为其中一部分的更大系统的看法有关。如我们已经确立过的，愿景是“一个未来会是或可能是什么样子的心理图像”。它为团队提供总体方向，并且明确团队成员间互动的目的，即一家企业或者方法是为了谁或为了什么创造出来的。

对于德鲁来说，愿景是所有企业活动的基础。“这至关重要，”他说，“这是一切。”德鲁继续解释道：“企业家精神是要创造新的东西。尚不存在的东西。你所拥有的唯有愿景。”

德鲁说最有力的愿景是“想象出一种范式改变的未来状态”。如德鲁所指出的，改变是“帮助人们接受给他们的全新概念。”在辣木树和养蜂企业这个案例中，德鲁的愿景是：“并非只是在一个大农场里种植物，而是要建立一个辣木树和蜜蜂的综合系统，在这个系统里每个人有自己的包干工作。不单独销售产品，而是大家把产品放在一起去卖。”

德鲁做了很多创造性的努力来说服村民们参与到企业里来。“你需要对你的愿景有很深的理解，并且与你试图影响的人连接上，”他说，“你必须了解与你共事的人，强调对他们有吸引力的观点。”

自主权与集体主义的结合非常关键。由于早前描述过的原因，每个参与到企业中的妇女都有自己包干的工作，这非常重要。不过，德鲁注意到，他不能为个人拿到土地，必须是为整个社区。“一个女人无法做成这件事。”他总结说。

此外，集体销售辣木粉和蜂蜜使村民能够吸引到付得起更高价钱的、更大更富有的买家。以集体的形式做营销可以卖到更好的价钱，因而使他们比单个去销售多赚了一倍。这突显了作为子整体的力量。

不过，德鲁提议的方法对于村民们来说相当新奇和陌生，因此德鲁做了很多创造性的努力来说服他们参与。作为一名企业家要获得成功，“你需要对你的愿景有很深的理解，并且与你试图影响的人连接上，”他说，“你必须了解与你共事的人，强调对他们有吸引力的观点。”

德鲁发现他的最大激励因素是大家对公共幸福的自豪感。他能够围绕“建立一个强壮、健康的社区”的愿景制造与村民的共振。

例如，物质财富对村民们来说并非多大的动力。他们过着简单的生活，许多人住在小土屋里，没有电力或水管设施。德鲁发现最大激励因素是大家对公共幸福的自豪感。“你想要你们社区作为一个强壮、健康的社区而出名吗？”他问，“这里有谁想见到邻居的孩子死去呢？”（很遗憾这并非罕见事件。）“有谁知道死去的孩子是因为他太虚弱呢？如果你可以做点什么帮助他同时又赚点钱，你会做点什么呢？”然后他说，“你不需要费很多力就可以用这棵树让你的社区变得更强壮、更健康，还可以赚钱。这不是很好吗？”

德鲁解释说：“我不得不找个方法能让他们模模糊糊感觉到我的更大愿景，然后在不损害愿景的前提下保持我的灵活度和策略性（就是说，赚钱的同时为社区做好事）。”

在身份层面进行转化

身份与人们对自己的角色感或使命感相关。这些元素的作用在于让一个人或团体感知到他们自己是谁及别人觉得他们是谁。一家企业的身份与其产品、服务或业务独一无二的特点有关，而且身份也就是它的品牌，可以将一个产品或一家公司与其竞争对手区别开。

德鲁坚称：“愿景重塑了人们的身份。”在他的辣木树和养蜂企业的背景下，目的就是要把村子重塑成“生生不息被赋能的社区”。德鲁还补充了一句古老的格言来类比这种身份的转换：“如果你给一个人一条鱼，只养得了他一天；如果你教这个人如何捕鱼，就等于养活了他一辈子。”在德鲁的愿景里，村民们会从“渔夫”转化成“解决问题的社区增强者”。

按照德鲁的说法，“愿景塑造了人们的身份。”

然而，随着他的愿景和企业逐渐成形，许多身份问题也浮现出来。德鲁希望他的团队能像“商人”一样管理农场，“与其他村子分享他们的故事，并且努力解决另外的问题”。以这种方式他们会成为“被赋能者中的佼佼者”，并且能够真心地说“我们喜欢解决问题”，而不是寻找施舍和捷径。

他首先遇到的挑战之一就是如何让妇女们把自己看作商人。“贝宁的乡村妇女并不平等地看待自己。”德鲁说。乡村妇女们更倾向于做追随者。妇女们并不拥有财产，甚至连摩托车也没有（这是乡村的基本交通工具）。她们一般只会“能走多远就走多远”。她们会说，“赞助人很重要，因为他们有钱又受了教育。我们只是穷女人，我们一文不值。”由于她们没有个人自豪感，德鲁不得不借力于她们的部落 / 社区的自豪感。当他带着大家探索“你把自己看作什么人”时，他意识到村妇们看到了她们的使命是“给孩子们和社区带来健康与幸福”。那是她们第一次把自己看作对更大的“子整体”有贡献的人。我们早先提到过，德鲁以此为支点，建立起创造一门“生意”的基础。

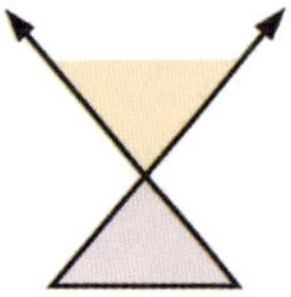

在德鲁的愿景中，村民们会将他们的身份转化成“解决问题的社区强化者”。

村里的男人们则有不同的身份问题。德鲁认识到男人们有更多的“小我”和对地位的需求。男人们对其他人会怎么看待他们的项目和社区更加在意。比如，对男人们来说，事情看起来“体面”很重要。于是德鲁让他们注意到，和他们竞争的其中一个村子已经开始养蜂了，而且获得了优秀养蜂人的荣誉。男人们想要较劲，于是开始宣称“我们村的才应该是最好的养蜂人”。

学习并且实践核心价值观与信念

信念和价值观会强化对某些特定能力和行动的支持或约束，这两者与为什么会选择这条道路及驱动人们去行动或感知的更深层动机有关。价值观和相关的信念决定了事件和沟通如何被解读及如何被赋予意义。因此，它们是动机和文化的核心。

德鲁说，“价值观和信念显然至关重要，特别是对于未来而言。”他主张“价值观和信念指引着人们做出与愿景一致的个人决定”。比如，当他的团队成员在解释为什么他们选择沿着辣木树种下其他农作物时，他就知道他们“懂了”。“这些植物不需要用农药，”他们解释说，“我们记得你说过农药含有不好的化学物质，而我们种辣木树的目的正是要改善健康。”德鲁注意到“共同的价值观和信念有助于大多数人令其他每个人保持一致。如果 16 个人中间有 12 个人说‘不要打农药’，那么剩下的 4 个人跟着一起这么做就容易多了。”

> “价值观和信念指引着人们做出与愿景相一致的个人决定。”德鲁说。

当德鲁的团队成员在解释为什么他们选择沿着辣木树种下其他农作物时，他就知道他们“懂了”。“这些植物不需要用农药，”他们解释说，“我们记得你说过农药含有不好的化学物质，而我们种辣木树的目的正是要改善健康。”

除了改善村庄社区的健康，辣木树和养蜂企业的核心价值观还有自给自足和自我赋能。德鲁想要村民们真的相信“我们能够也应该自己来做”，而且会不断问自己，“我们怎样才能创造性地做事情（比如沿着一条直线种下辣木树）而不是请求帮助？”这方面有个例子，就是村民们自己以更低的成本收集了许多建围栏和打桩的木材，并没有出去买。

德鲁的使命中最重要的一部分就是支持村民们开始实践“对于出现的几乎所有问题，我们都能找到解决方案”这一核心信念。他深知，要让这个项目成功，村民们必须要真的相信他们在做的事情，而且相信他们能够做好。德鲁是这么说的：“企业未来的成功取决于他们对靠自己可以将企业做大的信念。这会把一个临时性的项目转化成一家可持续发展的企业。”

> 德鲁的使命中最重要的一部分就是支持村民们开始实践“对于出现的几乎所有问题，我们都能找到解决方案”这一核心信念。

德鲁解释说，到这个阶段，“他们已经在营养方面接受了培训，也有了方法和材料。现在他们必须要走出去自己干，而不只是露个面，努力干活。”他补充说，“现在是真正的‘企业家精神’这部分了。他们不能只是自己相信这点，还得去说服其他的村民。”就是在这片区域，前面提到的本地妇女玛尔特，成为不可或缺的向村民们潜移默化灌输责任和义务的榜样和导师。

人们一旦相信自己，“即使灾难发生摧毁了农场，他们还会找到其他解决方案。”

在德鲁看来，信念和价值观最终甚至会比一家企业的结果更重要。人们一旦相信自己，“即使灾难发生摧毁了农场，他们还会找到其他解决方案。”企业的影响在于，如果对正在解决的问题人们知情而且有能力解决，那么“这就是一个了不起的成功”，德鲁说。因为“人们会认识到营养和合作策略。他们不仅知道营养好和不好是什么样子，还知道作为一个社区他们可以在这方面做点什么”。德鲁继续阐述道，“辣木树既不是唯一也不是完整的解决方案。一群相信自己的人通过有意识的觉察和反思，一定能够找到其他更好的解决方案。”

拓展关键能力

能力与导向成功的心智地图、计划、策略和技巧相关，其指引着如何对行动进行选择和监控。

德鲁认为，在一家新的、充满挑战的企业中，冲突化解对企业家来说是一项非常重要的能力。“当你启动一项新事物，”他说，“你没有任何可依靠的退路。你必须面对冲突，并且快速解决它，特别是当主要的利益相关人之间发生冲突时。”

举个例子，在辣木树和养蜂企业这个案例中，德鲁为项目拿到了 3 公顷土地。然而当团队开始清理这片土地时，他们发现一个富拉尼族家庭住在这片土地上。富拉尼人是游牧民族，他们横穿中非地区放牧牛群。他们放牧牛群，常常在一个地方一住就是一两年，然后才会迁徙到另一片地区。

在贝宁，游牧的富拉尼人和丰人（贝宁最大的族群）之间持续的、低强度的冲突频繁发生。因为富拉尼人是游牧民族，他们没有土地所有权。由于他们的牛踩坏了他们所经之地的庄稼，他们与丰人之间关系也常常很紧张。

有些村民想要赶走他们，让他们搬到别处去。而德鲁觉得他们也是社区外延的一部分，尽管他们是少数民族，也是一种“利益相关人”。况且，这是一个家庭，而企业的目的是支持“整个社区”幸福。此外，德鲁觉得赶走这个家庭会激化摩擦（这些摩擦本就由来已久），导致其成为一个重大的烦扰。他确定这样会带来负能量和坏名声，而这不是他想要启动一家新企业的方式。他相信“我们可以迂回找到办法”，于是便开始探索如何找到一种双赢的解决方案，将两难困境转化成一种四句破的状态。

按照德鲁的说法，记得坚持问自己“我们在这里努力要做的是什么”很重要。这有助于我们与更大的企业愿景和目的保持连接。他说：“显然，我们不是在努力激发种族群体和部落之间的矛盾。而且我们不想使这个家庭无家可归。”还是那个问题：“我们怎样才能在不损害愿景的前提下处理好这件事情？”

德鲁说服村民们先从 1.5 公顷土地开始。这样就有机会在一个较小的范围内先搭建起这个项目并且解决所有的挑战，以增加成功的可能性。这也同时给了富拉尼人家庭时间，按他们的自然周期

启动一家新企业，至关重要的能力就是冲突化解。德鲁说“你必须面对冲突并且快速解决它，特别是当主要的利益相关人之间发生冲突时”。他不得不解决村民与一个扎营在用于建辣木树农场的土地上的游牧家庭之间潜在的纠纷。

迁走。

这个例子表明了另一项能力——“反馈敏感度”，即对来自一个人所处的更大系统，可以称作“场域”指示器所发出的反馈信息的敏感程度。德鲁说，富拉尼人事件就像是“来自上帝的信号”，叫他们不要野心太大。当启动一家变革型企业时，“对什么有效、什么需要改变、什么准备好了、什么没准备好，要保持非常清醒的认识，这一点十分重要。”德鲁说。这是一种微妙的技巧，需要对“能量”和“直觉”保持觉察。德鲁说这不是要你盲目相信你的直觉，而是要把直觉当作指南针来用。他说，当对能量和直觉的觉察与“研究和审慎调查”结合起来时，直觉最为奏效。

德鲁考察在辣木树农场中发现的富拉尼家庭的泥屋。

企业家的另一项重要能力是社会/情感智力。这意味着了解顾客、团队成员和利益相关人的“担心和需求”，并且理解你的项目如何与之相符。“对什么有效、什么需要改变、什么准备好了、什么没准备好，要保持非常清醒的认识，这一点十分重要。”

德鲁说，成功企业家的一项补充能力就是社会/情感智力。这需要意识到他人对企业的看法，并且问自己：“是什么使人们充满动力？”之前举的关于是“钱”还是“营养不良”是激励社区的主要因素的例子，便很好地证明了这一点。德鲁说：“与利益相关人和团队成员想要的目标协调一致非常重要。”要做到这一点，企业家必须“了解他们的想法，勤奋工作。了解你所处的文化，花时间和他们在一起。你不能只是做些表面调查，你得了解整个文化”。

这意味着要了解利益相关人的“担心和需求”，并且弄明白“项目如何配合消除这些担心和满足这些需求”。德鲁指出，“以一种给利益相关人带来欢乐和满足的方式策略性地执行该项目”非常重要。有时候，这意味着“迎合他们”。

举个例子，贝宁村民们不理解“营养”的概念，但德鲁观察到贝宁人热爱魔药和“治疗”（该国最初的宗教是伏都教）。他告诉他们“每天吃两汤匙这个（辣木粉）你就可以百病不侵”。他们的反应热烈而充满好奇。就像德鲁说的“不要撒谎，而要用一种他们能理解的方式说出来”。

另外一个例子是在农场为工作计划制定时间表。贝宁文化中更加令人沮丧的一件事就是“人们到时间不来，而且他们会忘事”。试图以特定的钟点，或者特别的时间段的形式，为每一天的工作设定期限，一直是一个不可能的要求。德鲁只好用“周”时间表代替。这创造了足够的条理性，以便他和团队能够确保该做的事情按时完成，但又给出了匹配当地文化与时间关系的必要灵活性。

确立行为改变的结果

行为因素是为了达到成功采取的特定行动步骤。这些因素涉及为了取得成功必须特别做什么或者完成什么。

“制定行为计划是一个基本的步骤。”德鲁说。在德鲁的愿景的背景下，成功是由行为改变来衡量的。如他所说，“我们的目标是最终带来行为的改变，而不是一个特定的项目结果。”“相对于行为改变，其他企业可能会更关心商业结果。”他解释道。“在我们这种背景下，结果也要紧，但只是为了支持行为改变这一更深层的目标……我之所以关心农场结果层面的成功，是因为它会促进行为的改变。”

按照德鲁的说法，要实现生生不息的赋能，“成功必须以行为改变来衡量。”德鲁发现，作为一种“无声的、看得见的提醒，可以将大家的注意力带到大家常规在做但并未留意的事情上”“书面记录或者用其他方式证明出勤很重要”。

德鲁继续说道：“每个人的行为真的很重要，比语言甚至货币结果还重要。如果人们开始赚钱，就会促进行为的改变。如果人们感到有能力并且真的有能力去启动他们自己的项目，谁还在乎某个具体项目是否成功呢？”

作为一名企业家，德鲁相信“永远都不能接受在愿景方面损害项目质量的行为”（如整体目标是改善人们的营养状况，却在种植时使用化学品或农药）。另外，如早前提到过的，德鲁又觉得由于文化的原因，不得不在时间安排上灵活些，只要这种安排没有危害到项目的价值观和目的。明确地考虑时间或者预期不属于贝宁文化的一部分。

不过，在这方面，德鲁发现“书面记录或者用其他方式证明出勤很重要——这不是为了我而是为了他们”。按照德鲁的说法，“这是一种无声的、看得见的提醒，而且可以将大家的注意力吸引到大家常规在做但并未留意的事情上。”这样就会创造出一种责任感。团队成员们在意识到自己的出勤一直落后的时候会感到不好意思，会觉得，“噢！天哪，我想这个星期我都没怎么干活。”这样也鼓励了那些想要说“瞧，我在这儿！”的人的小我。

对于德鲁来说，另一个行为层面的关键问题涉及他自己的行动。“我怎么表现才会让他们改变行为呢？”他问自己。“我很肯定我可以走出去把这个项目做成功。我可以就这个项目的所有步骤发指令，让村民们去实施。但这样做会违背我们的本意。”另外，他说，“灵活对待大家要求我在场，这一点很重要。我本来认为这没必要，但这原来是让每个人一起到场的最好办法，是让那些有积极性的人带动其他人工作的最好办法。”

关于德鲁如何调整自己的行为来促进主动性和“生生不息的赋能”，有一个很好的例子，就是他与村里的孩子们打交道的策略。德鲁解释说，在贝宁，孩子们总是会向“yovo”（白人）要钱。德鲁既没有给钱（这只会助长他们对白人才拥有所有的钱和所有的解决方案这样的信念）也没有把这些孩子当成“讨厌鬼”不予理睬，而是让孩子们到农场来给项目帮忙。

由于贝宁天气很热，人要喝很多水。那里的水大部分是分装在小塑料袋里的。人们喝完水会随手把塑料袋扔在路边，造成了大量有碍观瞻的垃圾。德鲁意识到这些塑料袋可以用在辣木树项目中给辣木树育种。“你只要剪掉袋子上端，在底部扎些洞，装上泥土，然后放进一颗种子，”德鲁解释道，“这个袋子可以帮助你更轻松地把种子排成一行，便于浇水。此外，一开始你都不需要土地。”德鲁发现他的小后院的水泥地上就可以放 900 个这样的育种袋子。

德鲁没有直接给孩子们钱，而是让他们收集这种塑料袋，每 100 个袋子付给他们 50 贝宁法郎（大约是 10 美分）。这样在减少垃圾的同时也支持了农场的项目。孩子们得到了钱，就会有一种感觉，这钱是通过做些有价值的事赚来的。

对于德鲁来说，另一个行为层面的关键问题涉及他自己的行动。“我怎么表现才会让他们改变行为呢？”

让愿景适应于环境

环境因素是决定性的外部情况和特点，它决定了个体或组织获得成功，必须认识到具体机遇或限制，并对此做出相应反应。环境因素与何时何地必须采取行动有关。

德鲁最终坚信“环境因素是我们做事的全部理由”。他继续澄清道，“它不会对愿景（关于营养、自我赋能和合作）产生决定性的影响，但决定了愿景如何体现出来。”德鲁说他之所以选择做农业项目，是因为处在乡村的环境中。“我们之所以选择种辣木树，是因为它有营养、耐久，而且对土壤没有特别要求。它可以在沙地生长。我们知道，种其他的农作物会对水源和土壤质量有很多限制。”之所以选择养蜂，是因为在成本投入上可以享有折扣，而且它可以很好地与辣木树农场协同增效。

他之所以选择做农场是因为拿得到土地。德鲁

德鲁认为环境因素不会“对愿景产生决定性的影响”，但它们的确会决定愿景的表现形式。“愿景超越了环境因素，但环境影响着实现愿景的整个方式。”

知道那位代表是辣木树的支持者，而且相信他愿意给村民们一块地做这个项目。他说，如果拿不到这块地，“也许我们就只好挨家挨户去请求村民在他们的院子里种辣木树。”

环境之于农场是个挑战。他们不得不在旱季清理土地并启动计划。天不下雨，而各村都没有浇灌设施。于是项目因为不下雨而耽搁了两周半时间。

德鲁总结说：“愿景超越了环境因素，但环境影响着实现愿景的整个方式。”

项目小结

德鲁的案例清晰展示了他如何通过以下几方面，在他的合作螺旋中创造了一个有意义的“平台”：

- 对相关卓越元素的精通掌握。
- 建立创造一个强健的卓越圈所必需的合作关系的能力。
- 参与并促进集体智慧和生生不息的合作的能力。

德鲁系统地努力发展其卓越圈的每个象限：将他的愿景应用于他的顾客，创造出独一无二的有益项目；让他的团队围绕提升他们社区的健康与幸福这一共同使命，劲儿往一处使；借助利益相关人的雄心获得所需的资源；并且利用他的角色与合作伙伴们合作，以减少成本和结成双赢同盟。

德鲁通过应用我们在卓越元素解码中探索过的许多原理建立起了他的卓越圈。他对各个层面的卓越元素——愿景、身份、价值观与信念、能力、行为和环境，有着深刻的本能理解。德鲁能够识别、对齐、整合，并有效处理了实现他的愿景所必需的各个层面的卓越元素。

德鲁还系统地努力发展他的卓越圈的每个象限：将他的愿景应用于他的顾客，创造出独一无二的有益项目；让他的团队围绕提升他们社区的健康与幸福这一共同使命，劲往一处使；借助利益相关人的雄心获得所需的资源；并且利用他的角色与合作伙伴们合作，以减少成本和结成双赢同盟。

被生生不息赋能的社区：在以合作和赋能的方式处理他们自己的严肃社会问题过程中实现沟通

愿景

打造一个可利用当地资源持续产生收入并对抗营养不良的项目——建立一个辣木树与蜜蜂的综合系统，在该系统中每个社区成员都有自己包干的工作

确保从当地社区、赞助人、美国和平工作队和美国国际开发署粮食安全基金获得资源

雄心

通过对社区福利做贡献的行动或礼物的形式“回馈”社区成员们，赢得他们的忠诚和尊重

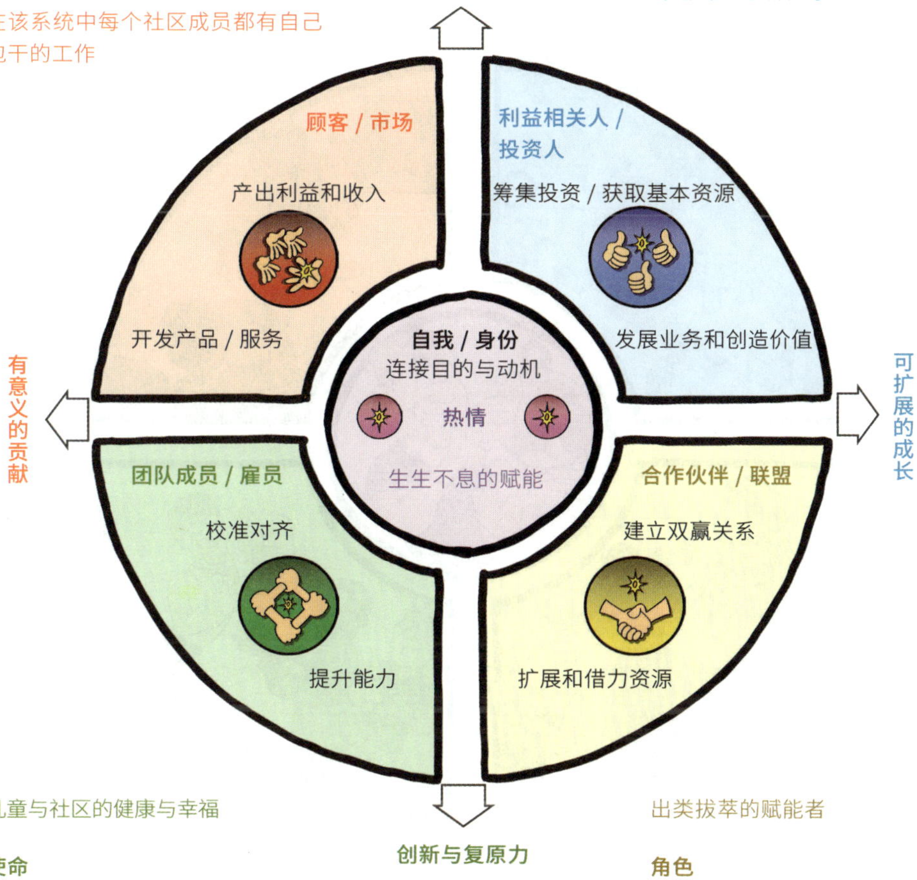

儿童与社区的健康与幸福

使命

鼓励对“最佳实践”的认可和分享

出类拔萃的赋能者

角色

与当地养蜂协会、健康中心和种子银行建立重要的合作伙伴关系

德鲁·迪尔茨辣木树农场的卓越圈

愿景
顾客 / 市场

- 被生生不息赋能的社区：在以合作和赋能的方式处理他们自己的严肃社会问题过程中实现沟通
- 打造一个可利用当地资源持续产生收入并对抗营养不良的项目——建立一个辣木树与蜜蜂的综合系统，在该系统中每个社区成员都有自己包干的工作

雄心
利益相关人 / 投资人

- 确保从当地社区、赞助人、美国和平工作队和美国国际开发署粮食安全基金获得资源
- 通过对社区福利做贡献的行动或礼物的形式“回馈”社区成员们，赢得他们的忠诚和尊重

使命
团队成员 / 雇员

- 儿童与社区的健康与幸福
- 鼓励对“最佳实践”的认可和分享

热情
生生不息的赋能

角色
合作伙伴 / 联盟

- 出类拔萃的赋能者
- 与当地养蜂协会、健康中心和种子银行建立重要的合作伙伴关系

德鲁·迪尔茨辣木树农场的卓越圈

此外，德鲁还本能地运用了许多我在本书中阐述过的关键概念。德鲁对生生不息赋能的热情——他想要改善世界的愿望，以及让他的使命比他的生命更长久延续下去——正是小我与灵魂相结合的一个很好的例子。这展现出对一个人既是独立个体又是他所服务的更大整体的一部分的欣赏。

德鲁要“创造一个生生不息的被赋能的社区”的愿景，是“子整体”“全息图”和“任务意义”这些概念的绝佳体现。每个成员为更大的整体做出贡献，同时也从更大整体的成功中获得个人收益。德鲁要“利用当地自然资源，创建一个合作的、赋能的、可持续产生收入的项目来对抗营养不良”的想法在子整体的多个层面——个人、家庭、村庄、社区及国家层面创造出了多赢局面。

德鲁的成功很大一部分源于他在利益相关人、顾客和团队成员之间创造协同的能力。德鲁开发的辣木树和蜜蜂综合系统，使每个社区成员都有自己包干的工作，这正是创造和借力于不同类型的协作的体现。在环境层面，它借力于辣木树农场与养蜂之间的协同增效，使辣木树可以交叉授粉，而蜂蜜产量也得以翻倍。这转而带来了更好的社区健康、更大的农作物产量和村民的额外收入。

德鲁能够围绕“提升社区和孩子们的健康和幸福”这一使命统一团队成员们的思想行动，使大家对自己的行动产生了强烈的“任务意义”的感觉。通过给团队成员分配包干的工作，并在集体中创造自主权，德鲁直接利用了大家作为子整体的双重本质。作为分离的个体，这种做法培养了自豪感和责任感。与此同时，这种做法又通过设定集体标准和交换最佳实践，在社区层面培养了集体智慧。此外，村民们向邻镇集体出售的多余辣木粉和蜂蜜，比他们自己单个去卖得到的价格更高。

德鲁说服关键外部利益相关人的能力，比如说服已经取得了个人物质财富和领地的当地赞助者和委托代表，贡献出土地、买种子的资金、材料的运输及项目所需的其他基本资源，也是他取得成功的另一个重要因素。他有能力让他们信服，他们以实际行动为社区福利做贡献的形式“回馈”当地社区成员们，就会得到当地社区成员们更多的忠诚和尊重。这强化了个人成功与社区成功之间的双赢循环。

通过让参与他的企业的人担当“被赋能者中的佼佼者”的角色，德鲁得以与地区养蜂协会、健康中心和种子银行建立关键的合作伙伴关系，以大幅降低成本，并使项目独立生存发展下去。

总而言之，德鲁的贝宁辣木树农场 / 养蜂项目，在应用卓越元素去创立一家成功的变革型企业方面，为我们提供了一个清晰而有力的样本。尽管特定的内容和背景可能有所不同，德鲁所遵循的流程却为实现一个变革性的愿景提供了明确的框架。

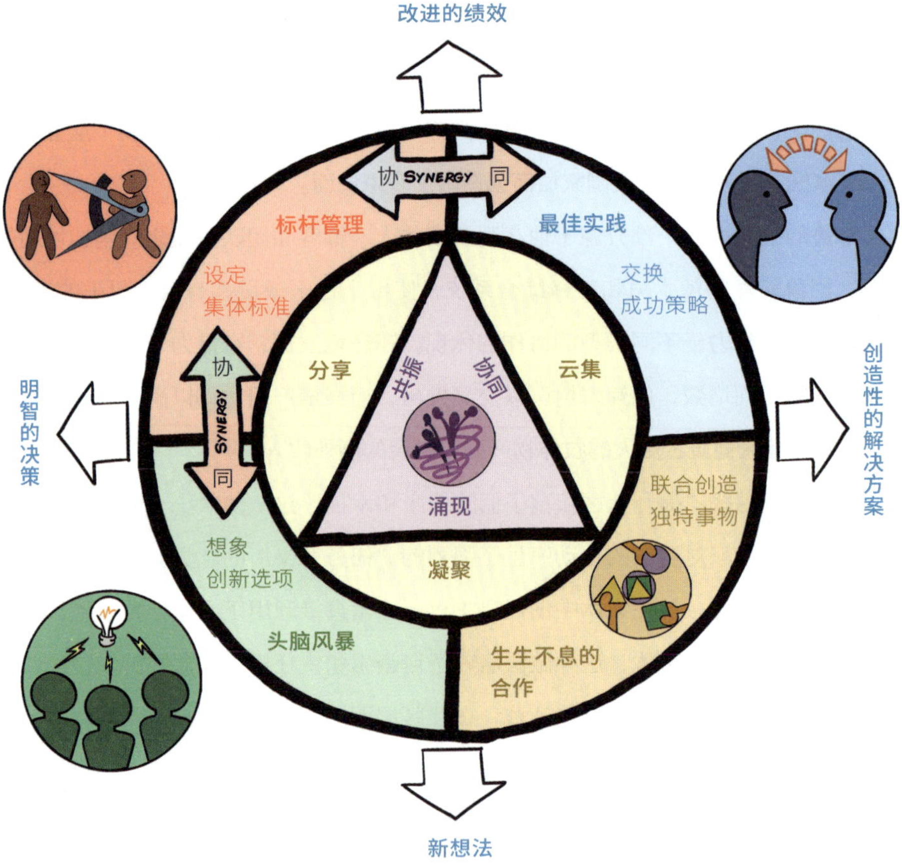

德鲁的大部分成功来自他在利益相关人、顾客和团队成员之间创造协同的能力

本章小结

智慧是“运用知识、经验、理解、常识、洞见、思考和行动的能力”。它需要拥有使一个人或一群人能够做出更好和更关注生态的选择与决定的开阔而平衡的视角。智慧的开发需要对人、目标和形势及这三者如何互动的理解，以确定优化的行动步骤。而这以征求和整合多重视角观点的能力为前提。培养集体智慧的首要好处和成果之一就是“做出更明智的决策”。

群众智慧是指一种现象，在适当的环境下，群体表现出非凡的智慧和智力，“并且常常比这群人中间最聪明的人还要更聪明”。按照作家索罗维基的说法，由基本依赖私人信息得出独立结论的意见不一的人们做出的集体决策，似乎都是好的。在这些条件下，集体智慧浮现出来，像一只“无形的手”指导着整个团体去取得最理想的成果。

关于这种现象，简单而又扣人心弦的例证就是猜数。在猜数量时（比如一个罐子里的糖果颗数），一群人猜的数字的平均值通常会比所有个人猜的数字要更加接近实际数量。其他例子还包括计算机源代码（如 Linux）的开发和 2003 年 SARS 传染病的解决方案的发现，后者源于全世界许多不同医院和大学所做的研究与收集的数据，完全没有一家中心协调组织进行统筹。

对群众智慧的主要干扰之一是从众心理或“群体思维”。从众心理和一致意见限制了对其他可能的选择或想法的探索，而不是提升群众智慧。为了“合群”或者得到大家对自己意见的认可和确认，人们往往被别人的所说所想摆布。因此，以下这些方面对产生集体智慧很重要：

- 意见的多样性（人们表达出广泛的观点）。
- 独立性（人们的意见不是由身边人的意见决定的）。
- 去中心化（人们能够专门研究和利用当地资源）。
- 凝聚（存在某种公正的机制将个人结论转化为集体决策）。

此外，对一个团体来说分享共同愿景和目的也很重要。这为团体成员们创造出平衡自我利益和公共利益（即“小我”和“灵魂”）的可能性，也为团体成员们找到既能让团体受益又能推进自己的目标和雄心的方法。

谷歌公司寻找完美团队的研究结果，增加了几个可以提高一个群体“集体智商”的其他条件。谷歌公司的研究人员在花费了数百万美元和数千小时收集团队内表现水平不同的人的特征和行为模式的数据后得出结论，团队的构成差异几乎不会带来不同结果。他们反而发现了某些关键的行为模式最为重要，比如“对话中轮流说话的平等分配”和“社交敏感度”（基于他人的声调、面部表情和其他非语言暗示感知到他人的感觉）。

谷歌公司的研究人员得出结论，这些特征制造了一种“心理安全”感和“一种以人际信任和相互尊重为特征的团队氛围，人们在这种氛围中可以舒服地做自己”。根据谷歌的数据，心理安全，连同他们所感知到的自己的行动如何融入谷歌更大的愿景的任务意义，才是使团队高效工作至关重要的因素。

创造各种条件带出群众智慧并提高一个群体的集体智商，可以归纳为激活群众智慧的六步骤：

- 创造一个 COACH 教练状态容器。
- 明确一个共同意图 / 目的。
- 创造一种生生不息的表现状态。
- 将注意力集中在一个目标或问题上，收集多重视角观点。
- 以一种尊重和好奇的状态抱持所有观点。
- 允许新的想法和可能性浮现。

除了本书中列出的一系列其他流程和练习，这些步骤还由两种重要的合作催化剂支持。“由崩溃状态转变为教练状态”是其中一种合作催化剂，它需要团体成员们建立起共享的非语言信号，使团体保持在一种教练状态中，并且创造出更深的社交敏感度和心理安全感。

“四句破小组流程”是另一种合作催化剂，它通过建立一个仪式化的结构，将分歧造成的两难困境转化成机遇，以获得更大的觉察和智慧。

就美国和平工作队的德鲁的贝宁辣木树农场和养蜂项目进行的卓越元素案例研究，为如何应用各种卓越元素来制造“生生不息的赋能”提供了一个丰富而清晰的样板。“生生不息的赋能”是一种集体智慧的形式，它涉及“用技巧和自信赋予人们力量，使他们成为社会发展的领导者，然后反过来以同样生生不息的方式赋能他们身边的人。”德鲁要“利用当地自然资源，建立一个合作、赋能、可持续产生收入的项目，以对抗营养不良”的愿景在子整体的多个层面——个人、家庭、村庄、社区，甚至国家层面上创造出多赢局面。

参考书目与深入阅读

• https://en.wikipedia.org/wiki/Wisdom

• http://www.dailygood.org/story/607/how-to-think-like-a-wise-person-adam-grant/

• The Wisdom of Crowds, James Surowiecki, Anchor Books, New York, NY, 2005.

• What Google Learned From Its Quest to Build the Perfect Team; Charles Duhigg, NYTimes.com, 2/28/2016 — http://www.nytimes.com/2016/02/28/magazine/what-google-learned-from-its-quest-to-build-the-perfect-team. html?emc=eta1&_r=0

结语

一个人是我们称为“宇宙”这个整体的一部分，一个受到时间和空间限制的部分。他体验着，他自己、他的思想和情感是与其他事物割裂开来的某种东西，这是他的意识的一种错觉。这种错觉犹如一个牢笼，使我们局限于个人的欲望，只对和我们最亲近的人有感情。我们的任务必须是扩大同情心，去拥抱生命和自然界中美好的一切，把自己从这个牢笼中解放出来。

——

阿尔伯特·爱因斯坦

我靠朋友们的一点帮助过活。

——

约翰·列侬、保罗·麦卡特尼

CONCLUSION

我们的世界飞速变化着，变得越来越复杂。随着新一代企业家和领导人试图解决与全球经济、国家安全、地球环境、公共健康、集体身份等相关的问题，个人智力和能量的局限日益凸显出来。如果我们要在任何重大事情上取得成就，用著名的甲壳虫乐队的歌词来说就是，我们必须“要从我们的朋友们那里得到一点帮助”。如果要成就某件伟大的事情，我们会需要很多帮助，包括从我们从未见过面的人那里获得帮助。

如果我们和我们的企业要在现代社会生存下去并茁壮成长，我们需要激发集体智慧的创造性力量，以培育生生不息的合作，制造颠覆式创新，培养生生不息的社

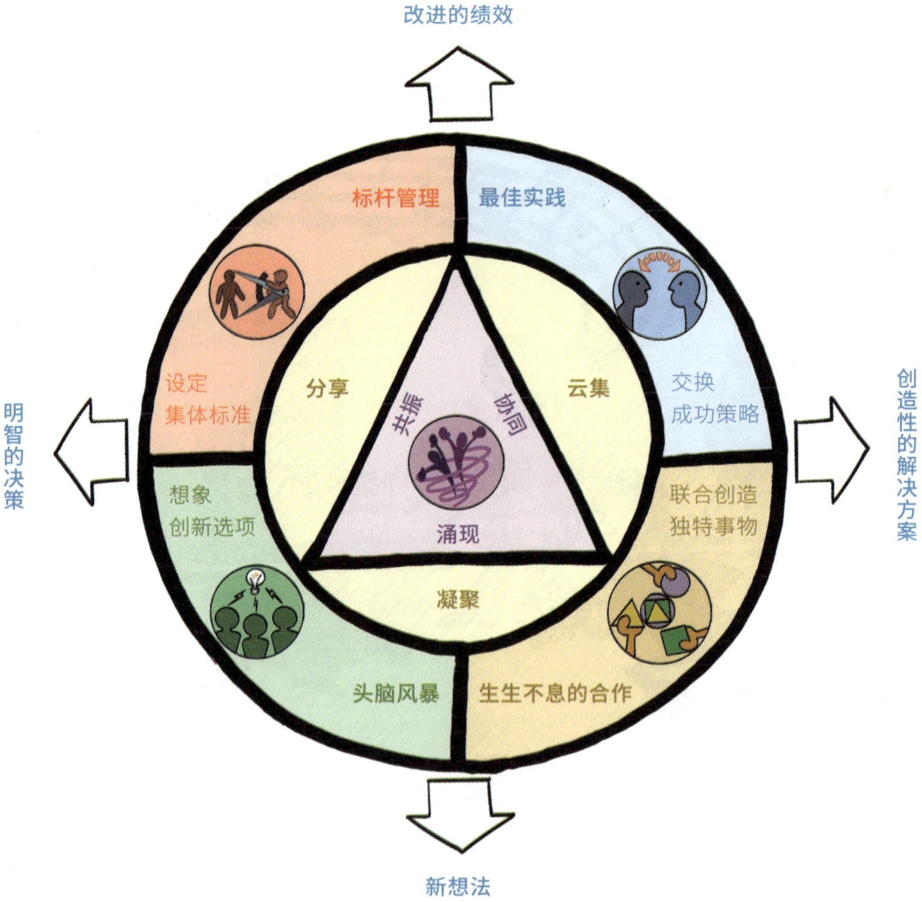

卓越元素解码之集体智慧模型归纳了与应用集体智慧原理相关的基本思维特征、关键行动和结果

区，促进动态合作，释放群众智慧，并且加速生生不息的赋能。

这本书中我们探索了各种各样的方法，应用培育集体智慧的原则和实践去解决问题、把握变化和创造新的可能性。从我们既是分离的独一无二的个体，同时又是依次更大的“子整体”的一部分这一基本思想观念出发，我们审视了在群体和团队中通过诸如“分享、云集和凝聚”的基本步骤创造“共振、协同和涌现”的方法。通过卓越元素案例研究和卓越元素解码之合作催化剂，我们领会了标杆管理、最佳实践、头脑风暴和生生不息的合作这些行动，可以不同的组合运用于获得“增强的表现”，做出“明智的决策”，想出“新想法”和生生不息的“创造性的解决方案”。

我们还理解了，通过其他关键卓越元素，如“分享共同愿景和目的”，对“任务意义”有清晰的感知，以及发展采取多重“感知位置”的能力，可以强化和丰富集体智慧的行动和成果。

集体智慧的原则和实践与卓越元素解码之卓越圈相结合，则会促进和增加我们创造成功和可扩展的项目或企业的机会。增强的表现有助于我们实现“财务稳健”；明智的决策支持我们做出“有意义的贡献”；新的想法是改变游戏规则的“创新与复原力”；而创造性的解决方案会促进我们产生“可扩展的成长”的能力。

关键主题回顾

本书的目的在于说明、例证和探索一系列不同的方法，将集体智慧和生生不息的合作应用于提升团体、项目和企业成功的潜力。

在第一章中，我们确立了如何在企业和公司中运用集体智慧扩展和借力资源，以拓展生意机会和创造新的市场——就是说，“把蛋糕做得更大”来分享。我为大家举了智囊团的例子，说明了将集体智慧应用于企业的各项努力，通过头脑风暴、教育、在小组里设定同事职责和支持等组合拳来打造每个团队成员的商业和个人技巧。智囊团的带导者协助整个小组运用各种类型的合作催化剂。合作催化剂是一些流程，在以某种方式一起工作的小组成员之间制造出某种程度的共振、协同和（或）涌现。

通过卓越元素解码流程创造一个教练容器，培育一个联合赞助的“场域”，以及探索和分享最佳实践，都是为集体智慧打下基础的合作催化剂的例子。

在第二章中，我们探索了扩展集体智慧的基本流程，以创造生生不息的合作。生生不息的合作来自大家分享和协同各自的热情与愿景而产生的集体愿景。这种现象与许多泡泡粘在一起形成一个更大的整体，或者说与两个氢原子、一个氧原子结合而生成水很相似。在生生不息合作的状态下，大家会相互激发，“跳出固有思维”，并且彼此支持去做出全新的、史无前例的事情。生生不息的合作可以通过诸如“创造生生不息的表现状态”“互视”“第二位置分析”等合作催化剂来加强。

在第三章中，我们说明了生生不息的合作是颠覆式创新的基础。颠覆式创新是指创造了新市场，并且为顾客和公司带来了重大改变的创新。颠覆式创新产生于卓越圈各部分成员之间价值观与身份的协同，该卓越圈创造出许多虚拟的社区，其愿景远远超越了当下的存在状态。颠覆式创新通常从顾客中的早期使用者和企业内的开发者之间的合作中涌现出来。颠覆式创新往往也需要企业内的创始者和合作伙伴中的先驱者之间的开放创新和生生不息的合作。“虚拟社区”像能够识别与新机会和可能性相关的微弱信号并采取相应行动的“蝙蝠”，而不像只是等待机会成熟才行动的“青蛙”。

第四位置（集体或“我们”的位置）对于在“虚拟社区”内的合作者之间建立起牢固的联结和形成一个生生不息的“关系场域”非常必要。第四位置可以通过诸如“确定任务意义方面的共振”这样的合作催化剂，以及通过促进合作者之间生生不息的互动的“集体创造力催化剂”来培养。集体创造力催化剂鼓励大家找出充满激情的事情并分享自己的想法，在此过程中辨识出与未来趋势相关的微弱信号。

第四章的主题是将集体智慧和生生不息的合作应用于培养一个生生不息的企业社区。在生生不息的企业社区中，社区成员们相互支持，在实现个人成长的同时，为彼此的企业做出贡献。如此一来，在个人成长和社区成长之间形成一个正向的反馈回路。生生不息的社区培养出一种“致胜文化”，促进了对正向未来的期待，加强了社区成员内心的能力感和责任感、自我价值感和归属感。在生生不息企业社区的致胜文化中，大家彼此信任并且对每个人达成梦想和目标的能力坚信不疑。像“团体肯定练习”和“梦想守护者练习”这些合作催化剂，都有助于在团队成员或者合作者之间创造出一种赋能的支持“场域”，这增加了每个人成功的机会。

卓越元素解码合作螺旋是一个模型，说明在项目和企业中，建立关键关系和合作会创造出一个由逐级上升的平台组成的螺旋，不断扩大我们的影响范围，并沿着使命的轨道将我们推向我们的终极愿景。这一系列平台是通过生生不息的合作网络建立起来的，这个网络有助于我们建立一个强健的卓越圈，并且丰富和强化使卓越圈在与平台连接的项目或企业中发挥作用所必需的不同层面的卓越元素（环境、行为、能力、信念和价值观、身份）。一个新平台的成功建立扩展了我们曾经的身份和影响力范围。

第五章的重要主题是动态合作。动态合作是一种团队合作的形式，在这种合作中，团队成员在能力和特点上互补，分担对结果的责任，并且通过大家一起奋斗，去取得更大的成绩。开发动态合作需要创造条件，让团队投入可以“群集”到一起的企业活动，以制造更大的影响，服务于共同的使命和愿景。像“资源挖掘”“用共同愿景使各角色校准对齐”和“解码动态合作的卓越元素”这些合作催化剂，都可以通过确定与标杆管理动态合作、生生不息合作所必需的关键卓越元素，建立有效的合作基础结构。

第六章审视了激发群众智慧所需的条件。群众智慧是指一种现象，在合适的环境下，群体会表现出非凡的智慧和智力，“而且往往比群体中最聪明的人还要更加聪明”。明智的群体常常是由最初依赖自己的私人信息得出独立结论因而持有各种意见的人们组成的。此外，群体成员共享一个共同愿景或目的也很重要。谷歌公司“寻找完美团队”的研究结果显示，团队成员组合的差异并未带来不同的结果。团队成员之间的某些行为，如“对话中轮流说话权的平等分配”“社交敏感度”“对任务意义的感知”，对一个团队的高效工作反而最为至关重要。

征求和整合多重视角观点服务于共同愿景和使命的能力，为生生不息的赋能创造了可能性。“生生不息的合作”是一种集体智慧的形式，它需要“用技巧和自信赋予人们力量去成为推动社会发展的领导者，这些人转而又以同样生生不息的方式去赋能他们身边的人”。

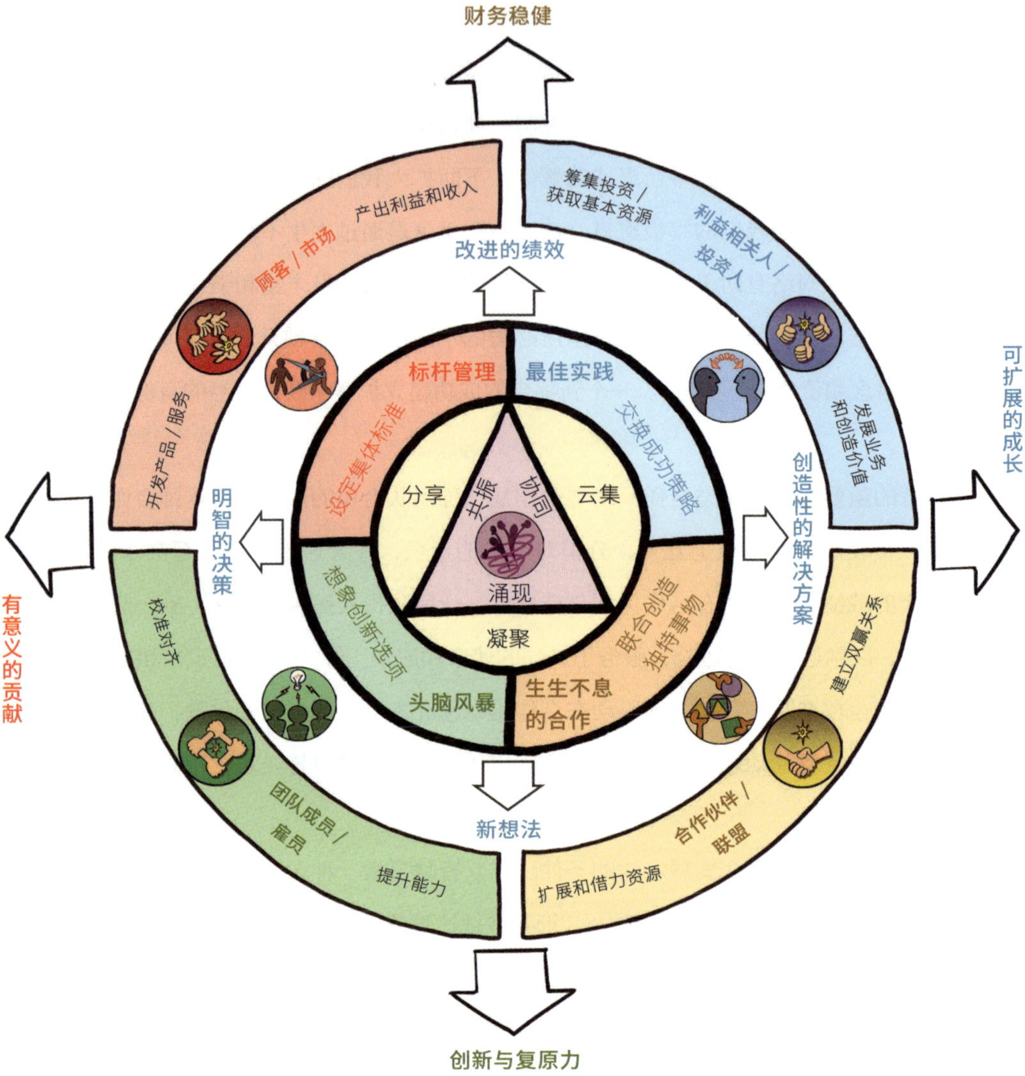

集体智慧的原理与实践极大地提高了我们建立一个高效卓越圈的能力

关于集体智慧力量的总结性案例

显然，集体智慧的基本行动——标杆管理、最佳实践、头脑风暴和生生不息的合作，是企业成功和发展的基础。这些行动可以通过本书中提到的合作催化剂来促进。不过，很重要的是要记住，促进集体智慧和生生不息合作的行动与合作催化剂是自然流动的，来自重视集体智慧，以及把个体、团队、组织都看作一个更大子整体的组成部分的思维模式。

在这个方面有一个很好的例子，就是我的女儿茱莉亚·迪尔茨在线上旅游代理商 Expedia 工作的经历。Expedia 成立于 1996 年，是微软公司的一个小部门，当时互联网还处于发展初期，Expedia 公司已经成长为世界领先的在线旅游公司，拥有一系列世界著名的旅游品牌，如 Travelocity，Hotels.com 和 Orbitz。

茱莉亚作为夏威夷大学旅游管理专业的一名应届毕业生，于 2014 年 11 月开始为 Expedia 工作，在火奴鲁鲁办事处任市场助理。那时 Expedia 正处于高速扩张期，而住宿是他们业务中最有利可图的领域之一。虽然夏威夷的 Expedia 团队已经与该地区大型连锁酒店建立了合作关系，但他们还想要积极主动地去寻找新的、小一点的酒店或其他类型的住宿房源。茱莉亚正是受雇促进这项拓展工作。

Expedia 的客户基本上都是合作伙伴，而要把一份新的房源清单做出来还有些必要的步骤要走。茱莉亚的角色是去“打前站”，和要列进清单里的新物业取得联系。然后她必须和其他几个支持部门合作，以便协商扣点、建立定价机制、生成在线清单等事宜。

由于这在公司内部是一个相对新的项目，而且牵涉大量新的房源，因此茱莉亚就尝试去弄明白并安排她自己的工作，以及如何与其他支持职能部门和团队协调进度。入职仅仅几个月，茱莉亚就努力厘清并跟进她联系的这些物业分别都在哪个进展阶段。她与西雅图（Expedia 总部所在地）的一个团队展开实质性的合作，开发出了一种电子数据表来追踪与新的物业房源相关的各项活动的进展，而这些人她从未见过。

在接下来的火奴鲁鲁团队周会上，夏威夷市场管理总监亚历杭德罗·摩克西问起几个新物业的情况——因为整个团队正在努力尽快让这些物业上线。茱莉亚马上做出反应，展示了她和西雅图的内容团队合作开发的电子数据表，一目了然地展示出每个客户当下所处的状态。

亚历杭德罗认可了这项工作的价值，并对茱莉亚说，“这件事做得很棒。这正是我们请你的时候考虑到的。”他要求茱莉亚给他发几条基本要点，概括出她和她的同事开发电子数据表的流程。茱莉亚回顾了她跟着直觉走出来的流程，概括出一些步骤，并加上她的西雅图同事的意见，这样在她这个岗位上的任何人都可以使用。然后她把总结出来的关键步骤发给了亚历杭德罗。

亚历杭德罗接下来把茱莉亚的邮件转发给了他自己的上司——整个地区的市场管理副总裁。副总裁也看到了这个流程的价值，并且决定将这份总结发给整个北美地区的每一个人（这些人都是高级市场经理以上级别的），作为帮助他们将各自区域的新房源管理实践合理化的资料。

结果，一个新手在当地的高效工作传播到了整个公司，提高了其他人的效率和业绩，虽然这些人从未见过茱莉亚，但他们从她的个人智慧和贡献，以及她与同事们的集体努力中得到了好处。

在这个案例中有许多重要的点。首先，茱莉亚的老板亚历杭德罗本来可能轻易

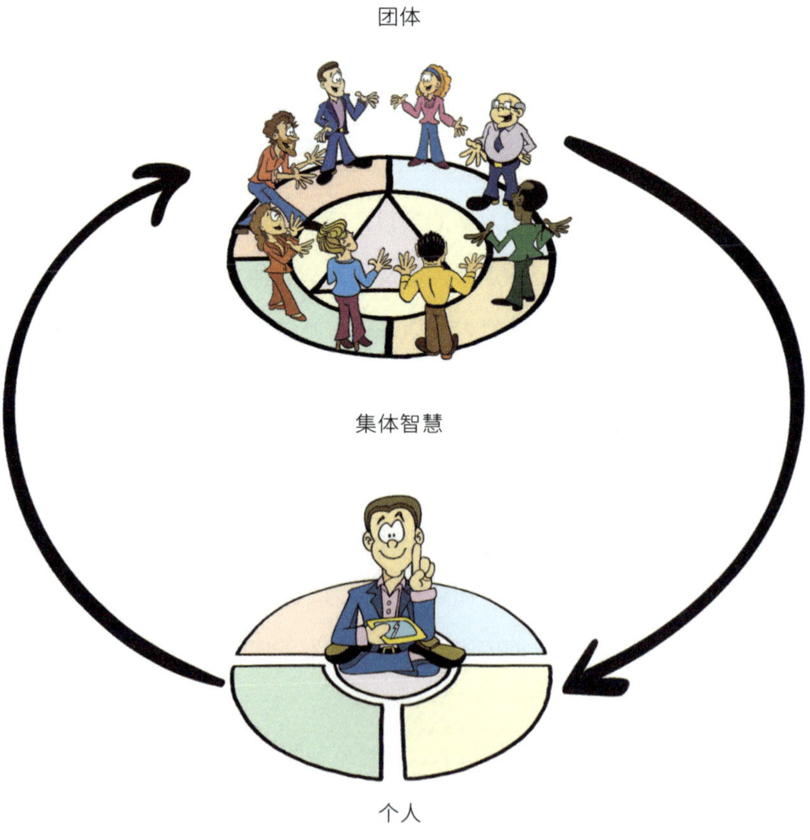

贬低或小看一个刚刚入职几个月的年轻新手的意见。其次，就算他相信茱莉亚的意见很重要也很有用，他本来也可能将功劳占为己有——将邮件抄一遍当成他自己的想法，而不直接转发茱莉亚的邮件。这种情况在很多组织中并不鲜见。

但是，亚历杭德罗直接认可了茱莉亚和她的同事们的努力及合作贡献。与此相似，地区副总裁也做了同样的事情。茱莉亚和同事因为他们的工作得到了认可和曝光而受益。公司则受益于一个可以被复制的高效流程的推广。亚历杭德罗也作为伯乐而受益，因为他发现了茱莉亚的个人贡献对整个组织的更大系统的价值。

毋庸置疑，茱莉亚觉得自己很有说服力，并被这一系列事件高度激励，继续尽最大努力，为公司做出尽可能多的贡献。

尾声的思考

茱莉亚在 Expedia 公司的经历说明了本书强调过的一个基本原则：个人的努力和贡献有利于更大系统的效率和表现。反过来，当这些贡献又为个人带来利益时，就具有了一个会不断制造升级的集体成功模式的“良性循环”。

在这种情况下，会存在多种多样的合作事例。首先是茱莉亚与她的同事在标杆管理和头脑风暴方面一起努力，以获得对他们所从事的商业流程更清晰的感觉。其次是茱莉亚团队内部做的最佳实践分享。最后是亚历杭德罗将相关的最佳实践传播给了他的上司，并最终传播给了整个地区。

可以相当有把握地说，像 Expedia 这类公司是靠实施致胜文化，建立起一种合作思维和鼓励生生不息的赋能而成长起来并兴旺发达的。

从卓越元素解码的角度看，一种基于集体智慧的致胜文化来自我们自己既是独一无二、独立思维的个体，又是一个更大子整体的一部分这两种身份之间的平衡与整合。下面这段爱因斯坦的语录相当清晰地描述了这种关系：

“一个人如果从一出生就独自待着，他的思想和情感就会停留在我们根本无法想象的原始的、野兽般的状态。一个人之所以是自己，他只有不那么借助自己的单个实体，而是作为一个伟大的人类社会的一员时才具有重要性，这指引着他一生的物质和精神存在。

“一个人对社区的价值最初取决于他的感情、思想和行动在多大程度上指向为他的伙伴们谋福利。我们根据他在这件事情上有多么坚定不移来说他是好人还是坏人。乍看起来我们对一个人的判断似乎完全取决于他的社会品质。

“而这种态度是错误的。很显然，所有我们从社会接受的有价值的事物、物质、精神和道德，都可以通过无数代追溯到某些创造性的个体身上。火的使用，食用植物的栽培，蒸汽机车——每一项都是由某一个人发现的。

“只有个人才会思考，从而为社会创造出新的价值——不仅如此，还会设立社区生活所遵循的新的道德标准。不考虑有创造力的个人，只是独立地思考和判断社会向上发展的特性，就像只考虑个人特性的发展而不考虑社区的滋养一样不可思议。”

爱因斯坦的评述意味着，一个健康的、有创造力和有智力的群体、团队或组织，是通过其成员的个人愿景、想法和热情发展与繁荣的。这是由个人成长和群体、团队或社区的成长之间的一个正向反馈循环构成的。在个人和团体之间创造出这种生生不息的不断强化的反馈循环，集体智慧就出现了。

而且，如我们在一系列卓越元素案例中看到的，在一个组织中建成一个这样生生不息的不断强化的反馈循环，需要很高水平的情感智慧和觉知领导力。这些将在“卓越元素解码”系列书籍第三卷中重点探讨。

集体智慧

集体智慧不只是聚在一起。

它是灵魂的相遇，

心灵的相遇和思想的相遇。

它以一村之力来养大一个孩子。

它以水、阳光、风、静止和肥沃的土壤来让种子长成大树。

所以，问问你自己：“在这个集体中我会扮演哪个角色？”

“我会如何创造出空间，高兴地迎接你无比独特的贡献？”

问问你自己：“会有多少喜悦干扰你的歌唱，如同以前从未有人听到过？”

“个人和团体的融合之舞是什么样子的？是子整体走向子整体，还是子整体穿过子整体？”

我把最好的你带出来。

你把最好的我，最好的我们，带出来。

我们在一起，有一股不可思议的力量，远远超越了我们各自力量的相加。

就像在盘子上的沙，在声音中共振，

问问你自己：“什么样的振动让你我一起振动？”

集体智慧是最好的我遇上最好的你，创造出最好的我们。

我们在企业里是平等的伙伴，我们重视彼此，我们对支持意图和目标心怀一份鲜活的承诺。

在这个有序与自由之间的舞蹈里，力量存在于维持包容、一致和透明的过程中。

当我们把我们的超能力带入这个圈，一切皆有可能！

而我，作为其中一个，真的好奇，当你和你、你和我在共振时，又可能发生什么。

多萝西·欧格

加利福尼亚圣克鲁兹，2015 年 8 月 20 日

参考书目与深入阅读

• https://en.wikipedia.org/wiki/Expedia_(website)

• http://www.expediainc.com/about/history/

• *The World As I See It*, Einstein, A., Citadel Press, Secaucus, N.J., 1934.

后记 AFTERWORD

我希望你已经享受到了探索“卓越元素解码”及“卓越圈”的乐趣。如果你对更深入学习“卓越元素解码”的原理和技术感兴趣，以下是有待进一步开发和应用的特性、策略和技巧等其他资源和工具。

迪尔茨策略集团

迪尔茨策略集团是致力于提供“卓越元素解码”，包括“新一代企业家精神”“集体智慧”“领导力和创新”的应用方面的培训、顾问和教练的组织。迪尔茨集团还赞助开发促进我们生活的、不断变化的社会和经济世界中的新模式，识别演化中的成功元素的研究项目。迪尔茨集团在全世界提供卓越元素解码的培训和认证计划。

需要了解更多信息，请联系：

迪尔茨集团

P.O. Box 67448

Scotts Valley，CA 95067

USA

电话：（831）438-8314

电子邮箱：info@diltstrategygorup.com

主页：http://www.diltstrategygroup.com

除了通过迪尔茨集团提供培训计划，我还在全球范围内旅行，就与个人和职业发展有关的主题做研讨会和工作坊。

了解更多计划排期，查询我的网页：http://www.robertdilts.com，或者写邮件给 rdilts@nlpu.com 获取更多信息。

天才之旅

基于卓越元素解码和 NLP 的原理与特点，我还写了许多其他书，并开发了一些音频材料。例如，我基于“天才的策略”模型制作了一些产品，如描述像莫扎特、华特·迪士尼和达·芬奇这类天才的创意过程的音频材料。

对于这些和其他产品，以及需要更多信息，请联系：

天才之旅

P.O. Box 67448

Scotts Valley，CA 95067-7448

电话：（831）438-8314

电子邮箱：info@journeytogenius.com

主页：http://www.journeytogenius.com

NLP 大学

我还是 NLP 大学的联合创始人、董事和培训师。NLP 大学是致力于提供最高品质的基础或高级 NLP 技巧培训，同时促进 NLP 在健康、商业与组织、创造力与学习领域新模型的开发与应用的组织。每年夏天，NLP 大学都会在加州大学圣克鲁兹分校开设寄宿课程，提供 NLP 技巧延伸寄宿课程，包括与商业顾问和教练相关的课程。

需要了解更多信息，请联系 Teresa Epstein：

NLP university

P.O. BOX 1112

Ben Lomond，california 95005

电话：（831）336-3457

传真：（831）336-5854

电子邮件：teresanlp@aol.com

主页：http://www.nlpu.com

卓越元素解码插画和产品

安东尼奥·梅萨和我做了这一系列书，旨在为你提供一些与众不同、充满乐趣并且视觉丰富的内容。在本系列书中，你会看到许多帮助你创造与书中内容更深连接的、令人难忘的插画和人物角色。

我们特别做了一个线上商店，在那里你可以找到如海报、T 恤、杯子等可以帮助你与新一代企业家精神的主要理念保持连接的各种产品。

需要了解更多有关这些和其他产品与资源的信息，请访问：

“卓越元素解码”网站

主页：http://successfactormodeling.com

“成功元素解码”产品商店

主页：http://society6.com/successfactormodeling

安东尼奥·梅萨为书籍、文章、介绍等设计插画，并且为会议和研讨会做图形带导。他还是迪尔茨集团的商业顾问、培训师和教练成员。

如果你对安东尼奥作为插画师的工作感到好奇，你可以通过以下方式联系他：

Antoons

电子邮箱：hola@antoons.net

主页：http://www.antoons.net

觉知领导力智囊团

“觉知领导力智囊团”是一个给成功企业家和商业主的独家加速成长计划。“成功天才”将世界最成功的人共有的七大核心策略，与有意识的领导实践结合起来。这个计划为参与者提供清晰的路线图和巨大的竞争优势去实现更大的成功、加速成长和正面影响。现有会员包括来自各行各业的有影响力的领导人，他们积极影响过千百万人的生活。

“觉知领导力智囊团”计划是由作者罗伯特·迪尔茨、米歇尔·斯蒂夫科（一位硅谷成长专家，帮助超过 150 位企业家实现了他们的梦想，筹得资金超过 50 亿美元）和奥尔加·斯蒂夫科博士（一位俄罗斯的总经理和“信念之药”的专家，专门与高层次专业人士一起工作）写的。“觉知领导力智囊团”计划仅通过经批准的申请和面试，或者会员推荐提供。

如果你准备好将你的业务和你的能力带上全新的影响高度，你可以了解更多，并通过以下方式申请成为会员：

电子邮箱：mitchell@consciousleadersmm.com

主页：http://www.consciousleadersmm.com

CONSCIOUS LEADERS MASTERMIND

逻辑层次库

逻辑层次库（*lli*）是一个创新的以本书所探索的各个层面的卓越元素为基础的领导力概述线上工具。它用于识别领导人需要具备的关键素质，以便利用机会，并在充满不确定性和危机的时刻保持成功。作为直接为第一个卓越元素解码认证计划开发的工具，它会带你走过一个自我评估过程，来帮助你发现你行动背后的驱动力，并给你提供成为任何领域更加成功的领导人的洞见。

电子邮箱：info@lld.uk.com

主页：http://www.logicallevels.co.uk

附录 A

APPENDIX A

进行中的卓越元素解码项目

2015 年初有几个正在进行中的运用卓越元素解码来研究新开和现有企业的重要趋势的项目。一个主题“新一代企业家精神”是由巴黎 REPERE 学院赞助的。另一个主题“组织中的集体智慧”是由阿维尼翁的 Vision 2012 赞助的。下面的概述总结了这两个项目及其目的。

集体智慧建模研究

这项研究的目的是识别团队和组织在提升集体智慧过程中产生的趋势和想法，以便在当前经济环境中处理挑战和善用机会。迪尔茨策略集团成员联系到了许多团队和公司来参与为期 1 小时到数天的采访和其他活动。这些团队和公司是根据他们在同僚中集体智慧领域作为强大的领导人的声誉挑选出来的。

我们探索了以下这些主题：

- 公司或团队当前面临着哪些挑战和机遇？
- 作为当今商业环境中获得成功的一个关键方法，他们如何看待和评价集体智慧？
- 他们如何修改商业策略和管理实践来鼓励和提高集体智慧？
- 在实践层面，他们实施了哪些特定的步骤来支持集体智慧？

和新一代企业家精神的研究一样，主要的趋势会被记录在发表于挑选出来的商业杂志和迪尔茨策略集团网站上的文章中。

这项研究以 PERICEO 为题，是和位于法国阿维尼翁的 Formation Evolution et Synergie 和 Vision 2021 共同做的。

需要更多相关信息，请联系：

Formation Evolution et Synergie

Gilles Roy

3 Avenue de la Synagogue

84000 Avignon，France

电话：+33 4 90 16 04 16

Gilles Roy < gilles.roy2@orange.fr >

www.intelligence-collective.net

46 Boulevard Raspail

84000 Avignon, France

contact@vision-2021.com

www.vision2021.com

新一代企业家精神建模研究

该研究的目的是识别新一代企业家精神接受的最新趋势，以便在当前商业中处理挑战和善用机会。研究中收集到的学问意在提高新一代企业家和内部创业家的生产力、赢利能力和满意度。

该项目采访了 18 位挑选出来的“新一代企业家”。新一代企业家的定义是：

创造可持续发展的事业或项目，活出自己的梦想，同时通过它提供的产品和服务，给世界带来积极的改变，并促进个人成长。

采访对象挑选的四个强制性标准包括：

• 活出自己的梦想，而且对钱以外的东西充满激情。

• 给世界带来正向的不同。

• 事业即使不增长，至少在经济上也是可持续发展的。

• 提供新的和创新的东西。

被选出来代表广泛的企业范围包括：

• 不同的商业类别：

工业、服务业、高科、环保、非政府组织等。

• 不同的生意规模：

小型和中型公司、大型 / 跨国公司中的内部创业家、社会企业等。

• 不同的商业阶段：

启动期、成长期、扩张期、成熟期。

• 不同的企业家声望和名气：

在同僚中的声誉可能是本地的、区域的、全国的、国际的。

主要的趋势会被记录在发表于挑选出来的商业杂志和迪尔茨策略集团网站上的文章中。

这项研究是和位于法国巴黎的 REPERE 学院共同做的。

需要更多信息，请联系：

Institut REPERE

78 Avenue du Général Michel Bizot

75012 Paris，France

+33 1 43 46 89 41

commercial@institut-repere.com

http://www.institut-repere.com

附录 B

APPENDIX B

关于集体智慧即一个“关系场域”的思考

“关系的场域”和“生生不息的场域”这两个概念是卓越元素解码关于集体智慧和生生不息的合作的观点的基础。从卓越元素解码的角度看，“场域”本质上是一种能量品质或者“振动”，它从一些个体组成的系统内的关系和互动中显现出来。这个看法的中心思想是，关系本身是由身处其中的人之间产生的一个“第三存在”，类似于氢和氧结合生成第三种存在——水。关系变成了一种容器，它既产生于身处其中的个人的思想、情感和体验，又对身处其中的个人的思想、情感和体验施加影响。

在物理上，“场域”被定义为“一个具有某种物理属性特征的空间区域，比如引力或者电磁力，或流体压力，在该区域的每个点上都具有测定值。”在物理上，一个场域与遍及一个广泛分布的空间区域的能量运动有关。以一个无线电信号为例，一个电磁场域，通常用“磁力线”表示，这些磁力线是从源头向每一个方向发散出去，在它们可及的范围内对各种物体发挥影响。这些磁力线的密度决定了

在物理上，“场域”被定义为“一个具有某种物理属性特征的空间区域”。

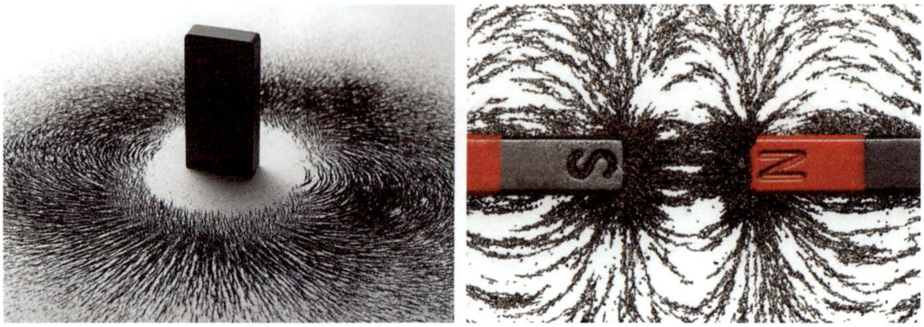

铁屑显示磁力线由磁力棒产生。

磁力的强度，因此也决定了场域的影响程度。

这与“粒子”的概念形成了对照。粒子是只存在于一个非常有限和确定的空间区域中的物体。场域没有粒子那样有形，更多的是关于能量、运动和关系的，而不是“事情”或“物体”。场域是由“粒子”，即物体和个人之间的关系产生的，而且对物体和个人的行为或动作发挥着影响。

以一个引力场为例，它的作用是让空间中的所有物体之间具有基本的吸引力。如果没有物体之间彼此被拉向对方的状态呈现，万有引力的拉力就不存在。两个物体（如两个星球）之间产生的引力场也会影响进入到该引力场影响范围的其他物体（比如宇宙飞船或流星）。

振荡的扬声器上玉米淀粉水呈现出来的各种形状，以及本书第一章所讲述的声流学实验中振动的金属盘上不断变化的沙子图案，这些都是场域影响的例子。这些自然现象对我们理解集体智慧和生生不息的合作有着重要的意义（既直接又富于比喻意义）。

心力与智力是互动中出现的一项场域功能

社会科学家和系统理论家贝特森指出：

“任何具有适当复杂性的因果循环，以及适当能量关系的事件和物体的持续合奏肯定会表现出心理特征。它会比较……它会‘处理信息’，而且不可避免地会自我修正，要么朝着自我平衡的最佳状态方向，要么朝着最大化某些变量的方向。”

贝特森的意思是，任何系统，只要有足够的共振和能量，就会制造出使该系统能够达到一个更高整合水平，并表现出自我组织的智力特征的关系场域。这正是彼得·罗素应用于他的“地球脑”这一概念的原理。罗素觉得像单元逐步聚集到一起，成为更大的自组织系统的进化演变——从基本的粒子到原子，到分子，到细胞，到组织，等等，直到形成有自我意识的生物，最后形成有意识的社区。

贝特森的观察与我们对共振、协同、涌现作为在人群中创造集体智慧的卓越元素的重要性的思考相当一致。集体智慧产生的关键是互动要具有适当的复杂性，关系要具有适当的能量。当这些条件都具备时，分离的个体就转化成了有凝聚力的团体，创造出了真正整体大于其组成部分之和的一个团队。

实际上，身为一个更大系统或场域的一部分的感觉，几乎是每个人的共同主观体验。比如，我们经常谈到的“团队精神”，就是一种身为包括我们但比我们自己更大的一个团体的一部分的感觉。当你感觉与他人互动时产生的人与人之间的“关系场域”时，这种体验就出现了，从而形成了一种更大的身体上和精神上的子整体。

“群体心理”的特征

我们置身在这样一个场域里，个体和集体在思想与情感上都会受到影响。足够强的关系场域会产生一种群体心理，其智力特征和品质与任何团体成员的个体智力相当不同。心理学家勒庞说：

“一个心理团体最突出的特质就是跟随。无论组成这个团体的个体是些什么人，也无论他们的生活方式、职业、性格或者智力水平是否相似，他们一旦成为一个团队，就具有了一种群体心理，使得他们的感受、思维和行动的方式都变得和他们作为独立存在的时候不一样。有些无法实现或者无法转化成行为的想法和感受，只有在个体组成一个团体时才会实现和转化。

“心理团队是由形形色色的人组成的一种临时存在，只是短暂地组合在一起，完全就像构成一个鲜活肉体的细胞，它们重新结合后产生的新的存在所显现出的特征，已经和每个单个细胞所具有的特征非常不一样了。”

勒庞的“集体心理”概念与詹姆斯·索罗维基的“群众智慧”概念，以及谷歌公司发现的“集体智商”现象相当一致。谷歌公司发现其团队的“集体智商”与构成该团队的个人的个性、技巧或背景都没有关系。勒庞所说的“有些无法实现或者无法转化成行为的想法和感受，只有在个体组成一个团体时才会实现和转化”。这句话，揭示出集体智慧对创造力和创新的最重要贡献之一。人与人之间的健康关系和互动会产生出比人与人之间相互隔离时更高的智慧。对此，贝特森是这样说的：

“个人心智是内在固有的，但并不只存在于身体里，还存在于身体以外的通路和信息里，而且个人心智只是一个更大心智的子系统。”

贝特森是说我们大家的个人心智会形成一个场域，它来自我们的身体和神经系统发生的互动，来自我们与周围世界的互动。他还指出，我们的个人心智与其他智能互动时，会出现一个“更大的心智”，同时也会受到这个“更大的心智”的影响。

贝特森所说的“更大的心智”也许指的是“直觉”，也许是米尔顿·艾瑞克森著作中的“创造性潜意识”，或者是卡尔·荣格作品中的“集体潜意识”。与贝特森所说的“更大的心智”相关的另一个现象是鲁珀特·谢尔德雷克所说的“形态场”。谢尔德雷克提出“形态场”的概念来解释远距作用的现象，从胚胎发展到通过祈祷疗愈，以及“第一百只猴子”现象，即一个群体的一部分发生的改变，在没有任何身体接触的情况下，引发了群体中其他成员，或者整个群体的改变。它还反映了本书第一章中所提到的“全息”的概念——整体以某种方式被包含在每一个局部中，而局部又可以再创造整体。

谢尔德雷克建立的模型是形态共振过程。这是场域与产生场域的相关元素互动之间的反馈机制。个体元素之间的互动相似度越大，共振就越强，就会使更大场域里的思维和行为的某种特定形式，在存在、强度或持久性方面更加相似。

挖掘“更大的心智”

谢尔德雷克提出形态共振的过程会导致稳定的形态场，这个形态场明显更容易感应到。比如，作为对达尔文的选择和变异的进化过程理论的补充，他指出这是简单有机形态协同自组织成更复杂的形态的方式，这个模型可以对进化过程本身做出不同的解释。

贝特森的“更大的心智”和谢尔德雷克“形态共振”这两个概念的一致含义是，我们可以从一群人的智力网络中挖掘出的潜力要比从个人心智中挖掘的更多。换句话说就是，当个人作为一个群体的一分子时，各种各样潜在的想法和洞察会冒出来，而这些想法和洞察，无论他花多少时间，在他独自一个人思考的时候是不会冒出来的。一个人可能花上一整年的时间独自想一件事却什么结果也没有，而很可能在条件合适的情况下，在与别人互动时突然灵光一现就想出来了。

不过，贝特森指出，重要的是要记住，“一个整体的心理特征是与生俱来或普遍存在的。”当我们把我们自己与更大的系统分离，或者断开与更大的系统的连接，我们就无法获得这个更大的系统所具有的智力。为了让更大子整体中的智力在我们这些个体身上体现出来，我们必须与自我连接，并且与别人连接（即在一种教练状态中）。

举个例子，在与人类互动隔绝的环境中养大的孩子（比如被狼或其他动物养大的“野孩儿”）永远不会学习语言。实际上，“野孩儿”往往很难学会直立行走，而且对他们身边的人类活动丝毫不感兴趣。他们常常看起来心智受损，而且在他们长到一定年龄被发现带回人类社会，他们也几乎在学习人类语言上有无法克服的困难。不过，如果把两个以上孩子放在一起养，即使没有成年人的影响，他们也会不由自主地发明自己的语言，即使他们从未见过言语互动。

换句话说就是，与他人的互动、共振和协同唤醒并释放了潜藏在更大的集体或子整体中的智力、想法和能力。这无疑解释了为什么这么多组织的成功源于生生不息的合作，如乔布斯和沃兹尼亚克（苹果公司）、休利特和帕卡德（惠普公司）等等。当然，卓越元素解码本身也是两个人——约翰·迪尔茨和罗伯特·迪尔茨联合创造出来的。

附录 C APPENDIX C

关于作者和插画师

罗伯特·迪尔茨

邮箱：rdilts@nlpu.com
主页：http://www.robertdilts.com

作者：罗伯特·迪尔茨

罗伯特·迪尔茨作为一名领先的教练、行为技巧培训师和商业顾问，自 20 世纪 70 年代末开始一直享誉全球。作为 NLP 领域一位主要的开发者和专家，罗伯特已经为世界各地广大个人和组织做过顾问和培训。

罗伯特与他的兄弟约翰一道，开创了“卓越元素解码”的原理和技术，并且就如何运用这些原理和技术来提高领导力、创造力、沟通力和团队发展写了许多书。他的《归属感》一书是由罗伯特对历史领袖和公司领导人的大量研究中提炼出来的，介绍了对于“创造一个人人想要归属的世界”所必需的工具和技巧。*Alpha Leadership:Tools for Leaders Who Want More From Life*（与安·迪林和朱利安·罗素合著）抓住并分享了有效领导力的最新实践，提供了减少压力和提升满意度的方法。《从教练到唤醒者》为教练帮助客户达成许多学习与改变层面的目标提供了一个路线图和整套工具箱。《英雄之旅》（与史蒂芬·吉利根合著）是关于如何让你和你最深层的召唤重新连接，转化限制性信念和习惯，提升自我形象。

罗伯特以前的客户和赞助人包括苹果电脑、微软、惠普、IBM、卢卡斯影业公司和意大利国家铁路。他就教练、领导力、创新、集体智慧、组织学习与改变管理、介绍演说等主题做过广泛的演讲，并且为国际教练联盟（ICF）、巴黎高等商学院、联合国、世界卫生组织、哈佛大学和摩纳哥国际大学做过专题演讲。在1997—1998年期间，罗伯特监制了 *Tools for Living* 的设计，计划中行为管理的部分被慧俪轻体国际采用。

罗伯特曾经在伊斯沃尔菲亚特管理学校担任副教授超过15年，帮助开发领导力、创新、价值观和系统思维方面的计划。2001—2004年，他担任伊斯沃尔·迪尔茨领导力系统的首席科学家和董事会主席，这是一家与伊斯沃尔菲亚特（前菲亚特集团公司大学）合办的合资企业，在全球范围为大型企业集团提供广泛的创新领导力开发计划。

作为迪尔茨策略集团的联合创始人，罗伯特还是“行为工程”公司的创始人兼CEO，这是一家着重于行为改变的电脑软硬件应用开发公司。罗伯特在加州大学圣克鲁兹分校获得了“行为技术”专业的学位。

插画师：安东尼奥·梅萨

安东尼奥·梅萨从他记事时起就在画漫画了，不过他作为职业漫画师的工作最近才开始。

安东尼奥来自墨西哥帕丘卡，他是NLP高级执行师和培训师。他从墨西哥普埃布拉美洲大学（UDLAP）获得了通信科学学位，并从巴黎第三大学获得了电影研究专业硕士学位，他还拥有墨西哥作家协会（SOGEM）电影编剧证书和法国国立高等音像业学校纪录片专业文凭。

他最近还在法国巴黎REPERE学院获得了罗伯特·迪尔茨和史蒂芬·吉利根的生生不息教练的认证。

插画师：安东尼奥 · 梅萨

邮箱：hola@antoons.net
主页：http://www.antoons.net
照片来源：Susanne Kischnick

安东尼奥的职业生涯包括在市场研究、广告、品牌、公司形象、电影制作、编剧领域的工作。他的专业摄影作品在墨西哥、比利时和法国展出。

在搬到法国专门从事创造性思维和集体智慧的顾问、教练和培训工作以前，他在墨西哥参与创立了一家动画片企业。他通过他的品牌 Akrobatas 提供服务。

他的非政府组织和基金客户包括欧洲艾滋病治疗集团（EATG）、乐施会（OXFAM）、欧洲艾滋病基金组织、开放社会基金（OSF）和欧洲公共健康联盟（EPHA）。他还为商业学校如 ESCP- 欧洲（ESCP-Europe）和国际组织如国际商业交流学会（IABC）主持过培训工作坊。

安东尼奥还是一个经验丰富的公众演讲者，国际主持人协会会员。在 2013 年他获得覆盖整个欧洲的 59 区国际演讲大赛第三名。

他的漫画和插画由巴黎第二大学出版，他作为联合作者（插画师）出版了三本书；与让 · 埃瑞克 · 布拉那合著 *English Law Made Simlle* 和 *American Government Made Simlle* 两本书，由艾利普赛斯在巴黎出版；与贝雅特丽丝 · 阿尔诺合作 *Les Vrais Secrets de La Communicatior*。他还发挥作为一名动画师和培训师的技巧与人合作，在研讨会、会议和头脑风暴中负责图表类工作。

他与罗伯特 · 迪尔茨有好几个插画项目，包括三卷“卓越元素解码”系列。

参考书目与深入阅读

- https://en.wikipedia.org/wiki/Expedia_(website)
- http://www.expediainc.com/about/history/
- *The World As I See It*, Einstein, A., Citadel Press, Secaucus, N.J., 1934.
- *Steps to an Ecology of Mind*, Bateson, G., Ballantine Books, New York, New York, 1972.
- *The Global Brain Awakens*, Russell, P., Global Brain, Inc., Palo Alto, CA, 1995.
- *The Crowd: A Study of the Popular Mind*, Le Bon, G., Digireads.com Publising, 2008 (1895)
- *A New Science of Life: the hypothesis of formative causation*, Sheldrake, R., J.P. Tarcher, Los Angeles, CA, 1981
- *NLP II: The Next Generation*, Dilts, R. and DeLozier, J. with Bacon Dilts, D., Meta Publications, Capitola, CA, 2010
- *Success Factor Modeling, Volume I – Next Generation Entrepreneurs: Live Your Dream and Create a Better World through Your Business*, Dilts, R., Dilts Strategy Group, Santa Cruz, CA, 2015
- *From Coach to Awakener*, Dilts, R., Meta Publications, Capitola, CA, 2003.
- *Tools for Dreamers*, Dilts, R. B., Epstein, T. and Dilts, R. W., Meta Publications, Capitola, CA, 1991.
- *Strategies of Genius Vols I, II & III*, Dilts, R., Meta Publications, Capitola, CA,1994-1995.
- *Alpha Leadership: Tools for Leaders Who Want More From Life*, Deering, A., Dilts, R. and Russell, J., John Wiley & Sons, London, England, 2002.
- *Visionary Leadership Skills*, Dilts, R., Meta Publications, Capitola, CA, 1996.
- *Modeling with NLP*, Dilts, R., Meta Publications, Capitola, CA, 1998.
- *Encyclopedia of Systemic Neuro-Linguistic Programming and NLP New Coding*, Dilts, R. and DeLozier, J., NLP University Press, Santa Cruz, CA, 2000.

- *Effective Presentation Skills*, Dilts, R., Meta Publications, Capitola, CA, 1994.
- *Skills for the Future*, Dilts, R., Meta Publications, Capitola, CA, 1993.
- *NLP II: The Next Generation*, Dilts, R. and DeLozier, J. with Bacon Dilts, D., Meta Publications, Capitola, CA, 2010.
- *The Hero's Journey: A Voyage of Self-Discovery*, Gilligan, S. and Dilts, R., Crowne House Publishers, London, UK, 2009.
- *Innovations in NLP*, Hall, M. and Charvet, S., Editors; Crown House Publishers, London, 2011.

图片

Page 50

Image taken from the video "Non-Newtonian Fluid on a Speaker Cone" in YouTube

Page 51

Images taken from the video "Cymatix Exper iment" in YouTube

Page 56

Adam Grant - https://www.linkedin.com/in/adammgrant

Page 101

Steve Fiehl, Michaël Ohana, Pascal El Grably and Hervé Goudchaux

http://www.crossknowledge.com/group/management-team

Page 105

Photo courtesy of Robert B. Dilts

Page 117

Image taken from the DVD "Yanni at the Acropolis"

Page 154

Stefan Crisan, photo courtesy of Stefan Crisan

Page 176

Google and Pixar workspaces

http://www.home-designing.com/2008/10/seriously-cool-workplaces

Page 177

Disney's Dreaming Room

Finch, C.; The Art of Walt Disney ; Harry N. Abrahms Inc., New York, New York, 1973.

Page 178

Walt Disney

The Walt Disney Family Museum, San Francisco, CA

Page 178

Walt Disney

Thomas, F. & Johnson, O.; Disney Animation; The Illusion of Life ; Abbeyville Press, New York, New York, 1981.

Page 192

Randy Williams - https://www.linkedin.com/in/randy-williams-86b4581a

Page 236

John Dilts photo courtesy of Robert B. Dilts

Page 258

Images extracted from the video: A Bird Ballet by Neels Castillon

Page 259

Images from:

http://www.red3d.com/cwr/boids/applet/

http://black-square.github.io/BirdFlock/

Page 261

The Battle of Midway

http://superhypeblog.com/marketing/smart-data-business-lessons-from-the-battle-of-midway

Page 310

Drew Dilts photo courtesy of Robert B. Dilts

Page 314

Moringa farm site, Benin photo courtesy of Robert B. Dilts

Page 321

Fulani family huts, Benin photo courtesy of Robert B. Dilts

Page 350

Bar magnets

http://hypescience.com/o-que-e-magnetismo/

http://www.alamy.com/stock-photo-bar-magnets-with-iron-filings-showing-magnetic-repulsion-between-31266486.html